琥珀眼睛的兔子

The Hare with Amber Eyes
A Hidden Inheritance

艾德蒙・德瓦爾（Edmund de Waal）——著
黃煜文——譯

各界讚譽

「根付」是江戶時代後期庶民百姓間十分流行的飾品。之所以受到歡迎，主要是因為造型多變，功能性強，反映當時日本庶民生活的繁榮。有趣的是，書裡還提到「將根付陳列在專用櫃子裡，方便保存」，我覺得這和日本現在流行的公仔風潮頗有異曲同工之妙。日本人從以前就很喜歡這般「小巧精緻的東西」，就像當年外國人也很著迷根付一樣，公仔風潮也遍及國外。德瓦爾踏遍巴黎、維也納、東京，仔細調查橫跨百年以上的伊弗魯西家族史，根據史實完成此作；他的祖先查爾斯不僅是藝術品收藏家，也是研究藝術史的專家。這種血緣關係讓德瓦爾感受到一股強烈的使命感，於是決定中斷陶藝創作長達兩年，專心寫作此書。我對他的決心與毅力深感佩服。

——**吉田敦，大葉大學造形藝術學系助理教授**

作者以陶藝家對造形物件細膩的感受力，道盡人與物品之間彼此依存的私密關係；又以文學家對人情事理敏銳的觀察力，細緻描寫人物更迭與世事變幻的感人篇章。

——**劉鎮洲，國立臺灣藝術大學工藝設計學系教授／陶藝家**

我很少為了娛樂而讀書，不過我正在讀艾德蒙·德瓦爾的《琥珀眼睛的兔子》。愛不釋手的感覺真的很棒。

——**詹姆斯·索特，美國藝術文學學會會員，福克納獎得主**

出乎意料地結合了微觀的物品形式與宏觀的歷史，而且極為成功。

——**朱利安·拔恩斯，布克獎得主**

睿智、奇異與吸引人。

——A·S·拜雅特，布克獎得主

你手上拿著一本大師之作。

——法蘭西絲·威爾森，《星期日泰晤士報》

我這幾年來讀過最精采的一本書……豐富的故事告訴你，身為人的歡愉與痛苦。

——貝特妮·休斯，《每日電訊報》，年度選書

這本書不只可以當成年度選書，當成十年一度選書也行……一部引人入勝的作品，內容橫跨幾個世代，值得數代的人珍藏與反覆閱讀。

——麥可·霍華德，《泰晤士報文學增刊》

德瓦爾令人驚歎的故事，是對於變遷與時光流逝所做的探索與沉思……幾乎沒有作家像德瓦爾一樣，為一部家族的故事添入這麼多的見識、驚歎與尊嚴，這是一部從第一句話就令人著迷的敘事作品。

——艾琳·貝特斯比，《愛爾蘭時報》

優雅而令人回味的故事，讀來樂趣無窮……就像根付一樣，這本書令人愛不釋手。

——法蘭西絲·威爾森，《星期日泰晤士報》

一開始閱讀就停不下來，往後幾個星期，我沒辦法談別的事，完全陶醉其中。

——克蕾希達·康納立，《旁觀者》，年度選書

我讀這本書時，人正在船上，如果海盜跑上船，坦白說我絕不會注意到。這不只是一篇家族故事，也是精采建構的已逝世界的圖像。德瓦爾原是名知名陶藝家，如今他注定成為著名的作家。

——**安東妮亞·弗雷瑟，《星期日郵報》**

一部非凡作品。德瓦爾靈巧地將一個迷人家族的各種生活主線編織起來……他也橫跨了城市、大陸與世代，時刻感受著地方與物品的力量——從國家的紀念性建築到根付——進而鋪陳出人類的歷史。

——**傑拉德·賈可布斯，《星期日電訊報》**

既是尋寶探險又是家族史詩，艾德蒙·德瓦爾精采獨特的回憶錄橫跨近兩個世紀……結合了個人回憶錄的魅力與世界史的共鳴。

——**蘿絲瑪麗·希爾，《標準晚報》**

細緻描述對失落的家族與失落的時代的追尋。從打開這本書的那一刻起，你便走進了重建起來的古老歐洲。

——**柯姆·托賓，《愛爾蘭時報》，年度選書**

一部複雜而美麗的作品。

——**黛安娜·阿西爾，《文學評論》**

一名文字簡潔而具有洞見的作家……德瓦爾以完美的風格與淵博的學識講述這篇故事……令人全神貫注。

——**布萊恩·迪隆，《每日電訊報》**

你所能想像最吸引人的歷史教訓。

——**《紐約客》**

精微、簡潔而優雅。

——希拉莉・斯波林，《獨立報》

一部具有驚人原創性的作品。

——阿特米斯・庫柏，《標準晚報》，年度選書

德瓦爾是個陶藝家，他出色地喚起對這些日本小雕刻的觸覺，並將它們放進口袋，帶它們前往巴黎、維也納、奧德薩，然後回到日本。他追溯這些根付的漫遊旅程，發現這些寶物閃避了主人的掌握，但又記得主人的撫觸，他們的手在象牙、木頭與石頭上留下了痕跡。

——艾德・霍利斯，《蘇格蘭人報》

本年度最佳作品……充滿回憶的描述，文字清晰簡潔。

——安妮塔・布魯克納，《旁觀者》，年度選書

優美、簡潔、悲劇色彩、荷馬史詩。

——史蒂芬・弗瑞爾斯，《衛報》年度選書

這本書一次要買兩本，一本留著，一本送給你最親密的愛書之友。

——《經濟學人》，年度選書

完美的作品，一本你忍不住向人推薦的書……希望對方和你一起分享這份珍寶。

——亞歷珊德拉・舒爾曼，《VOGUE 時尚》，年度之星

推薦導讀

微雕的故事

本文作者為作家／張惠菁

這是一本由真人、真事、真物構成的傳記作品。

真物，是兩百六十四件由日本到了歐洲、輾轉在一支猶太大家族成員間轉手，經歷戰火而保存下來的微雕工藝品──「根付」。

真人，是擁有這批「根付」的伊弗魯西家族。十九、二十世紀初，直到二次大戰爆發之前，伊弗魯西家族是歐洲富可敵國的穀物進出口商、銀行世家。在維也納、巴黎擁有豪宅。伊弗魯西家往來的名流之中，有正在寫《追憶似水年華》的普魯斯特，也有受到家族贊助的畫家雷諾瓦、莫內、竇加。他們的身影，甚至曾出現在這些印象派畫家的畫作中。但猶太身分加上令人眼紅的財富，也使得家族的許多成員在戰爭中流亡，甚至死於集中營。

至於真事，那自然是環繞著家族的起落，這批日本「根付」收藏的流傳史。寫作的艾德蒙・德瓦爾是家族後代，當代陶藝家，也是這批「根付」現在的擁有者。他的故事寫作歷程、與家族尋根之旅長達兩年，足跡遍及東京、倫敦、巴黎、維也納、奧德薩等，那些他家族曾經生存過的空間。你可以感受到他在蒐集、整理家族史的過程中，流露深陷其中的情感。對二十世紀的那場戰爭，身為猶太人的認同，前人曾遭遇的命運等種種。

但你也會感到，他在講述這個故事時，持續存在的抵抗：他不願讓這個家族的故事被刻板印象的猶太悲情淹沒，成為另一個千篇一律的故事。他彷彿在講故事的同時，還一再把手放進口袋去觸摸一枚「根付」、親手確認它獨特的質地與紋理般，謹慎又節制，追尋著獨特的故事手感。

作者艾德蒙．德瓦爾在〈作者自序〉中寫到，他決定寫這本書的起點：長期以來他都知道這批「根付」大致的流傳史，包括它們如何戰爭中被忠誠的女傭藏起來，日後又交還原主的故事。

有天晚上，我在晚餐時跟幾名學界朋友講述我知道的『根付』故事，我開始對自己講述內容的四平八穩感到有點作嘔。我發現自己在娛樂聽眾，而他們的反應也說明了故事內容。這已經不只是說得流暢順口而已，而是故事已經變得越來越淺薄。我必須趁現在好好整理這些故事，否則總有一天它會消失無蹤。

這是個謙卑而實在的，說故事的起點。艾德蒙．德瓦爾從物品的觸感開始，講他的故事，他去親眼確認過建築物的空間，從物件擺放的方式揣想它們被觸摸的狀態……這些細節，事物的相對性、光影、顏色，細微的差異，使得故事能得到更多細節與景深，而不再是以飯後話題的方式被講述，讓故事從淺薄化的危機裡被挽救出來。

於是，雖然我們讀到的這個故事，充滿了「大」。在二十世紀初那個大時代，伊弗魯西家族的事業很大，豪宅很大，從巴黎、維也納到東京的「根付」流傳史跨距很大，但作者德瓦爾（由於他對家族史，家族前人，與這批根付故事的戀眷不捨）卻是以近乎微雕的工藝，細微地注視並呈現，這個隱藏著無數細節的故事。

獻給班、馬修與安娜，

以及我的父親

伊弗魯西家譜

- **伊格納斯・馮・埃弗魯西** 結婚 艾蜜莉・波吉斯
  - 伊格納斯・馮・埃弗魯西：生 1829 年 貝爾迪切夫；逝 1899 年 維也納
  - 艾蜜莉・波吉斯：生 1836 年 維也納；逝 1900 年 維琪
  - **史蒂芬** 結婚 埃絲提亞
    - 生 1856 年 奧德薩
    - 逝 1911 年
  - **安娜** 結婚 保羅・赫茨・馮・赫騰萊德
    - 生 1859 年 奧德薩
    - 逝 1938 年 維也納
    - 生有一子一女
  - **維克多** 結婚 艾咪・榭伊・馮・寇羅姆拉
    - 生 1860 年 奧德薩
    - 逝 1945 年 頓布里吉威爾斯
    - **伊莉莎白** 結婚 亨德里克・德瓦爾
      - 生 1899 年 維也納
      - 逝 1991 年 蒙矛斯
      - **維克多** 結婚 艾絲特・莫伊爾
        - 生 1929 年 阿姆斯特丹
        - **約翰**
          - 生 1962 年 劍橋
          - 生有一子一女
        - **亞歷山大**
          - 生 1963 年 劍橋
          - 生有一子一女
        - **艾德蒙** 結婚 蘇珊・錢德勒
          - 生 1964 年 諾丁罕
          - **班傑明**
            - 生 1998 年 倫敦
          - **馬修**
            - 生 1999 年 倫敦
          - **安娜**
            - 生 2002 年 倫敦
        - **湯瑪斯**
          - 生 1966 年 諾丁罕
          - 生有一女
      - **康斯坦特・亨德里克** 結婚 茱麗亞・傑瑟爾
        - 生 1931 年 維也納
        - 生有二子
    - **吉瑟拉** 結婚 阿爾弗瑞多・鮑爾
      - 生 1904 年 維也納
      - 逝 1985 年 墨西哥
      - 生有三子
    - **伊格納斯**
      - 生 1906 年 維也納
      - 逝 1994 年 東京
      - **杉山次郎**
        - 生 1926 年 靜岡
    - **魯道夫** 結婚 瑪麗・拉雷
      - 生 1918年 維也納
      - 逝 1971年 紐約
      - 生有二子四女

查爾斯・約阿辛姆・埃弗魯西 結婚 **貝兒・列文松恩**（第一段婚姻）

生 1793 年 貝爾迪切夫
逝 1864 年 維也納

逝 1841年

亨莉耶特・哈爾伯森（第二段婚姻）

生 1822 年 倫貝格
逝 1888 年 維也納

里昂・埃弗魯西 結婚 米娜・林道

生 1826 年 貝爾迪切夫
逝 1871 年 巴黎

生 1824 年 布羅迪
逝 1888 年 巴黎

朱爾斯 結婚 芳妮・菲佛

生 1846 年 奧德薩
逝 1915 年 巴黎

伊格納斯

生 1848 年 奧德薩
逝 1908 年 巴黎

查爾斯

生 1849 年 奧德薩
逝 1905 年 巴黎

貝蒂 結婚 馬克斯・希爾施・卡恩

生 1851 年 奧德薩
逝 1871 年 巴黎

芳妮・卡恩 結婚 特歐多爾・萊納赫

生 1870 年 安特衛普
逝 1917 年 巴黎
生有四子

* **亨莉耶特・哈爾伯森**（第二段婚姻）

生 1822 年 倫貝格
逝 1888 年 維也納

米歇爾 結婚 莉莉安・畢爾

生 1845 年 奧德薩
逝 1914 年 巴黎
生有三女

特蕾絲 結婚 里昂・富爾德

生 1851 年 奧德薩
逝 1911 年 巴黎
生有一子一女

莫里斯 結婚 夏洛特・碧翠絲・德・羅特希爾德

生 1849 年 奧德薩
逝 1916 年 巴黎

瑪麗 結婚 居伊・德・佩爾桑

生 1853 年 奧德薩
逝 1924 年 巴黎
生有一女

目錄

第三部 維也納、科維徹什、頓布里吉威爾斯、維也納，一九三八年到一九四七年

「即使一個人已不再依戀事物，但事物仍然依附著他們；其中原因恐非他人所能參透……現在，既然我已厭倦與人來往酬酢，這些過去曾有的情感，如此私密而個人，對我來說——那是所有收藏家都會有的狂熱——似乎變得極為珍貴。我對自己敞開心房，如同打開展示櫃一般，一件一件地檢視我曾有過卻不為人知的戀情。這些是我如今最依戀的收藏，其他事物均無法與之相比，我對自己說道，就像馬札然提起自己的藏書一樣，實際上，我一點也不感到悲苦，因為留下這些，不過是平添煩惱。」

——查爾斯·斯萬

普魯斯特，《追憶似水年華》第四部《所多瑪與蛾摩拉》

作者序

一九九一年，我申請到一筆由日本基金會所提供的兩年獎學金。這筆獎學金是讓七名來自不同領域（工程、新聞、產業、陶藝）的英國年輕人，先在英國大學接受基礎日語訓練，接下來一年就可以前往東京見習。流利的日語協助我們建立與日本交流的新紀元，我們是第一批參與計畫的成員，可想而知肩負著極高的期待。

第二年到日本見習期間，我們每天上午都在澀谷的語言學校度過，從櫛比鱗次的快餐店和電器用品促銷賣場走一段上坡路，便可抵達學校。東京此時正逐漸從一九八〇年代泡沫經濟的破滅中復甦，這是全世界最繁忙的路口，通勤族站在十字路口看著螢幕上的日經指數屢創新高。為了避免尖峰時段洶湧的地下鐵人潮，我刻意提早一個小時出門，與另一名年紀稍長的學者——考古學家——見面，我們會先享用肉桂麵包和咖啡，然後去上課。

我有家庭作業，貨真價實的家庭作業，而且這是我脫離中小學以來再度面對學校的習題：每週要學會一百五十個漢字；一篇小報新聞專欄的語法分析；每天複述數十個日常用語。日文是最讓我頭痛的。反觀另一名年輕學者，他已經可以用日文跟老師一起揶揄電視節目或政治醜聞。語言學校有一道綠色大門，我記得某天早上我踹了鐵門一腳，想著二十八歲的人踹學校大門是什麼樣子。

下午完全是我自己的時間。我每週有兩天下午會到陶藝工作室，和其他人一起共享這個空間，包括製作茶碗的退休商人，或以粗糙的紅色黏土及網狀物傳達前衛思想的學生。你支付會費，隨手抓過一張板凳或旋轉盤，找個角落做自己的事。工作室並不吵鬧，隱約聽到有人低聲說話，但氣氛相當愉快。這是我首度嘗試製作瓷器，當我把作品從旋轉盤上取下，我會從側邊輕推一下我的瓶子與茶壺。

我從小就開始學製陶，還纏著父親，非要他帶我去上晚間的陶藝課。我的第一件陶器作品是用旋轉輪拉坏完成的陶碗，我為它上了一層乳白色的釉，噴上鈷藍色來點綴。就讀中小學的午後，絕大多數時間我都待在陶器工坊。我十七歲便離開校園向一名作風嚴厲的人拜師學藝，他是英國陶藝家貝納德．里奇（Bernard Leech）的崇拜者。他教我尊重材料並適得其所：我丟棄過數百件以灰色石黏土拉坏而成的湯碗和蜂蜜瓶，並負責清掃地板。我會協助上釉，仔細反覆校準東方的色彩。他從未去過日本，書架上卻擺滿討論日本陶瓷的作品。我們會討論某個茶碗跟早上用來盛裝牛奶咖啡的馬克杯相比，具備哪些優點。他說，避免不必要的動作——越簡潔越豐富。我們總是靜悄悄地或在古典音樂聲中工作。

十幾歲時，我曾到日本當過一整個夏天的學徒。我拜訪各地的陶藝村，包括益子、備前、丹波，向幾名同樣嚴厲的師傅學習。紙門每次開闔的聲響，以及茶屋庭園中水流經過石縫的聲音，都是神靈般的顯現，正如Dunkin' Donuts店前霓虹燈帶給我的異樣感。我有證據足以證明當時我對陶藝的投入有多深。回國後，我在雜誌發表一篇文章，題為〈日本與陶藝家倫理：培養對材料及時代印記的敬意〉。

學徒生涯結束後，我進入大學攻讀英國文學，此後有七年的時間，我在威爾斯和英格蘭邊境一處規畫周詳的工作室獨自工作，然後繼續待在沒有人味的內城。我非常專注，我的作品也一樣。如今我又來到日本，待在一間凌亂的工作室，坐在一旁的男人正大談棒球經，而我則製作著一只側面內推的瓷瓶。我樂在其中——看來我已經抓到要領。

一週裡有兩天下午，我會到日本民藝館的檔案室閱讀關於里奇的書。位於郊區的博物館是由農舍改建，收藏了柳宗悅製作的日本及韓國民藝作品。柳宗悅具備哲學家、藝術史家和詩人身分，他發展出一套理論解釋何以有些物品會如此美觀，例如一些不知名工匠所製作的器皿、簍筐和織物。柳宗悅認為，這些物品表現出一種無意識之美，因為工匠是在完全超脫自我的情況下手作而成。二十世紀早期，年輕的柳宗悅和里奇在東京結為密友，兩人頻繁地書信往來，分享彼此閱讀布雷克（Blake）、惠特曼（Whitman）及拉斯金（Ruskin）的想法。他們甚至在近東京市郊一處小村落建立了藝術家聚落，里奇從事陶藝創作，並找來當地的男孩擔任助手；柳宗悅則對他那群波西米亞風格的朋友講述羅丹與美。

穿過一扇門，石地板變成辦公室專屬的油氈地板，然後沿著後廊道來到柳宗悅的檔案室。這裡格局不大，空間約十二呎乘以八呎，延伸到天花板的書架放滿書籍及堆疊的麻編盒，盒裡是柳宗悅的筆記本和書信。還有一張書桌和一盞燈。我喜歡檔案室，這裡極其安靜而陰鬱。我在這裡閱讀、寫筆記，我計畫書寫一部具有顛覆觀點的里奇傳記，這會是以隱微方式討論日本主義的作品，指出西方過去一個多世紀來，是如何熱情且充滿創意地誤解了日本。我想知道日本為什麼能讓藝術家的創作如此強烈又充滿熱忱，並讓學界執拗地指出一個又一個對日本的誤解。我希望藉由撰寫此書，解開我心中那股深刻難解、對日本的愛戀與沉迷。

每週，我會撥出一天下午陪伴我的舅公伊吉。

出地鐵站之後走上斜坡，經過五顏六色的啤酒販賣機，經過埋葬四十七名武士的泉岳寺，經過一棟奇特的神道教會議廳，經過直爽的X先生經營的壽司店，在高松宮宣仁親王松園的高牆旁右轉。我走進大樓電梯上到七樓，伊吉會坐在窗邊的扶手椅上閱讀。大部分是雷納德（Elmore Leonard）或勒卡雷（John Le Carr）的作品，或者是法文回憶錄。伊吉說，真奇怪，有些語言就是比其他語言來得溫暖。我彎下腰，他親了親我的臉頰。

他的書桌放著吸墨紙、一疊印有他名字的紙張，以及筆；不過他已不再寫作。從他後方的窗戶望出去可以看到一台台起重機，東京灣已消失在四十層的公寓大樓之後。

我們會共進午餐。伊吉的午餐如果不是管家中野太太準備的，就是住在連通公寓的朋友次郎帶來的。歐姆蛋和沙拉，以及從銀座百貨公司一家精緻的法式麵包店買來的烤麵包、一杯松塞爾或普宜富美冰鎮白酒、一顆桃子、一些乳酪和極品咖啡，而且是黑咖啡。

八十四歲的伊吉有點駝背，他的穿著向來無可挑剔：西裝外套，胸前口袋襯著手帕，淡色襯衫和領帶，看來相當體面。他仍蓄著灰白的八字鬍。

午餐後，伊吉會推開幾乎占滿客廳整面牆的玻璃櫥櫃拉門，把裡頭的根付*一個個拿出來。琥珀眼睛的兔子、佩戴武士刀及頭盔的男孩、扭著肩膀與四肢轉身咆哮的老虎。他會遞給我一枚根付，我們一起賞玩，然後我會小心翼翼將根付放回玻璃櫥櫃，安置在數十種動物和人物造型的根付之間。

我把櫥櫃裡的小水杯斟滿水，確保象牙不會在乾燥的空氣裡龜裂。

伊吉會說，我有沒有告訴過你，我們小時候多麼喜歡這些玩意兒？某個巴黎的表親是怎麼把這些送給我的父母？我有沒有告訴你安娜口袋的故事？

對話內容往往峰迴路轉，這一刻伊吉還在描述他們在維也納的廚子特製了皇帝鬆餅做為父親的生日早餐：層層堆疊的鬆餅撒上糖粉，管家約瑟夫大張旗鼓地把鬆餅端到餐廳，以長刀切開。父親直喊著就算皇帝過生日，也不會有這麼精采的開場！下一刻話鋒一轉，伊吉倏地談起莉莉的第二段婚姻。但誰是莉莉？

感謝上帝，我心想，即使我不認識莉莉，至少故事地點我很清楚：巴德伊舍、科維徹什、維也納。當夜幕籠罩東京灣，起重機上的建築燈光也隨之亮起，我想像自己變成一名抄寫員，我或許應該帶著筆記本坐在他身旁，記錄在他話語中第一次大戰前的維也納。但我從未這麼做，那似乎太正

*根付（netsuke）：日本傳統和服沒有口袋，小物品必須放在袋子裡隨手拿著。為了騰出手來，便以木頭或象牙刻成工藝品（即根付），頂端以細繩穿過，繩子另一端繫著袋子（印籠），再將繩子和根付從和服及腰帶之間穿過，繩子夾在和服與腰帶之間，而根付則在腰帶上緣；至於繩子下方則繫著印籠，等同現成的口袋。

式也不恰當，而且很貪婪：那是個精采豐富的故事，而我竟想要擁有它。無論如何，我喜歡事物重複打磨之後的平滑，而在伊吉的故事裡，便有著河中圓石的觸感。

歷經一整年的下午時光，我得知伊吉的父親對伊吉的姊姊伊莉莎白的聰明感到驕傲，以及他母親對於女兒過於贅述的談吐不以為然。說話要條理分明！伊吉經常語帶焦慮地提到他和姊姊吉瑟拉玩的一個遊戲：他們必須從客廳拿一件小東西，下樓穿過庭院，避免引起馬夫注意，然後來到地下室，把東西藏在地窖裡。然後再慫恿對方去拿回來；而伊吉又是怎麼在黑暗中弄丟了東西。這似乎是一段無止盡且永不磨滅的回憶。

在科維徹什發生了許多事，他們的

伊吉與他在東京收藏的根付，一九六〇年

別墅往後將成為捷克斯洛伐克的一部分。伊吉的母親艾咪在破曉前將他喚醒，這是他第一次跟著獵場看守人外出狩獵，他必須親手射殺躲在農作物收割後殘梗後頭的兔子。當他看見寒冷天氣裡耳朵瑟縮顫抖的兔子時，遲遲無法扣下扳機。

吉瑟拉和伊吉偶然看見吉普賽人帶著一頭戴著鎖鏈、會跳舞的熊，這群人在莊園邊際的河邊紮營，兩人都嚇壞了，一路奔回家。伊吉提到東方快車在一處小站停下，他祖母身穿白色連身裙，在站長的攙扶下下車。他和姐姐急奔上前迎接，祖母給了他們一盒用綠紙包裝的蛋糕，那是從維也納的德梅爾蛋糕店買來的。

艾咪早餐時會把伊吉拉到窗邊，指著窗外的秋樹，上面棲息著為數眾多的金翅雀。伊吉敲打窗戶，把金翅雀都嚇飛了，但樹仍然是鮮明的金黃色。

午餐後我清洗餐具，伊吉去睡午覺，我則開始寫我的漢字作業，一張張方格紙上爬滿扭曲的字跡。我會待在這裡直到次郎下班回來，他會帶來日文和英文晚報，以及隔天早餐的可頌。次郎會放一點舒伯特或爵士樂，我們會喝一點酒，然後我便離開留他們獨處。

我在目白租了一間舒適的單人房，窗外是一處種滿杜鵑的小花園。我有一臺電子爐和一只熱水壺，我盡可能利用這些工具。但是向晚時分，我大多以麵裹腹，顯得相當孤獨。每個月有兩天，次郎和伊吉會帶我出門用餐或者聽音樂會，他們請我到帝國飯店喝一杯，然後吃頓上好的壽司或韃靼牛排。有時為了向我們從事銀行業的先祖致意，我會來份銀行家牛肉餐。我婉謝了鵝肝——那可是伊吉的主食。

那年夏天，英國大使館舉辦了一場學者接待會，我必須以日文致詞，說明這一年來的收穫，以及文化如何聯繫起英日兩個島國。事前我不斷練習，直到筋疲力盡。伊吉和次郎也到場了，我可以看到他們舉起香檳為我打氣。之後，次郎輕揉著我的肩膀，伊吉親了我一下，他們不住微笑，異口同聲說我的日文「上手ですね」——專業、流利、無懈可擊。

他們一切都已安排妥當，他們兩人。次郎公寓裡有一間和室，裡面有座小神龕擺著他母親和伊吉母親艾咪的相片，他們在此祭拜、敲磬。走過連通的門直達伊吉公寓，他的書桌上擺著兩人在內海一艘船上的照片，後方是滿山遍野的松樹，水面映照斑駁的陽光。那是一九六〇年一月，次郎的頭髮完美的往後梳，手臂搭在伊吉肩膀上。而另一張照片是一九八〇年代，在夏威夷外海一艘客輪上，他們身著晚禮服，臂挽著臂。

活得久是一件艱難的事，伊吉低聲說。

在日本度過晚年是美好的，他的音量稍微大了些。我的人生有超過一半的時間在這裡度過。你想念維也納的一切嗎？（為什麼不直接問他：你想念什麼，當你年事已高，而且沒有住在你的出生地？）

不，我從一九七三年起就沒有再回去過，那裡沉悶而令人窒息，每個人都知道你的名字。你在克恩特納大街買一本小說，他們會問你，你母親的感冒好些了嗎？你動彈不得。屋內淨是金箔和大理石。如此陰暗。你看過我們在環城大道的老房子嗎？

你知道嗎，伊吉突然說，日本的李子餃比維也納的美味。

事實上，他停頓了一會兒繼續說，我父親總說等我年紀夠大了，要帶我參加他的俱樂部。每週四，父親會在歌劇院附近和他的朋友、他的猶太朋友們聚會，因此那天回到家他總是開開心心的。維也納俱樂部，我一直想跟他一起去，但他從未帶我去過。我離家前往巴黎，之後到紐約，你知道，然後戰爭就爆發了。

我想念的是這件事，從以前就想著。

一九九四年，在我回英國不久之後，伊吉過世了。次郎打電話通知我，他在醫院裡只待了三天。對他來說無疑是一種解脫，我回東京參加他的喪禮，二十幾個人為他送行，包括他們的老友、次郎家人、中野太太和她女兒，每個人無不悲傷流淚。

火化時我們聚在一起，骨灰送出來，我們兩兩一組輪流向前，用細長的黑箸將未燒盡的遺骨挾進骨灰罈。

我們前往一座神社，伊吉和次郎在此安置了墓地。二十年前他們便在這塊墓地做好規畫。墓園位於神社後方的山丘上，每塊墓地都以矮石牆隔開。灰色的墓碑上已經刻上兩人的名字，還有一處供人獻花的地方。水桶和刷子，以及以梵文書寫經文的木片*。你拍掌三次向已逝的親人問安，然

*即板塔婆（いたとうば），掃墓時的供養具。

後為自己這麼晚來致歉，之後打掃墓地，移除枯萎的菊花，插上新鮮菊花。

神社裡，骨灰罈放在一座小高臺，伊吉的照片——在客輪上身穿晚禮服那張——置於罈前。僧侶誦念佛經，我們上香祝禱，並為伊吉取了戒名，佑祝他的來生。

然後我們談到伊吉。我想以日文表達我舅公對我的意義重大，但我說不出口，不僅因為泣不成聲，也因為我的日文在我需要時並不是那麼管用，儘管我以兩年的高額獎學金學習日文。於是，在這處佛教神社的空間，在東京市郊，我誦念神聖祈禱，為了離故鄉維也納如此遙遠的伊格納斯·馮·伊弗魯西，也為了他的父親、母親及他的兄弟姊妹，那些離散的猶太人們。

喪禮過後，次郎要我幫忙整理伊吉的衣物。我打開更衣間櫥櫃，裡面的襯衫依顏色井然有序地依次排列。打包領帶的時候，我看到地圖上標記著他和次郎假期出遊去過的地方：倫敦、巴黎、檀香山和紐約。

整理告一段落，我們喝了紅酒，次郎拿出毛筆和墨水寫了一份文件，並且蓋上印章。他對我說，萬一他也離開了，我可以保管這些根付。

所以，我是下一個。

伊吉收藏了兩百六十四枚根付。這些小東西的數量實在驚人。

我拿起一枚根付在指間反覆端詳，用掌心琢磨重量。如果材質是木頭，不管是栗木或榆木，都比象牙要輕得多。木雕作品更容易顯現古色古香：帶著斑紋的狼背，或者環抱身軀翻滾中的雜技演員，微弱地透出光澤。象牙根付呈現多層次的奶油色調，事實上，每一種奶油色系都有，就是沒有純白色。有些鑲有琥珀眼睛或獸角。有些年代久遠的可見輕微的磨損：半人半羊的牧農之神在葉子上休息，可惜臀部的斑紋幾近消失了。在蟬的表面有一道細微裂痕，幾乎看不見的裂縫，是誰把它掉在地上？在哪裡？什麼時候？

多數根付上都有簽名——當物品完成交付後，主人會在上面署名。有一枚木雕根付是一個人坐著，兩腿間夾著葫蘆。他彎身朝向葫蘆，兩手握著一把刀，刀刃已剖進葫蘆中。從他的手臂、肩膀和脖子可以看出這動作有多麼費力：全身肌肉專注在刀刃上。另一枚根付則是一名木桶匠正用手斧製作一個已完成一半的桶子。他屈身在木桶內，蹙著眉專注工作，這是一件表現木作的象牙雕刻。而這兩枚根付都是以完成某件半成品為主題的作品。看，它們說，我已經完成到這個程度，而他幾乎才正要開始。

當你在手中把玩這些根付，尋找簽名的所在是件很有趣的事——鞋底、樹枝末端、大黃蜂胸部——而簽名的筆觸同樣也會看出不少樂趣。我想像用毛筆寫下日文姓名的一連串動作，毛筆蘸上墨汁，筆鋒接觸紙張的那一瞬，以及再回到硯台上蘸墨。我不禁納悶雕刻根付的人要怎麼使用精細的金屬工具，才能銘刻出如此獨特的簽名。

有些根付沒有署名。有些貼了小紙張，仔細寫上極小的數字。

為數不少的根付以老鼠為主題，或許是因為老鼠讓雕刻師有創作的空間，將牠長而彎曲的尾巴迂迴纏繞，也許纏繞著一桶水、死魚、乞丐的破衣，然後再將老鼠的腳爪收在根付底部。捕鼠者的根付數量也不少，這個我可以理解。

有些根付想要表現一種動態，所以你的手指可以順著解開的繩子或濺溢的水花撫摸。有些根付細微的動作太多，以致你的手指顯得忙亂：浴桶裡的女孩、蚌殼上的渦紋。你意想不到的是，有些根付甚至能夠同時表現兩者：糾結盤繞的龍倚在一顆尋常的石頭上，你透過手指感受象牙的光滑和石面的觸感，猛地卻遭遇緊密纏繞的龍身。

根付大多呈現出不對稱，我認為這是樂趣所在，就像我最喜愛的日本茶碗，你不可能從局部了解整體。

回到倫敦後，我把一枚根付放進口袋，一整天帶著到處走。「攜帶」似乎不能適切地形容把根付放在口袋的感覺，那聽起來太過目的性。根付是如此輕巧而迷你，很容易在你的鑰匙和零錢之間來回，感覺上似乎消失了，你一下子就會忘記它。這是一枚熟透的枇杷根付，它以栗木雕成，是十八世紀末江戶時期的作品。日本的秋天，你有時可以看到枇杷樹將枝椏垂掛在神社外牆，或從私宅庭院伸展到街上的自動販賣機，那景象著實愜意。我的枇杷幾乎快要爛熟，果蒂上的三片葉子一副弱不禁風的樣子，彷彿稍加搓揉便會掉落。果實色澤有些不均，有一面看起來較為成熟。你可以感覺到底部有一大一小兩個洞，由此將絲線穿入，根付就可以充當小袋子的栓扣。我試著想像過去誰曾擁有這枚枇杷根付。它的製作時期早於一八五〇年代日本開放之前，充分反映出日本人的藝術品味。這枚根付很可能是為商人或學者而雕刻的，它平靜而含蓄，卻讓我會心一笑。以異常堅硬的材質製作出觸感柔軟的掌中物，可說是個緩慢且需要實際領會的雙關語。

枇杷在我的外套口袋裡，我到博物館開會討論我預計進行的研究，之後前往工作室，再到倫敦圖書館。我時不時在指縫間滾動這枚根付。

我知道自己有多麼在乎這件軟硬兼具且容易遺失的古物是如何流傳至今的。我必須想辦法挖掘背後的故事。擁有這枚根付——繼承所有根付——意味著我從此對它們負有責任，也對曾經擁有它們的人負有責任。但這份責任有多沈重，我不清楚，坐立難安。

我從伊吉口中得知這段旅程的梗概。我知道這些根付是一八七〇年代，我外曾祖父的堂哥查爾斯・伊弗魯西在巴黎買下的。我知道他在十九、二十世紀之交將根付送給我外曾祖父維克多・馮・伊弗魯西，做為結婚賀禮。我很清楚安娜的故事，她是我外曾祖母的侍女。我還知道這些根付跟著伊吉一起來到東京，成為他和次郎生活的一部分。

巴黎、維也納、東京和倫敦。

枇杷的故事必須從製造地說起，即江戶，舊時的東京，一八五九年，美國海軍准將培理率領黑船打破日本鎖國政策，並且和世界展開貿易之前。只是這枚根付第一個歇腳處是查爾斯在巴黎的工作室，這是一間位於伊弗魯西宅邸、可以俯望蒙梭街的房間。

對我來說這是個好的開始，因為我和查爾斯有著直接口述的聯繫。我祖母伊莉莎白五歲時曾在琉森湖畔梅根的伊弗魯西山中別墅見過查爾斯。這幢「山中別墅」為六層樓高的粗砌石造建築，頂層是矮小華麗的塔樓，整體構造超乎想像的不雅觀。這處宅邸是查爾斯的兄長朱爾斯及他妻子芳妮在一八八〇年代初期建造的，是「巴黎緊張壓迫的日子」的喘息地，這個居住空間足以容納來自巴黎和維也納的所有「伊弗魯西家族」，甚至是來自柏林的遠親。

這棟別墅有數不清的小徑在腳下嘎扎作響，小徑兩旁英國風格的黃楊修剪得分外齊整，花圃裡遍布著小花壇，兇悍的園丁會叫孩子們到別處去玩。在這座井然有序的瑞士花園裡，每一粒碎石都經過精心的鋪撒，花園往下延伸到湖邊，那裡有一座小碼頭和船塢，孩子因此有了更多挨罵的機會。朱爾斯、查爾斯和排行老二的伊格納斯是俄國公民，船庫屋頂上飄揚著俄國皇室旗幟，他們在這座別墅度過無數個漫長夏日。我的祖母是擁有驚人財富卻無子嗣的朱爾斯夫妻的法定繼承人，她記得餐廳裡有一幅很大的畫作，描繪溪邊的柳樹，她也記得別墅裡只有男僕，就連廚子也是男的，跟她在維也納的家相比，這裡顯然令她感到格外有趣。在維也納，家裡只有一名叫約瑟夫的老管家，當他開門讓她外出到環城大道時總會對她眨眼，馬夫穿梭在一群女僕和廚子之間。顯然，男僕比較少打破瓷器。而她也記得，在這個沒有孩子的別墅裡，舉目所及盡是瓷器。

查爾斯年屆中年，但是和他兩名充滿魅力的兄長比起來似乎顯得老成許多。伊莉莎白只記得他迷人的鬍子，以及他總是從背心口袋掏出一只極為精巧的懷表。此外和其他長輩一樣，查爾斯給了伊莉莎白一枚金幣。

彷彿就發生在眼前似的，伊莉莎白清楚記得查爾斯彎下腰來撥弄她妹妹的頭髮。妹妹吉瑟拉年紀雖小卻是十足的美人胚子，分外引人注意。查爾斯稱她為「我的小吉普賽」、「我的波希米亞女孩」。

這是我和查爾斯之間直接口述的連結，這是一段過往。只是當我動筆之際，我覺得一切栩栩如生。

這些故事都有後續——男僕的人數以及略顯陳腐的金幣禮物——但似乎覆蓋著朦朧的憂鬱，而我倒是很想知道關於俄國旗幟的細節。當然，我知道我的家族是猶太人，也知道我的家族曾經極為富有，但我實在不想掉進家族史詩的窠臼，寫出輓歌般充滿失落的中歐敘事作品。我不想把伊吉描述成待在書房研究的老舅父，如同查特文（Bruce Chatwin）筆下的烏茲，傳承了家族故事給我，並不忘叮囑：去吧，凡事小心。

我想，這些事情本身就可以成為小說的情節，幾則引人入勝的奇聞軼事拼湊起來，補充一點和東方快車有關的內容，當然，再加上一點漫遊布拉格或其他同樣上相的城市描寫，以及從Google搜尋來的美好年代*舞廳剪報……如此產生的作品將是懷舊而傷感的，但卻淺薄。

對於一個世紀前家族喪失的財富及風華，我沒有資格懷舊，而且我也對**淺薄**毫無興趣。我想知道我指間把玩的這件堅硬、微妙且充滿日式風格的木製玩意兒，和它曾經流落的地方有著什麼樣的因緣。我想碰觸那道門把，轉開並感受門的開啟。我想走進這件物品待過的房間，感受那個空間，知道牆上掛著的畫作、光線如何透過窗戶灑進屋內。我想知道它曾經被誰握在手裡，這些人感覺如何，有什麼想法——如果他們思考過的話。我想知道，它看見了些什麼。

*美好年代（Belle Epoque）：指法國從一八九〇年到第一次世界大戰爆發前，以巴黎為中心的文化繁華時代。

我認為，憂傷是一種無所事事的茫然，一種免責條款，一種令人窒息的失焦。反觀這枚根付是精巧的，強硬表現出它的精確度，值得我們以同樣的精確回報。

我之所以在乎，是因為我的工作就是製作物品。對我來說，物品如何被對待、使用和傳遞，不只是稍微有趣一點的問題。它是我的問題。我製作過數千只陶器。我不擅長記住名字，我說話總是含糊不清、不夠直接，但製陶我很專業。我能記住陶器的重量和平衡，以及陶器表面和容量如何協調。我可以解讀陶器的口緣如何產生張力或失去張力，我可以感覺那是匆促完成或歷經一番功夫——如果成品被灌注了溫情的話。

我可以看出陶器如何與周圍的物品互動，或是如何與周圍的世界格格不入。

我也可以記得某些作品是否希望你以雙手撫摸，或只是用指尖去碰觸，或者希望你離它遠遠的——並不是拿在手上就比較好。世上有些物品只適合遠觀，而非隨手任意擺弄。此外，身為一名陶藝家，當擁有我作品的人將它視為有生命的事物來談論，我總會油然生起一股異樣感：我不確定我能否賦予作品生命。但有些作品確實保留了製作過程中的脈動。

這種脈動激起我的好奇。決定碰觸或不碰觸之前，我往往有著片刻猶疑，這是個詭異的時刻。如果我選擇拿起把手附近有個缺口的白色小杯，這個杯子是否會在我生命中占據某種地位？一件簡單的物品，這個杯子更偏象牙色而非白色，容量太小不適合早上拿來喝咖啡，外表看起來也不均衡，卻可能成為我生命的一部分。它可能隱退到個人講述故事的領域，以感性而迂迴的方式和記憶交纏。一件受到喜愛、令人愛不釋手的物品，我可以收藏，也可以交給別人。

物品轉手的過程背後都有故事。我給你這件東西，因為我愛你；或是因為某人交給我了；因為我在某個特別的地方買到；因為你會好好照顧它；因為它能豐富你的生活；因為它能讓別人對你心生嫉妒。傳承絕不是簡單的故事。什麼被記住了，什麼被遺忘了？也許會有一連串遺忘的過程，前任物主的一切完全被抹除，隨伴著故事平添枝節。傳遞到我手中的除了這些日本小物件，還有什麼呢？

我很清楚自己和根付相處太久了，我大可將根付視為往後人生的一樁軼事——至愛的長輩傳給我的新奇玩意——或是起而尋找這些根付的意義。有天晚上，我在晚餐時向幾名學界朋友講述我所知道的根付故事，我開始對自己講述時的四平八穩感到作嘔。我發現自己其實在娛樂聽眾，而他們的反應也說明了故事的內容。這已經不只是說得流暢順口而已，而是故事本身變得越來越淺薄。我必須趁現在好好整理這些故事，否則總有一天它們會消失無蹤。

忙碌不是藉口。我才剛結束一場博物館的瓷器個展，若安排得當，我可以把一名收藏家的委託延期。我和妻子達成協議，重新擬定行程。三到四個月應該可以讓我完成不少事，我有足夠時間回東京探望次郎，並且前往巴黎和維也納。

由於我的祖母和舅公伊吉都已去世，因此一開始我必須尋求父親的協助。年屆八十的他樂意為我翻找家族資料，他說，那是背景資料。他似乎很高興，因為他的四個兒子裡終於有人對家族史感興趣。留下的記錄不多，他提醒我。他帶了四十幾幀照片到我的工作室，此外還有兩份薄薄的藍色文件夾，裡面放了信件，貼有黃色便利貼，這些書信絕大多數可以辨讀；我的祖母在一九七〇年代註解的家譜、一九三五年維也納俱樂部的會員名冊，以及放在超市購物袋裡一堆托瑪斯·曼（Thomas Mann）的小說，上面附有題詞。我們將這些物品擺在樓上辦公室的長桌上，正好是我燒製陶器的房間上方。父親對我說，從現在起，你就是家族檔案的管理者。我看著這些資料，全然不清楚我能從中找出什麼有趣的資訊。

我有點失望地問，還有其他的嗎？當晚父親又在他退休教士庭院的小公寓裡繼續翻找。他打電話給我，說找到另一本托瑪斯·曼的作品。看來這趟旅程將比原先設想的更為艱困。

然而我不能一開始就抱怨，我對根付的第一位收藏者查爾斯所知不多，但我已經找到他當初在巴黎的住處。我把一枚根付放進口袋，動身出發。

第一部

巴黎，一八七一年到一八九九年

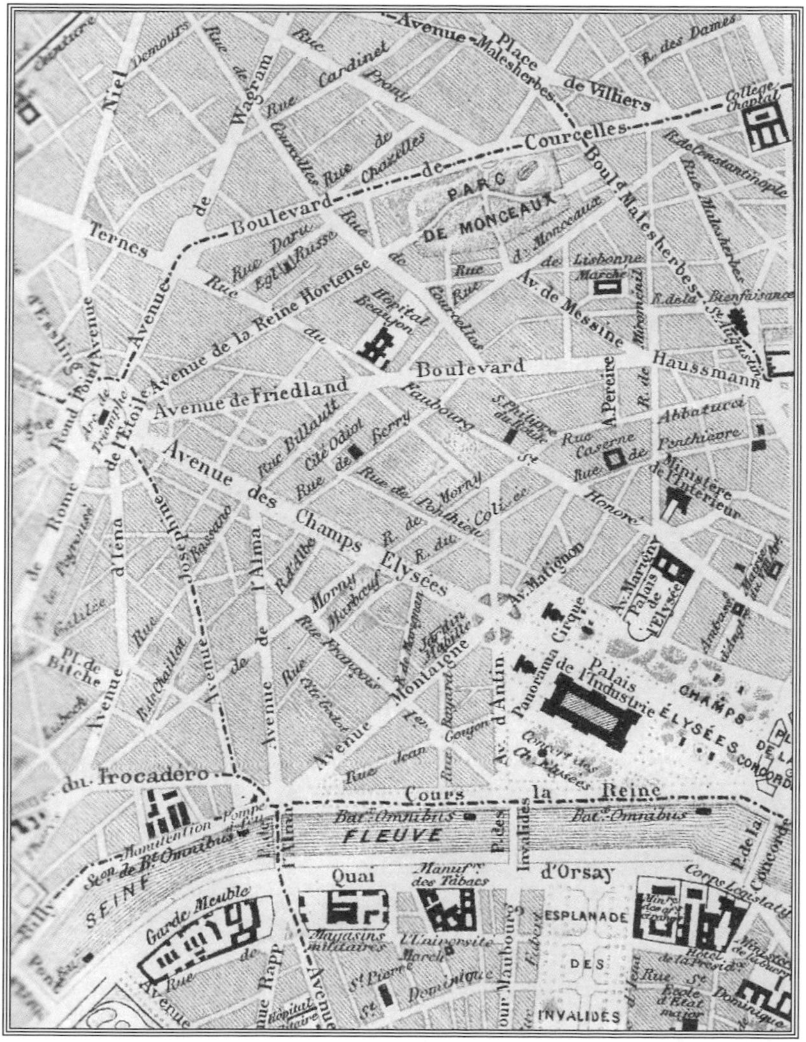

1 西區

四月一個風和日麗的日子，我動身尋找查爾斯過去的住處。蒙梭街是條漫長的巴黎街道，寬闊的馬勒塞爾布大道橫穿而過將其一分為二，大道繼續延伸直抵佩雷爾大道。蒙梭街這條斜坡路兩旁淨是貴重的石砌建築，坐落其中的旅館內斂地表現出新古典的建築風格，每一棟宛若佛羅倫斯宮殿。至於一樓則是採取粗面砌築的方式，裝飾著大量頭像、女像柱及渦卷花飾。蒙梭街八十一號，伊弗魯西宅邸的所在地，接近這條斜坡的最上方，這裡是我的根付旅程的起點。行經 Christian Lacroix 總部，隔一戶便抵達目的地。令人意外的是，這個地址如今是一家醫療保險公司的辦公室。

這棟建築美極了。我小時候總喜歡描繪這一類建築，我會花好幾個下午仔細用墨水描繪光影，好讓人看出窗戶和柱子的濃度深淺。站在建築物正前方，總覺得耳邊傳來悠揚的樂音。你會擷取各種古典元素，試著結合成充滿韻律的生命：四根科林斯式壁柱聳立在建物正面，陽台欄杆嵌著四個巨大的石甕，樓高五層，屋幅有八面窗戶寬。臨街的一樓以粗重石塊砌成，刻意鋪設成看似傾斜的樣子。我走過這裡兩次，第三次我注意到街窗鐵欄杆上呈現的是兩個背對背緊鄰著的E，這是伊弗魯西家族的家徽，字母的線條宛若鬈鬚，形成橢圓形。那家徽赤裸裸地就在那裡。我試著正面思考，從中尋找伊弗魯西家族昔日的風采。我低下身子經過走道來到中庭，然後穿過另一道拱門來到紅磚砌成的馬廄，上面是僕役房；越到裡面，建築的材料與質地就越簡單樸實，使人輕鬆不少。

一名外送員帶著幾盒披薩走進醫療保險公司。通往大廳的門是敞開的。我走進大廳，樓梯像輕煙一樣盤旋而上穿透整棟屋子，黑色的鑄鐵和金絲細工一路延伸到頂端的塔式天窗。大理石甕置於深嵌在牆內棋盤式大理石壁磚的壁龕裡。工作人員踩著高跟鞋拾級而下，我困窘地退到一旁，我該怎麼解釋我愚蠢的來意？我站到街上望著宅邸，拍下幾張照片，經過的巴黎人邊致歉邊低身從我面前走過。觀賞住宅是一門藝術，你必須培養出一種技巧，能整體性地將建築物和地貌或街景融合為一，你必須留意建築物在整個景觀中占據多少空間，或者說，整體畫面因而少了多少空間。舉例來說，蒙梭街八十一號便是一棟巧妙隱身於鄰屋之間的房子：有些房屋比它來得富麗堂皇，有些則樸實簡單，但少有比它更不起眼的。

我仰望三樓窗戶，查爾斯就住在裡面，有些窗戶隔著街道與更具古典風格的房子相望，有些則隔著中庭面對充滿甕、山牆和煙囪管帽的屋頂景觀。他有一間前廳、兩間接待室——其中一間改成書房——一間飯廳、兩間臥室以及一間客房。我試著想像，查爾斯和二哥伊格納斯肯定住在這層樓相鄰的房間裡，他們的大哥朱爾斯和寡母米娜則住在那有著挑高天花板和華麗窗戶及陽臺的樓下。而此際四月的早晨，陽臺塑膠花盆中已長出細長的紅色天竺葵。根據城市檔案的記錄，這棟宅邸的中庭曾搭建玻璃天蓬，如今已不見蹤影。原本容納五匹馬和三輛馬車的馬廄變成精緻的小屋。我對於馬匹的數量感到納悶，對於這麼一個人數眾多且交遊廣闊的大家族來說，五匹馬似乎有點不夠體面。

這是一棟大宅邸，三兄弟勢必每天都在這黑色和金色交錯的螺旋樓梯上碰頭，或聽到其中一人準備出門前，從中庭的玻璃天蓬處傳來的馬車嘈雜聲。或者是遇到朋友經過家門口，沿著上坡路正打算返回自己的住處。他們一定養成某種習慣，讓自己視而不見、聽而不聞：要跟家人朝夕相處，必須有所調適——這點我了解，我跟我的幾個兄弟就是如此。他們一定相處得不錯，或許他們不得不如此。畢竟待在巴黎都是為了工作。

伊弗魯西宅不只是家族宅邸，也是這個家族在巴黎的重心。與其相呼應的counterpart宅邸還有位於維也納環城大道上的伊弗魯西大宅邸。無論是巴黎或維也納宅邸，都具備一種戲劇感、一張供世人觀看的臉孔。兩座宅邸皆建造於一八七一年新興的上流社會：蒙梭街和環城大道甚至仍處於發展初期，隨處可見尚未完工、雜亂、嘈雜、充滿塵土的建築工地。這些地區還在千變萬化的階段，憑藉著狹窄的街道及頑固的暴發戶與舊城區一較高下。

這麼一棟特殊的宅邸位於這麼一處特殊地點，若能讓人感到有點戲劇性，是因為這原本便是有意為之。位於巴黎和維也納的宅邸都是家族計畫的一部分：伊弗魯西家族正「扮演羅特希爾德家族」。如同羅特希爾德家族於十九世紀初從法蘭克福派出他們的子女前往歐洲各大首都落腳定居，伊弗魯西家族的大家長查爾斯·約阿希姆·伊弗魯西（Charles Joachim Ephrussi）也在一八五〇年代一手策畫了從奧德薩向外擴張的計畫。他是個家族長般的人物，在第一段婚姻生下兩個兒子——伊格納斯和里昂。當他五十歲再婚時又生了兩個兒子，米歇爾和莫里斯，還有兩個女兒，特蕾絲和瑪麗。這六名子女要不是被安排成為金融家，便是跟門當戶對的猶太家族聯姻。

奧德薩是猶太特區*內的一座柵欄城市，位於俄國的西部邊區，是允許猶太人永久定居的城市之一。奧德薩以猶太學校和猶太教會堂著稱，具有豐富的文學和音樂氣息，吸引了加利西亞貧窮城市的猶太人前往定居。在奧德薩城內，每十年猶太人、希臘人和俄國人的人口數就會增加一倍，這座多種語言並行的城市充斥著投機者及商人，碼頭上來往穿梭著陰謀者和間諜，這是一座持續發展中的城市。查爾斯．約阿希姆．伊弗魯西原本是個小穀物交易商，靠著變賣小麥而建立起龐大的事業。他從中盤商手中購得穀物，而中盤商從世界最大的小麥產地，即烏克蘭肥沃的黑土區，沿著嚴重崎嶇的道路一路將小麥運到奧德薩港口。這些小麥在越過黑海、沿多瑙河溯流而上或是橫渡地中海出口之前，便存放在他的倉庫。

到了一八六〇年，伊弗魯西家族已經成為世界最大的穀物出口商。在巴黎，詹姆斯．羅特希爾德有「猶太人之王」的稱號，而伊弗魯西則是「穀物之王」。伊弗魯西家族擁有自己的紋章：一梗穀穗及一艘揚帆的三桅帆船。家族企業箴言則提詞在船下方：我們無可挑剔，你可以信賴。

以此網絡為基礎，伊弗魯西開始推展他的宏圖大計，投資那些需要巨額資本的計畫：橫跨多瑙河的大橋、橫越俄國的鐵路及法國的鐵路、碼頭、運河。伊弗魯西公司逐漸從成功的商品貿易公司轉型為國際金融公司，然後成為一家銀行。每一次成功和政府達成交易，每一次成功在貧困的大公

*一七九一至一九一七年間，俄羅斯帝國曾圈定一處特定區域供猶太人定居，稱為「猶太特區」，大致位於今烏克蘭及俄羅斯西部。

位於蒙梭街的伊弗魯西宅

身上投下賭注，每一次讓客戶借出大筆款項，都讓伊弗魯西家族的社會地位更上一層樓，也讓他們離發出咯吱聲的烏克蘭運麥貨車更遠了一步。

一八五七年，伊弗魯西最年長的兩個兒子連同他們的家人，從奧德薩被派往四處擴張的哈布斯堡帝國首都維也納。他們在市中心買了一棟大宅，往後十年間，這棟宅邸便成為伊弗魯西家祖孫三代往返奧德薩及維也納的重要據點。伊弗魯西的兒子之一，也就是我的外高祖父伊格納斯，以維也納為基地，被賦予處理伊弗魯西家族在奧匈帝國的所有商業事務。巴黎是下一個據點，由長子里昂在當地總管家族及一切的事業。

我站在里昂的哨站外，它就位在巴

黎第八區一條蜂蜜色的斜坡道。事實上，此刻我正斜倚在對面房子的外牆，想像著他們在一八七一年的炎夏，從維也納來到這棟嶄新的金色宅邸。當時的巴黎充滿創傷，普魯士圍城還只是幾個月前的事，之後法國戰敗，德意志帝國在凡爾賽宮的鏡廳成立。新生的法國第三共和搖搖欲墜，外有巴黎公社分子的攻擊，內有政府官員的黨派鬥爭。

他們的新屋可能已經完工，但附近的建築物仍在修建中。泥水匠才剛結束工作，鍍金師傅辛苦的仰躺在窄小的階梯上，為扶手上的尖頂飾進行拋光處理。家具、繪畫、裝陶瓷的木箱慢慢地搬上樓。這裡的噪音不只來自屋內，也來自屋外，而所有面對街道的窗戶全都敞開著。里昂因為心臟病的緣故而有些不適。也正是在這條美麗的街上，里昂一家在此地的生活有個悲慘的開端。里昂和米娜共有四名子女，么女貝蒂嫁給年輕的猶太銀行家，這是一段完美的婚姻。然而，貝蒂卻在生下女兒芳妮不到幾個星期就過世了。於是，在這座新定居的城市裡，里昂夫婦必須在蒙馬特墓園的猶太人區建立一處家族墓地。這個墓地採哥德式風格，占地廣大，足以容納整個家族，並且清楚表示日後無論發生什麼事，里昂一家都將長眠此地。我終於找到這座墓園，只是墓園的鐵門不翼而飛，門口堆起一地的栗樹落葉，秋天已經到來。

這條斜坡道對伊弗魯西家來說是完美的環境。正如另一半伊弗魯西家族所居住的維也納環城大道被苦澀地稱為「錫安街」，猶太人的財富亦成為蒙梭街生活的基調。這個地區是在一八六〇年代由以撒克・佩雷爾及艾摩利・佩雷爾兩兄弟同共開發，身為西班牙系猶太人的他們，財富來自於從事金融業、鐵路建造和房地產，並大筆投資旅館業與百貨業。佩雷爾兄弟取得蒙梭平原，這塊面積廣大、地形單調的區域原來位於巴黎市界之外，他們在此地建築房舍讓急速成長的金融與商業菁英居住，對於來自俄國及地中海東部新移入的猶太家族來說，這裡的確宜居。此處的街道成了名副其實的僑居地，是族群聯姻、責任及宗教認同的融合之處。

佩雷爾兄弟為舊有的十八世紀公園地貌重新造景，以改善新成屋周邊的視野。刻有佩雷爾家族紋章的新鑄鐵大門通往屋內。後來，蒙梭公園周邊又稱「西區」。當時一名記者提到，如果你被問到馬勒塞爾布大道通往何處，「大膽地回答：通往西區……你大可改以法文稱之，只是聽起來很庸俗；英文聽起來時尚多了。」一名尖刻的記者寫道：「在這座公園，你可以看到『郊區』的貴婦……『金融界上層』及『以色列上流社會』女性散步的『景象』」。這座公園有著迂迴的步道和新英式風格的花圃，園內展示繽紛的一年生植物，而且持續更換植栽，與毫無生氣、過度修整的杜樂麗花園大異其趣。

我從伊弗魯西宅邸往下走，以我認為最閒散、甚至比平常更緩慢的步調從路的這邊踅到路的另一邊，看看對面屋子窗戶嵌線的飾樣，我感覺到，我走過的諸多房子無不鑲嵌著改頭換面的故事。幾乎每棟房屋的建造者都是從巴黎以外發跡的。

從伊弗魯西宅往下經過十棟房子，來到蒙梭街六十一號，這是亞伯拉罕．卡蒙多的住所，他弟弟尼希姆住在六十三號，而他們的妹妹蕾貝卡則住在對街的六十號。卡蒙多家族和伊弗魯西一樣是猶太金融家，他們從君士坦丁堡取道威尼斯來到巴黎。曾金援巴黎公社的銀行家塞努奇（Henri Cernuschi）從義大利移居巴黎，與他的日本珍藏一起住在公園邊緣一處雄偉卻冷冰冰的豪宅。五十五號是卡托伊宅，一戶來自埃及的猶太銀行家。四十三號是阿道夫．羅特希爾德的家宅，他從尤金．佩雷爾手中購得這間房子，然後著手設計了一間玻璃屋頂陳列室，用來展示文藝復興時代的藝術收藏。

然而，沒有任何一棟比得上巧克力大亨梅尼耶（Emile-Justin Menier）的宅邸。這是一棟極其華麗、兼容各種裝飾風格的建築物，也許在高牆阻攔下只能隱約窺見部分的樣貌，但仍足以讓人了解左拉所描述的「多元風格大雜燴」的言下之意。在他一八七二年出版的黑暗小說《爭奪》（*La Cure*）中，貪婪的猶太房地產大亨薩卡爾便住這裡，也就是蒙梭街。你可以感受到當伊弗魯西家搬來此地時這條街上的氣氛：這是猶太人的街道，滿是炫耀他們浮誇金色宅邸的人們。在巴黎，蒙梭是俚語，意指暴發戶、新住民。

這便是我的根付最早落腳的世界。沿著斜坡路往下走，我感覺到這是一齣在內斂與奢華間擺盪的劇作，內隱與外顯在此呼吸起伏著。

查爾斯．伊弗魯西搬來此地時是二十一歲。巴黎此時已經遍植樹木，寬廣的人行道取代了舊城狹窄的巷弄。在規畫者歐斯曼男爵（Haussman）的指揮下，巴黎經歷了十五年持續的拆除及改建，他夷平中世紀街道，闢建新公園和大道。站在街道中間望去，狹長的風景迅速延伸出去。

如果你想感受當下的氛圍，感受新鋪設的大道和橋梁一塵不染的氣息，那麼你可以看看卡耶博特（Gustave Caillebotte）的兩幅畫作。卡耶博特只比查爾斯年長幾個月，住在伊弗魯西宅附近的另一棟大宅。你可以在他的畫作〈歐洲橋〉（*Le Pont de l'Europe*）中看到一名身穿灰色大衣、頭戴黑色高帽的體面年輕男子，也許就是藝術家本人，沿著橋面寬敞的人行道走來。在他後方約兩步距離，有一名身穿波浪褶邊裙、手持陽傘的年輕女子。太陽露臉了，新砌的石頭閃耀著光彩。狗兒經過。一名工人傾身靠在橋上。這幅畫像是世界的初始階段：一連串完美的流動姿態和陰影。每個人，包括那隻狗，都知道自己在做什麼。

巴黎的街道可以沉澱人的心靈：乾淨的石砌外觀，具韻律感的裝飾陽臺，新栽植的椴樹，都出現在卡耶博特的畫作〈窗邊的年輕男子〉（*Jeune homme à la fenêtre*）。這幅畫曾在一八七六年第二屆印象派畫展上展示。畫作裡，卡耶博特的弟弟站在自家窗邊看向蒙梭街與其他街道的交叉口。他站著，兩手插在口袋，穿著得體，充滿自信，他的眼前是一片大好前程，背後則是一

古斯塔夫．卡耶博特，〈歐洲橋〉，一八七六年

張厚絨布扶手椅。

一切充滿可能性。

這很可能是年輕查爾斯的寫照。他出生於奧德薩，在一棟外表塗上黃色灰泥的宅邸度過人生第一個十年，這棟宅邸坐落在塵土飛揚的廣場邊，周邊盡是栗樹。若他攀爬至頂樓，就可以一覽無遺港口內船隻的桅杆。這棟宅邸為他的祖父所有，銀行就在隔壁。當他跟著祖父、父親或叔叔在街上散步，很難不被人攔下追問市場行情、請託，或者乞討一枚戈比*。潛移默化中，他學到了在公眾場所出入意味著一連串的相遇及迴避；該給乞丐和小販多少錢，在腳步不停的情況下，遇到熟人該怎麼招呼。

而後查爾斯搬到維也納，並在接下來的十年和父母、兄弟姊妹、叔叔伊格納斯和冷淡的嬸嬸艾蜜莉，以及他的三個堂弟、堂妹——史蒂芬（個性傲慢）、安娜（說話尖酸刻薄）和最小的維克多住在一起。每天早上都有一名家庭教師過來，教導他們多種語言：拉丁文、希臘文、德文和英文。他們在家通常說法語，家人間也會用俄語交談，但絕不准使用在奧德薩老家聽來的意第緒語。這群堂兄弟姊妹可以在同一句話裡夾雜兩種語言。當全家到奧德薩、聖彼得堡、柏林、法蘭克福和巴黎旅行時，用得上這些語言。他們也需要這些語言，因為語言是社會階級的基礎。透過語

*戈比（kopek），蘇聯時期的貨幣單位。一盧布為一百戈比。

言，你可以遊走社會各階層。透過語言，**任何地方都是你的家**。

他們觀賞布呂格爾（Pieter Breugel the Elder）的作品，局部描繪山脈間活力充沛的犬隻的〈雪中獵人〉（*Hunters in the Snow*）。他們在阿爾貝蒂娜博物館開啟畫櫃，欣賞杜勒（Albrecht Dürer）水彩畫裡顫抖的兔子、如寶石般伸展的羽翼。他們在普拉特公園學騎馬。男孩學習西洋劍，而所有人都要接受舞蹈課程，每個人都跳得很好。十八歲的查爾斯甚至被家人暱稱為 *Le Polonais*＊、波蘭人、華爾滋男孩。

在維也納，年紀較長的如朱爾斯、伊格納斯和史蒂芬等幾個男孩，被帶到環城大道以外、位於休頓巴斯泰的辦公室。這是一棟外人不許進入的建築，是伊弗魯西家族經營事業的地方。當大人討論穀物運送、問起存貨多少的問題，孩子必須安靜坐在一旁聆聽。巴庫可能開採出石油，貝加爾湖附近可能有金礦。職員們來回奔走。在這裡，他們初次體驗到這規模如此巨大的公司將屬於他們，而他們也從數不盡的會計帳本中逐一學習獲利的祕訣。

也是在這段期間，坐在年幼的維克多身旁的查爾斯開始畫起拉奧孔與巨蛇，這是他在奧德薩最喜愛的雕像。巨蛇用力蜷曲纏繞著肌肉糾結的臂膀令他印象深刻。要把每條蛇都畫出來，可要花上不少時間。查爾斯也以素描描繪在阿爾貝蒂娜的所見所聞。他畫僕人。他和父母的朋友討論他們收藏的畫作。有這麼一名博學的年輕人和你討論所收藏的畫作，總是令人愉快的。

然後，終於，他們要實現長久以來的計畫——搬到巴黎。查爾斯長得好看，體格瘦削，臉上的黑色鬍鬚修剪得整整齊齊，在特定光線下會呈現朦朧的紅。他的鼻子完全是伊弗魯西家族的特徵，大鷹鉤鼻，高額頭一如其他的堂兄弟。深灰的雙眼炯炯有神，充滿魅力。你可以看看他穿著正式的樣子，領結總是俐落漂亮，你再聽聽他的談吐：他的口才就跟他的舞技一樣好。

查爾斯可以自由選擇他想做的事。

我想，這是因為他是最小的兒子並且排行老三的緣故，很多童書都是這麼說的，第三個孩子可以離家四處冒險——也許是一種純粹的自我投射，因為我也是老三。但我懷疑他家人是否知道這個男孩其實並不適合交易所的生活。查爾斯的叔叔米歇爾和莫里斯也搬到巴黎，或許位於拱廊街四十五號的伊弗魯西公司已經有足夠的男人，因此可以放任這個向來錢來伸手、一開口便迷失自我的書痴吧。

查爾斯在這處宅邸有獨立的住處，光鮮亮麗，而且空蕩蕩的。這棟位於新鋪的巴黎街道上的新家成了他的歸來之處，他會多國語言，他有錢，有時間。於是他決定離家漂泊，跟每一個有教養的年輕人一樣，查爾斯往南走，前往義大利。

＊法文，意指波蘭人。

2 臨終之床

我手中的根付曾漂流過一段歷程，查爾斯的收藏便是這段歷程的第一階段。或許他自小就在奧德薩撿拾人行道上的七葉樹果實，或者在維也納蒐集硬幣，但我知道他開始收藏東西，是在這段時期。從他蒐集並帶回蒙梭街八十一號住處的收藏品可以看出，這是他的熱情所在。是熱情，或貪婪，或是自由奔放，總之他真的買了很多。

他離家的一年也是空窗的一年、因襲見習的一年、一段總覽文藝復興時期的歐洲巡遊之旅。這趟旅程促使查爾斯成為一名收藏家。或者，我認為，這趟旅程使他得以蒐集物品，讓他從純粹的觀賞者變成擁有者、從擁有者變成具備知識的專家。

查爾斯購買畫作和勳章，文藝復興時期的琺瑯及以拉斐爾（Raphael）畫作為草圖的十六世紀掛毯。他買了多那太羅（Donatello）風格的孩童大理石雕像。他買了羅比亞（Luca della Robbia）的年輕農牧之神彩陶雕像，看上去一種令人不解、看似脆弱的生物回望我們，並以聖母藍和蛋黃色上釉。回到他位於三樓的公寓，查爾斯將這尊農牧之神放在臥室的壁龕，以十六世紀義大利的刺繡裝飾其中，那是一種作工厚實繁複的刺繡織品，如今成了性好酒色的祭壇裝飾物，以農牧之神取代殉難聖人。

在倫敦維多利亞與艾伯特博物館的圖書館典藏了三大本栗色厚重的巨冊，其中便收錄了這張祭壇裝飾物的圖片。我借閱了一本，當我用手推車把這本書運到閱覽室，感覺相當滑稽。這本《圖像圖書館》（*Musée Graphique*）蒐羅了大量歐洲文藝復興時期的雕刻收藏，主要是華勒斯爵士（倫敦華勒斯美術館）、所有羅特希爾德家族——以及二十三歲查爾斯的收藏。這些對開本出版品有著極為浮誇的驚人尺寸，由一些收藏家出版，藉以吸引其他收藏家的注意。看過查爾斯用來放置農牧之神的昂貴壁龕後（深赭色，上有黃金色線浮雕、聖人鑲嵌畫、盾形紋章），我往後翻了三頁，看到他所收藏的其他物品。

我著實忍俊不住：一張巨大的文藝復興時期的床，一張四柱大床，同樣以刺繡織物來裝飾。床上高吊著頂篷，眾多愛神邱比特構成樹蔭般的錯綜圖案、風格詭異的人頭及紋章圖樣、花飾與果實。兩塊華麗的帷幔以厚實的流蘇穗飾繩索收束起來，帷幔各自繡上金底的E。床頭上可見另一個E。這可說是一張公爵的床——幾乎等同於一張小國君主的臥榻。而這張床不屬於現實世界。待在這張床就可以統治一座城邦、行接見之禮、寫下十四行詩，當然還有做愛。到底是什麼樣的年輕人才會買下這種款式的床？

我記下查爾斯購置的一長串物品，試著想像二十三歲的他把這一箱箱寶物沿著螺旋階梯一路搬到三樓，然後打開箱子，木屑和碎片紛飛；在房間裡安排這些物品，並依街頭照進來的晨光嘗試更動擺設。訪客一走進客廳，第一眼看到的是整面牆的畫作或掛毯？他們會瞥見這張床嗎？我想像他在父母、兄弟及整個家族面前炫耀這些琺瑯器。我心頭一驚，困窘地想起十六歲那年我曾把床拖到走廊，只為了睡在地板上，並將地毯拉到床墊上方做為床鋪的頂篷。每個週末，我總費盡工夫重新排列畫作和書本，想知道空間改變的感覺如何——感受的確很不同。

當然，這是一種舞臺布置。查爾斯蒐集的所有物品都需要鑑賞家的眼光，這些事物說明了蒐集本身需要具備的知識、歷史與家世。仔細分析這份收藏清單——依照拉斐爾的草圖編織的掛毯、仿效多那太羅的雕刻作品——你可以感覺查爾斯開始把藝術史的發展過程內化為自己的一部分。回到巴黎後，他把罕見的十五世紀勳章——上鑄有希波呂托斯（Hippolytus）被野馬撕裂的畫面——捐贈給羅浮宮。我彷彿聽到這名年輕藝術史家正在向他的訪客說話。你會發現這一長串記錄的內在，而非只是金錢。

但是，我也開始感覺到他從這些物品中獲得的快樂：錦緞不可思議的重量感、琺瑯器表面的冰涼感、青銅器的綠鏽，或刺繡上浮雕般織線的厚實感。

第一批收藏品完全是傳統的。他父母的朋友中，許多人也有類似的東西，他們也會將這些收藏品擺設成裝飾奢華的布景，一如年輕的查爾斯在巴黎臥房裡搭建起一座赭紅與金色相間的舞臺，只不過和其他猶太家族住所比較，查爾斯的規模小了點，他不過是在彰顯自己已經是個成年人。只是，對於一名年輕人來說，那又太過張揚了。而他也準備好即將展開他的公眾生活。

如果你想見識一下壯觀的室內布景，你可以到巴黎任何一處羅特希爾德家族的宅邸參觀，或是走出巴黎市去參觀詹姆斯．羅特希爾德位於費里耶（Ferriéres）的新宅邸，此處商人和銀行家所收藏的義大利文藝復興時期作品簡直可以辦一場盛會：別忘了，這位偉大的金主是靠著精明運用金錢購入收藏，而非仰賴世襲繼承。羅特希爾德位於費里耶的豪宅沒有大廳，無論是騎士風格或是基督教色彩，都沒有，有的是一處室內中央廣場，周圍四道大門通往宅邸的其他部分。在提埃波羅（Tiepolo）的天花板下有一間陳列室，展示了各種象徵勝利的掛毯、以黑白兩色大理石雕刻的人像及維拉斯奎斯（Velázquez）、魯本斯（Rubens）、雷尼（Guido Reni）、林布蘭的畫作。更重要的是，屋內可見許多黃金：家具上、畫框上，裝飾板條上、掛毯上——無處不嵌入鍍金的羅特希爾德象徵。「羅特希爾德風格」因此成為鍍金的速記。猶太人，以及他們的黃金。

查爾斯的鑑賞力幾乎在向費里耶看齊。當然，就他的空間來看，他只有兩間會客室及一間臥房。然而查爾斯不只一個地方可以安置新購入的藏品和書籍，他自覺是年輕的學者兼收藏家，處於一種超乎尋常的位置，一方面極為富有，一方面堅持做自己想做的事。

但是，這兩項特質都無法讓我對他產生好感。事實上，他那張床讓我覺得有點反胃：我不確定我能持續關注這名年輕人多久，還有他對藝術和室內裝飾的眼光、根付或其他無關緊要的事。「鑑賞家」這字眼讓我腦中警鈴大作。不過仔細想想，他知道得太多又太年輕。

當然，他太、太、太有錢了，反而傷了自己。

我知道我必須理解查爾斯如何看待事情，為此我閱讀他的作品。我身處可靠的學院領域：我會製作完整的書目，依自己的方式順著年代閱讀。

我一開始讀的是查爾斯搬到巴黎期間所發行的幾冊古老《美術報》（*Gazette des Beaux-Arts*），並記下他發表的第一篇枯燥的評論，內容提及矯飾主義畫家、青銅器及霍爾拜因（Holbein）。

我會細讀這篇文章，一方面是基於職責。查爾斯喜歡一名威尼斯畫家巴爾巴里（Jacopo de Barbari），這名畫家相當熱中於聖塞巴斯提安*、人身魚尾特里同（Tritons）的格鬥及極度痛苦扭曲的捆綁裸體。我不清楚這是否足以證實對色情主題的喜好程度。我只記得拉奧孔，而且感到有點焦慮。

查爾斯的起步並無可觀之處，他對展覽、書籍、文章及出版品做了些筆記：在他人的學術著作頁緣留下一些預期中關於藝術史的無趣見解（針對作品真偽做筆記、對整理好的書目做回應）。這些文字有點像他的義大利收藏品，同時我感到毫無進展。但幾個星期過去，我發覺自己漸漸習慣有查爾斯的陪伴。這位根付的第一位收藏者，他的書寫愈來愈流暢了，文章中意外流露出情感。我珍貴的春日時光已經過了三個星期，往後還有兩個星期，我的時間瘋狂的耗費在昏暗中對這些期刊抽絲剝繭。

查爾斯開始把時間花在繪畫上。你可以感覺到他來到畫作前，觀看，離開，然後再觀賞一遍。有些散文談及畫展，你會覺得肩膀被拍了一下，於是回頭再看一次，靠近一點，離遠一點。你可以感覺到他愈來愈有信心並且充滿熱情，然後他終於在文章裡提出堅定的看法，反駁一成不變的見解。查爾斯在自己的情緒和判斷力間維持平衡，但在他的文章中你會同時感到兩者的存在。我認為，這在藝術評論上是少見的。

我在圖書館待了幾星期，周圍的《美術報》愈堆愈多，新的疑問也累積得像山一樣高，每一期書刊滿是書籤、便利貼及預留的小紙條。

我的眼睛痠痛不已。《美術報》字級只有八，比一般注釋還要小。但至少我的法文能力又恢復了，我漸漸覺得可以跟這個人合作下去。查爾斯不是那種賣弄學問的人，至少絕大多數時間是這樣。他想讓我們更清楚看見他眼前有些什麼，光是這點就值得欽佩。

＊聖塞巴斯提安（St Sebastian）：羅馬戰士，相傳羅馬皇帝戴克里先下令弓箭隊射傷他。痊癒後，他正面對抗皇帝，卻為棍棒打死。

3 「指引她方向的馭象人」

還不到介紹根付的時候。二十幾歲的查爾斯總是待在別處，或是正要前往別處，對於未能參加的家庭聚會，他從倫敦、威尼斯或慕尼黑捎去問候及歉意。他著手撰寫關於杜勒的書，因為在維也納看到這名藝術家的作品後，他便一見傾心。他想從每一處檔案中找出杜勒的每幅畫作、每幅草就的作品，只為了公允地評論。

他的兩個哥哥安穩地待在他們的天地。朱爾斯和叔叔一起主掌位於拱廊街的伊弗魯西公司，他早年在維也納接受的訓練如今有了回報，他變得非常善於處理金錢事務。朱爾斯在維也納的猶太會堂與芳妮結婚，芳妮是個聰明、幽默又年輕的維也納金融家遺孀。她十分富有，因此兩人結婚對於家族與事業來說都是相得益彰。巴黎和維也納的報紙則謠傳朱爾斯每晚邀芳妮跳舞，直到女方感到厭倦、屈服，而後才嫁給他。

伊格納斯向來無拘無束。他輕易墜入轟轟烈烈的愛情。身為獵豔高手，他的特殊技巧是爬上建築物，自高處窗戶進入屋裡與女子幽會——某位社交圈貴婦的回憶錄提及此事。他屬於上流社會典型的巴黎男性，在風流韻事、夜晚的賽馬會——單身男性聚會的場所——及決鬥中生活。決鬥是非法的，但有錢的年輕人和軍官卻常常因為受到冒犯而拔劍相向。伊格納斯偶然出現在當時的決鬥手冊裡。有份報紙提到一起意外，在和家庭教師的決鬥中，他的眼睛差點就被挖了出來。伊格納斯的體格「還算高大，但略低於平均身高……天生精力旺盛，幸運的是他肌肉發達……伊弗魯西先生對劍術的投入可說數一數二……他也是我所見過最友善、最坦率的擊劍者。」

伊格納斯就站在這裡，拿著劍，擺出一副冷漠的樣子，就像希利雅德（Nicholas Hilliard）為伊莉莎白時代廷臣繪製的微型肖像：「一名不知疲倦的運動員，你會發現他早就來到森林，騎著一匹灰色帶黑斑的駿馬；他已經上過劍術課了……」我想像伊格納斯在位於蒙梭街的馬廄檢查馬鐙的長度。他騎馬的時候，馬匹一定裝飾成「俄國風格」。我不知道那是什麼樣子，但應該非常華麗。

人們第一次認識查爾斯，通常是在沙龍裡。他被尖酸的小說家、日記體作家兼收藏家龔固爾（Jules de Goncourt）*寫進日記。一些獲邀參加沙龍的人，例如查爾斯，總是令龔固爾作嘔：沙龍成了「猶太男人和猶太女人」大量出沒的場所。龔固爾評論他所遇見的這些年輕新面孔：伊弗魯西家的人「沒教養」，令人討厭。他暗示查爾斯交遊廣闊，少有人不知道他住的地方；他見人就想認識，完全不知節制，也不懂適可而止。

龔固爾嫉妒這名法語略帶口音卻又充滿魅力的男孩。查爾斯看似毫不費力地走進當時令人難以

*艾德蒙·德·龔固爾（Edmond de Goncourt, 1822-1896）：十九世紀法國小說家，他和弟弟朱爾斯·德·龔固爾（Jules de Goncourt, 1830-1870）一起完成許多作品，因此人們多半習稱為龔固爾兄弟。龔固爾離世後將遺產捐出，成立龔固爾文學獎，成為法國重要文學獎項。

招架又時尚的沙龍，這些沙龍處處是地雷，各種政治、藝術、宗教和貴族品味在此激烈角力。沙龍為數眾多，最主要有三處，分別屬於作曲家比才的遺孀史特勞斯夫人（Straus）、格瑞富勒伯爵夫人（Greffulhe），以及在圈內小有名氣的花卉水彩畫家勒梅爾夫人（Lemaire）。沙龍就是一間客廳，裡面擠滿了定期獲邀的客人，聚會時間通常是下午或晚上。在女主人的邀請下，詩人、劇作家、畫家、俱樂部成員、熱中上流社會生活的人齊聚一堂，針對某項議題展開對話、針對性的談論是非、單純地聆聽音樂演奏，或者是觀賞社交名流肖像畫的首次展示。任一處沙龍都有特定的氛圍及追隨者：那些冒犯勒梅爾夫人的人便成了「令人討厭的人」或「背棄者」。

勒梅爾夫人的星期四沙龍曾經出現在年輕普魯斯特早期的隨筆中。他提到夫人的工作室充滿紫丁香的芬芳，花香甚至飄散到蒙梭街，此時路旁已經停滿上流人士的馬車。到了星期四，你很難穿越蒙梭街。普魯斯特提到查爾斯：此時傳來一陣騷動，他想湊上前探個究竟，於是穿越一大群作家和社會名流。只見查爾斯待在角落和一名肖像畫家交談，他們低著頭，聲音輕柔卻顯得熱切，即便普魯斯特在他們附近徘徊，也始終聽不見他們交談的內容。

脾氣暴躁的龔固爾對於年輕的查爾斯成為**他的**瑪提爾德公主——拿破崙的姪女——的知己，甚是憤怒。她住在附近庫爾塞爾街上的一棟豪宅。龔固爾記下了一些流言蜚語，內容提及公主、貴族及其他上流人士出現在查爾斯位於蒙梭街的自宅，還說公主在查爾斯身上找到「一名能指引她人生迷津的馭象人」。這是令人印象深刻的景象：難以討好、一襲黑衣的年邁公主，龐大的身影像極了維多利亞女王，而這名二十多歲的年輕人只靠著寥寥數語，便能為公主指點迷津。

查爾斯漸漸在這座複雜而勢利的城市為自己找到新生活。他慢慢發掘出他的談話在哪裡受歡迎、他的猶太人背景在何處獲得接受或寬容。身為年輕藝評家，查爾斯每天都到位於法瓦街的《美術報》辦公室——沿路順便造訪六、七處沙龍，無所不知的龔固爾補充道。從住所到編輯辦公室，步伐輕快的話要二十五分鐘，或者像我一樣，在四月早晨悠閒漫步則需四十五分鐘。我想，查爾斯很可能會搭馬車，我心裡雖這麼想，卻不知該如何衡量時間。

《美術報——藝術與珍品的歐洲信使》（*Courrier Européen de l'art et de la curiosité*）有著淡黃色的封面，書名頁可見古典主義的墓石上以美學角度呈現出文藝復興時代的藝術品，上方則是面容憤怒的達文西。只要七法郎，你就可以看見不同展覽的評論，而這些展覽彼此競逐著在巴黎的地位。書中同時評論了獨立藝術家展覽，其官方沙龍從地板到天花板都掛滿畫作，以及對特羅卡德羅宮和羅浮宮進行的視察。有人挖苦《美術報》是「一份昂貴的藝術雜誌，上流社會每一位夫人桌上都敞開著這本書，只是沒有人翻閱。」當然，這份刊物地位崇高，代表了社會生活的核心，如同《室內設計的世界》及《阿波羅》*。從伊弗魯西宅沿蒙梭街往下走，卡蒙多宅邸美麗的橢圓形書房中，書架上便擺放著一本本裝訂成冊的《美術報》。

＊《室內設計的世界》（*World of Interiors*）及《阿波羅》（*Apollo*）皆為英國雜誌，分別創刊於一九八二年及一九二五年，內容涵蓋建築、室內設計、藝術等主題。

辦公室有其他作家和藝術家，以及巴黎最好的藝術圖書館，擺滿了來自歐洲各地的期刊及展覽目錄。這是一間完全屬於藝術的俱樂部，一處可以分享消息和流言蜚語的場所，例如哪個畫家正在接受委託作畫、誰已經不受收藏家的青睞，或者不受某沙龍評論者的喜愛。這裡也是個忙碌的地方。《美術報》每個月發行，因此這裡是不折不扣的工作場所。這裡可以決定由誰撰寫文章評論人事物，以及版畫和插圖的順序。在這裡，每天你都可以學到很多，看見各種爭論。

查爾斯從義大利藝術交易商手中掠奪了大量收藏品回國，隨後開始為《美術報》撰寫文章，大量評論當時的版畫、學者評論中提到的工藝品，以及沙龍裡仔細重製的重要畫作。我隨意拿起一八七八年的一期《美術報》。除了查爾斯的文章，還涵蓋了談論西班牙掛毯、古希臘雕刻、戰神廣場的建築及庫爾貝（Gustave Courbet）的文章——當然，這些文章都附有插畫，圖片頁之間夾著薄薄的襯紙。對於想撰寫文章的年輕人來說，這是一本完美的期刊，足以引薦自己進入社交和藝術交錯的圈子。

我勤勉不懈地查閱一八七〇年代巴黎報紙裡關於社交圈的報導，終於找到這方面的交集。我認為這麼做有助於釐清一些不必要的資訊，然而閱讀這些報導卻也令人無法抗拒，讓我得以從想把查爾斯每篇評論都整理一遍的頑固想法中解脫。聚會和賓客名單就像迷宮一樣，交錯記載了誰穿了什麼衣服、誰看到了誰等細節，每次出現的人名都成為決定冷落或仔細判斷的標準。

我對於社交圈婚禮的禮品表特別感興趣，我告訴自己，這可是研究送禮文化的大好素材，因此我花了很多時間找出誰送禮過於大方、誰很小氣，以及誰很無趣。一八七四年，我的外高祖母在一場社交圈婚禮中致贈了一個烏蛤殼形金碟子——有點粗俗，我覺得。這沒什麼好幫忙開脫的。

在這些巴黎舞會和晚會、沙龍和宴會中，我發現漸漸有人提起三兄弟的名字。他們並列出現：伊弗魯西的字樣出現在歌劇院首演的包廂、葬禮、接待X王子、Y伯爵夫人的晚宴上。沙皇訪問巴黎時，他們以傑出俄國公民的身分前往迎接；他們一起舉辦宴會，而且因為「主辦了無數次盛大晚宴」而為人所知，他們也被發現和某些運動員一樣，擁有一項最新的發明，那就是腳踏車。《高盧人報》有個欄位用於報導人物的行程，例如誰離開巴黎前往多維爾、誰去了夏蒙尼，所以我知道伊弗魯西家何時離開巴黎到朱爾斯和芳妮位於梅根的伊弗魯西山間別墅度假。從他們位於蒙梭街的金色宅邸看來，伊弗魯西在抵達巴黎的幾年內，似乎已經融入了巴黎社交圈。蒙梭，我還記得，那是暴發戶的意思。

除了重新擺設房間並不斷美化他那迂迴的藝術史句子，優雅的查爾斯其實還有別的喜好。他有個情婦。他也開始蒐集日本藝術品。這兩件事，性與日本，交織在一起。

查爾斯此時尚未擁有根付，不過距離他擁有根付的時刻不遠了。我樂見他開始向一名叫西榭爾（Philippe Sichel）的日本藝術交易商購買漆器。龔固爾在日記裡寫下前往西榭爾店裡的景象，「這裡是猶太人揮霍的地方」；他進入後面的房間尋找最新的物品、最新的色情出版品，也許是畫卷。在這裡，他偶然遇見「卡恩．丹佛，她和年輕的愛人伊弗魯西蹲伏在一只日本漆器上。」

她向他暗示，「可以做愛的時間及地點」。

4「觸感如此輕巧、柔和」

查爾斯的愛人是路易絲（Louise Cahen d'Anvers）。她比查爾斯年長兩歲，容貌美麗，有著一頭金紅色秀髮。路易絲嫁給猶太銀行家，育有四名子女：一個男孩和三個女孩。而第五個孩子一出生，路易絲便為他取名查爾斯。

我對巴黎人的婚姻生活印象全都來自米特佛德（Nancy Mitford）的小說，但路易絲給我的卻是一種極度樂觀的感受。更令我大為欽佩的是，她追求物質享受及社會地位。而我想問，她是怎麼騰出時間奉獻給五個孩子、丈夫**及**情人？這兩個家族往來密切。

事實上，當我站在朱爾斯和芳妮婚後居所外的耶拿廣場，可見到朱爾斯的首字母及芳妮的首字母華麗地交纏在堂皇的大門上方，而我同時發現，馬路正對面，也就是巴薩諾街的轉角處，是一棟屬於路易絲的嶄新巴洛克宅邸。霎時我不禁懷疑，聰慧且精力充沛的芳妮是否曾為她的好友居中牽線？

安排這類情事當然需要掩人耳目。他們不時在宴會和舞會上見面，兩個家族也經常共度假期，不論是到伊弗魯西家位於瑞士的山中別墅，或是到卡恩．丹佛家族位於巴黎市郊的馬恩河畔香普城堡。然而一旦巧遇上樓前往小叔公寓的友人，如何寒暄是否仍有一定的規矩？這對戀人也許需要交易商後頭的小房間，只為了避開令人窒息的親友——當然還有孩子。

查爾斯對沙龍愈來愈投入，他安排社交圈友人波恩納（Léon Bonnat）為路易絲繪製一幅粉蠟肖像畫。畫中的她一襲淡色禮服，端莊的目光朝下凝視，髮絲半掩著臉龐。

事實上，路易絲一點也不端莊。一八七六年二月二十八日星期六，龔固爾以小說家的眼光在她的沙龍記錄了她的樣貌：

猶太人總是一副若無其事的樣子，這大概和他們源自東方有關。今天，我卻深受吸引，當我看到路易絲．卡恩夫人在她放置瓷器和漆器的玻璃陳列櫃底部翻找，想拿些收藏品讓我觀賞時；她的動作看起來就像隻慵懶的貓。而當她們同時擁有一頭金髮——這些猶太人——在金黃的外表下，散發出某種如黃金般的貴氣，一如提香（Titian）畫裡的情婦。搜尋一陣子後，這名猶太女子直接倒臥在躺椅上，頭側向一邊，讓人可以看個仔細，盤繞的頭髮宛如蛇窩。她面露促狹又質疑的複雜神情，時而皺起鼻子，抱怨男人和小說家不講道理，一個勁兒不把女人當人看，還以為戀愛中的女人不會和男人一樣做出齷齪的事。

這真是一幅慵懶情欲的畫面，令人印象深刻：事實上，提香的情婦如黃金般亮眼，也非常裸露，她只用一隻手隨意遮掩。你可以感覺到路易絲的魅力籠罩了這位知名作家，掌控了場面。她畢竟是當時另一位知名小說家布爾傑（Paul Bourget）「最初的繆思女神」。路易絲委託當時專為社交圈作畫的杜蘭（Carolus-Duran）為她的沙龍繪製作品，在那幅畫作中，路易絲雙唇微啟，漩渦狀的禮服並未完全包覆全身。眼前的繆思充滿了戲劇性。我不禁困惑她為什麼會看上查爾斯這名愛好審美的年輕人。

或許是因為查爾斯不善惺惺作態，舉止流露出藝術史家的謹慎。或許因為她有兩個大家庭、丈夫及成群的兒女，反觀查爾斯則無拘無束，所以當她需要消遣時，隨時可以擁有他的陪伴。可以確定的是，這對戀人都雅好音樂、藝術和詩歌——以及音樂家、藝術家和詩人。路易絲的小叔阿爾貝爾是作曲家，查爾斯和路易絲常常隨他到巴黎歌劇院，或在布魯塞爾聆聽相對激進的馬斯奈（Jules Massenet）首演。兩人都熱愛華格納，這種難以向眾人傳達的熱情卻很適合一起分享。我想像華格納的歌劇也許能讓這對戀人在歌劇院鋪著厚絨布的幽深包廂裡盡情的享受。他們一起出席只有少數人才能參與的晚宴（路易絲的丈夫並未同行），接著是由普魯斯特主辦的法朗士詩文朗讀會。

他們買下黑金相間的日本漆盒做為彼此的收藏：他們帶著日本藝術展開不倫之戀。路易絲和丈夫或查爾斯爭吵後感到厭煩，心灰意冷地挑選展示櫃裡的日本漆器和小古董，然後精疲力盡倒臥在躺椅上，就在此刻，我覺得自己離根付更近了一步。它們逐漸進入視野，成為繁複又難以駕馭的真實巴黎生活的一環。

我想知道這些若無其事的巴黎人、查爾斯及他的愛人，如何看待日本事物。第一次手裡捧著異國物品，拿起漆盒或茶杯（或根付），看到過去從未見過的材質，翻轉這些東西，感受它們的重量及平衡，或用指尖觸摸鸛鳥飛翔雲端的浮雕般裝飾，會是什麼感覺？我想，一定有人寫下觸摸這些物品的感受；一定有人在日記或書信中記下拿起這些珍品的剎那。他們一定在某個地方留下撫觸的痕跡。

龔固爾的描寫是個好的開始。查爾斯和路易絲從西榭爾兄弟的店鋪買下第一件日本漆器。這家店不是藝廊，不會將物品和版畫放在獨立櫃裡恭敬地展示在收藏家面前，像賓格（Siegfried Bing）的東方藝術精品店中的那些高級藝術品；西榭爾兄弟的店裡雜亂地堆滿了來自日本的貨物，不可勝數。光是一八七四年的一次批貨之旅，西榭爾就從橫濱進了四十五箱、共計五千件物品回來，於是掀起熱潮。這裡還有什麼？在哪裡？其他收藏家會早你一步找到這些寶貝嗎？

大量日本藝術品激發了各種幻想。龔固爾記錄了某日西榭爾店鋪剛進來一批日本貨，店內堆滿令人陶醉迷惑的藝術品。一八五九年以來，版畫和陶器逐漸滲透到法國；到了一八七〇年代初期，日本藝術品已如洪水般湧入。一八七八年，一名作家在《美術報》回憶最早人們對日本藝術品的迷戀：

> 人們不斷留意下一批貨的進貨日。古老的象牙製品、琺瑯器、彩陶和瓷器、青銅器、漆器、木雕……刺繡綢緞、玩具等，大批運抵店內，然後立即送往藝術家工作室或作家書房……這些藝術品來到杜蘭（Carolus-Duran）、馬奈、提索（James Tissot）、封丹－拉圖爾（Fantin-Latour）、竇加、莫內、作家龔固爾兄弟、布爾提（Philippe Burty）、左拉……旅行家塞努斯基（Cernuschi）、杜雷（Duret）、吉梅（Emile Guimet）等人手中……這股風潮就此確立，業餘

收藏家也尾隨其後。

更特別的是偶然看到的景象：

在我們的市區、大道及劇院出現這麼一群年輕人，他們的外表著實令我們驚訝……他們戴著高帽或小圓毛氈帽，帽子覆蓋住纖細有光澤的黑髮，長而挺直的脊梁，大禮服的鈕釦扣得規規矩矩，淡灰色長褲、上好的皮鞋，脖子上繫著優雅深色亞麻領巾。如果用來固定領巾的飾物不是那麼顯眼，褲管下緣不是那麼寬大，馬靴不是那麼光亮，手杖不是那麼輕巧——這些細微之處顯示了他們完全依循裁縫的品味，缺乏自己的審美觀——我們可能會以為他們是巴黎人。你在人行道與他們擦肩而過，你看著他們：他們的膚色略微黝黑，鬍子稀疏；有些蓄著八字鬍……寬嘴、方口，看起來就像希臘喜劇裡的面具；顴骨渾圓，前額隆起，鵝蛋臉；細長的鳳眼顯得拘謹，但黑白分明充滿生氣，炯炯有神，眼角不住往太陽穴延伸。他們是日本人。

這段令人屏息的描述顯示了身處新文化裡的異邦人，要不是因為他們的精心打扮，幾乎不會有人注意到他們。路過的行人忍不住多看一眼，正因為你想完全掩飾自己，才洩露了身分。

這段描述同時揭露了和日本相遇時的陌生。雖然在一八七〇年代，日本人在巴黎極為少見——只有代表團、外交官及少數貴族——反觀日本藝術卻無所不在。每個人都必須對日本藝術有所涉獵：查爾斯在沙龍裡認識的畫家、查爾斯從《美術報》、家人、家族朋友、愛人口中認識的作家，所有人一逕捲入這股熱潮。

芳妮在信裡提到去三井購物的行程，那是位於馬特爾街一家專賣遠東商品的時髦店家。她和朱爾斯位於耶拿廣場的新居剛落成，她特別來此為吸菸室及客房添購和風壁紙。像查爾斯這類評論家、打扮入時的業餘藝術家兼收藏家，怎麼可能不購買日本藝術品？

在巴黎這座藝術溫室，何時開始收藏，影響至關重大。早期的日本藝術收藏家擁有優勢，因為他們有較高的鑑賞力，同時決定了品味的層次。龔固爾理所當然主張他和弟弟早在日本鎖國政策鬆綁**前**就看過日本版畫。這些早期日本藝術愛好者雖然競爭激烈，卻也彼此切磋鑑賞力。不過薩拉（George Augustus Sala）在一八七八年出版的《巴黎重遊》中表示，早期收藏帶有的學院氣氛很快便消失無蹤。「日本藝術成為一些非常熱愛藝術的業餘者的喜好，如伊弗魯西家族和卡蒙多家族，他們將日本藝術視為一種宗教。」

查爾斯和路易絲是「新日本藝術愛好者」，他們是年輕富有的藝術後起之秀。因為就日本藝術來說，令人欣喜之處便在於這個領域缺乏行家，少了藝術史家的知識糾纏，就不會影響到你的直接反應和直覺。這裡開啟的是一種新文藝復興運動，一種能把古老嚴肅的東方藝術握在手中的契機。你可以大量擁有，也可以立即擁有。或者，你可以現在就去買，待會兒再做愛。

當你拿起一件日本藝術品，它本身便能說明一切。觸感告訴你需要知道的一切：觸感告訴你關於你自己的事。龔固爾提供這樣的觀點：「在這裡，可以這麼說，這是關於人們手中完美事物的文雅、高貴、虛華：可謂箴言。觸感是業餘藝術家認識自己的印記。以冷漠**笨拙**的手指拿起一件藝術品，雙手不帶情感的捧著，這樣的人對藝術沒有熱情。」

對這些早期日本藝術收藏者及曾經前往日本旅行的人來說，光是拿起一件日本藝術品，就能知道「對」或「不對」。事實上，美國藝術家拉法格（La Farge）於一八八四年前往日本時與朋友約定，「我們不要帶書，不要閱讀，盡可能的像一張白紙。」**感受**到美便已足夠，觸感本身就是一種感覺的純真。

日本藝術是一個美好的新世界：引進新的質地、新的感受方式。雖然有許多木版畫供人選購，但這些不是可以單純掛在牆上的作品，這些是新素材的展現：上面覆蓋著厚厚一層綠鏽的青銅器，看起來比文藝復興時期的作品貴重許多；有著豐富底蘊及深度的漆器；金色屏風不僅可以作為隔間，也能增添光彩。莫內創作的〈日本女人〉（*La Japonaise*）；卡蜜兒・莫內的長袍上「部分金色刺繡厚達數公分」。有些日本藝術品在西方藝術中完全找不到類似的東西，只能以「玩物」來形容，那便是刻以精巧動物和乞丐的「根付」，你大可在手中把玩。查爾斯的朋友、《美術報》編輯兼收藏家的龔斯，形容某個黃楊木雕刻而成的根付美得異常豐富、簡單而有觸感——很難找到比這幾句話更具韻律感的形容詞了。

在你手中便是這件玩物，可以為你的沙龍或客廳增添質感。當我看著日本物品的圖片，我看到巴黎人如何為這些物品增添了層次：象牙裹在絲綢裡、絲綢掛在漆桌後、漆桌上擺滿瓷器、地板上到處散置著扇子。

熱情的撫觸，在手裡探索，充滿感情地捧著，極有觸感。在諸多事物中，日本主義和觸感對查爾斯及路易絲來說，同時兼具了誘惑力。

在根付之前，是三十三個黑金相間的漆盒。這些漆盒與查爾斯在伊弗魯西宅公寓裡的其他收藏擺放在一起，位於勃艮第文藝復興掛毯和淺色多那太羅大理石雕像旁。查爾斯和路易絲將從西榭爾凌亂的古董店買來的收藏品聚集在一處，這些醒目的十七世紀漆器在歐洲是數一數二的精品，想買到這些漆器，得先成為西榭爾的常客才行。

而身為陶藝家，對我來說最令人雀躍的莫過於在這些漆器之外，查爾斯還收藏了十六世紀的備前粗陶瓶。備前是日本的一處製陶村，我十七歲時曾在那裡見習，當我終於能以雙手熱情撫摸那些簡單而深具觸感的茶碗，我的內心興奮不已。

在〈特羅卡德羅宮的日本漆器〉這篇於一八七八年刊登在《美術報》的長篇隨筆中，查爾斯描述巴黎特羅卡德羅宮展示的五到六櫃漆器，這是他談論日本藝術最完整的

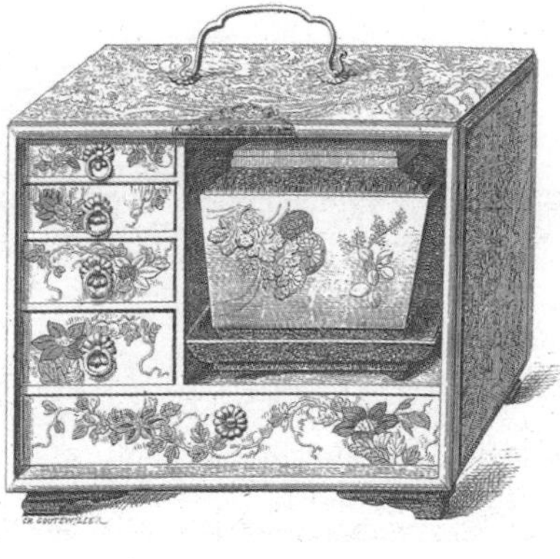

路易絲．卡恩．丹佛收藏的日本金漆盒

文章。一如既往，查爾斯對眼前所見總以學術的（他致力於確定年代）、描述的、甚或抒情的筆法輪番說明。

查爾斯提到，日本主義一詞是「朋友布爾提所創」。在找到更早的資料之前，我有整整三週時間以為這是「日本主義」這個詞首次出現在印刷品上，我感到異常興奮，因為我將根付與日本主義完美的連結了起來。當時我在圖書館出版品室發自內心地感到雀躍。

查爾斯在這篇隨筆中洋溢著興奮。他發現瑪麗．安東妮特（Marie Antoinette）收藏了日本漆器，並由此巧妙結合了屬於十八世紀文明世界裡的洛可可藝術和日本藝術。在查爾斯的文章中，女性、私密與漆器似乎總是交織在一起。他解釋說，日本漆器在歐洲很少見：「你必須同時兼具財富及好運才能成為寵臣或王后，獲得人人稱羨的機會，取得這些幾乎無法到手的收藏品。」但當時已是第三共和的巴黎，過去那兩處相隔遙遠的世界已經碰撞在一起。這些漆器，據說數量極為稀少，技術極為繁複，幾乎難以製作，因此唯有日本皇室和西方皇后才能擁有；不過如今時代不同了，你可以在巴黎的商店買到。

對查爾斯而言，這些漆器充滿了詩意，不只豐富而奇異，也富含欲望，猶如他對路易絲的熱情觸手可及。而無法得到的漆器則散發出一股靈氣。你可以從查爾斯的文字中感受到他對這些金色路易絲的渴望。

然後，查爾斯拿起一只漆盒：「拿起一只漆盒在手裡——觸感如此輕巧、柔和，藝術家在上面描繪盛開的蘋果樹、神聖的丹頂鶴飛掠水面，越過山脈，在雲霧瀰漫的天空忽隱忽現，有人穿著飄逸長袍擺出令我們不解的姿態，但依然優雅高貴，在他們的大紙傘下……。」

查爾斯拿起漆盒談論異國情調。漆盒的完成需要柔軟的雙手，那「完全屬於女性，需要一直保持靈巧，也需要大量時間」，這是我們西方人無法企及的。當你看著、拿著這些漆盒（或是根付，或是青銅器），你會立刻意識到這件作品：它們體現了辛勤付出卻又無比自由。

漆器上的繪圖和查爾斯對印象派畫作日益增加的喜愛交織在一起：盛開的蘋果樹、雲霧瀰漫的天空及長袍飄逸的女性，直接出現在畢沙羅（Camille Pissarro）和莫內的畫作中。日本的藝術品──漆器、根付、版畫──使人想像世上存在著這麼一個地方，人的感官不斷得到新的刺激，所有藝術靈感皆從日常生活中湧現，每件事物都存在於夢境中永無止盡的美麗之流裡。

路易絲和查爾斯收藏的版畫，也成為查爾斯這篇漆器隨筆的重要篇幅。當查爾斯描述路易絲收藏金漆器的櫃子內部如何在挪移的晨光中閃爍，他的筆調變得豐富而令人摒息。他們的收藏是靠著「善變而富有的業餘人士所累積而成，藉此滿足貪欲」。查爾斯在談到他們異常豐富的收藏時，不動聲色把自己和路易絲並列在一起，他們同樣貪婪且善變，輕易受到突如其來的欲望所驅使。他們蒐集的是你可以在手中把玩的物品，「觸感如此輕巧、柔和」。

這是一場計畫周詳的感官揭露行動，兩人一起向公眾展示收藏，而這些漆器也記錄了他們幽會的事實：每件收藏都揭示著他們的不倫、他們獨有的觸摸祕史。

《高盧人報》（*Le Gaulois*）有一篇針對一八八四年查爾斯漆器展所做的評論提到：「參觀者可以花好幾天時間站在這些展示櫃前。」我同意。我無法追蹤查爾斯和路易絲的漆器最後消失在哪座博物館，但回到巴黎之後，我花了一天時間前往耶拿街吉美博物館參觀瑪麗・安東妮特收藏品特展，我佇立在展示櫃前，裡面盡是散發柔和光線的收藏品，折射出令人迷惑的光芒。

查爾斯將這些深黑、金黃相間的收藏品帶到蒙梭街的沙龍，他最近才在這裡鋪了一張金色薩逢里地毯。這張以絲線精細織成的地毯原屬於十七世紀羅浮宮畫廊。地毯上的圖樣象徵著空氣：四方風神鼓起腮幫吹著號角，所有事物交織著蝴蝶及飄動的彩帶。為了配合地板大小，這張地毯還做了一些裁剪。我想像自己走過房間地板，整個房間都是金色的。

5 一盒孩子愛吃的糖果

想買一點日本東西，最好的辦法就是直接去日本。這便是查爾斯的鄰居亨利．塞努斯基或企業家埃米爾．吉梅（特羅卡德羅宮展覽會舉辦者）高人一籌之處。

如果你無法和他們一樣，那麼你只好到巴黎的藝廊找尋日本古玩。這些店家是眾所周知的偶遇地點，上流社會情侶約會的熱門場所——例如查爾斯與路易絲這類不倫戀人。過去，你會在一些古董店，如里沃利街的「中國船」或它位於薇薇安街的分店「中國門」發現這些不倫者的身影。中國門的店主德索瓦夫人（Desoye）銷售過不少日本藝術品給第一批收藏者，「她坐在一堆珠寶裡……宛如我們這個時代的歷史人物，又像一尊肥胖的日本人偶。」現在，西榭爾的店已經取代了她的地位。

西榭爾是個了不起的商人，卻不是性喜探索或觀察力敏銳的人類學學者。他在一八八三年出版的小冊《一名日本收藏家的筆記》（*Notes d'un bibeloteur au Japon*）中寫道：「對我來說，這是個全新的國度，但若要我坦白說，我對這裡的日常事物毫無興趣，我腦子裡只想著把市集裡的漆器搜購一空。」

這正是西榭爾做的事。一八七四年他剛抵達日本不久，便在長崎市集一處積滿灰塵的角落發現一堆用以收納筆墨紙硯的漆盒。他「以每盒一美元的代價買下這些漆器，時至今日，這些東西多數的價值已超過一千法郎。」當他把這些漆盒賣給像查爾斯、路易絲及龔斯（Louis Gonse）這些巴黎客戶（他當然不會透露當初購得的價格），他索價遠超過一千法郎。

西榭爾在小冊裡寫道：

> 當時，在日本可以用很便宜的價格挖掘到貴重的藝術品。城市街道兩旁有許多店鋪陳列著珍品、織物及典當品，有些商人天剛亮便簇擁在店門口，販賣袱紗（fukusa）和銅器的小販推著貨車叫賣商品。就連路過的行人也樂意把繫在腰帶上的根付解下來販售。接連不斷的兜售人潮湧至，讓你幾乎招架不住而身心俱疲、買意全消。儘管如此，這些販賣異國物品的商人還是相當友善。儘管只是買一盒孩子愛吃的糖果做為謝禮，他們仍然樂意擔任你的嚮導，為你討價還價。他們以你的名義大擺宴席，末了還找來女舞者和歌手助興，而生意往往就這麼談成了。

日本就像那盒糖果。在日本蒐集物品能激發強烈的貪欲。西榭爾提到他萌生**掠奪**、**洗劫日本**的衝動。貧窮貴族拋售世襲寶物、武士販賣刀劍、舞者出賣身體、路人販賣根付等故事變得具有無窮的可能性。任何人都可以販賣任何事物，日本這個國家允許欲望的滿足、藝術、商業，以及性的並存。

日本事物隱約帶點情色，當然，這裡指的不只是戀人一時興起在漆器或小巧的象牙古董上交合。舉凡日本的扇子、小珍品及長袍，這些東西在私下把玩時另有一番情趣。以它們為媒介，你萌生了為自己盛裝打扮、角色扮演、美感再造的念頭。當然，它們如同垂掛著織錦遮罩的公爵床，或是不斷更動蒙梭街公寓房間的各種擺設，不住地吸引著查爾斯。

在提索〈沐浴的日本女人〉（*La Japonaise au bain*）中，一名赤裸的女孩披了一件厚重的織錦和服站在和室門檻上，衣物鬆垮地披掛在肩上。莫內為妻子卡蜜兒畫的肖像則帶有挑逗意味，她戴著金色假髮，身上的和服呈螺旋狀，其上的大紅刺繡表現出一名武士正要抽出武士刀。她後頭的牆壁和地上散置許多扇子，猶如惠斯勒（James Abbott McNeill Whistler）畫中炸開的煙火。莫內如此安排像極了普魯斯特《追憶似水年華：在斯萬家那邊》（*Du côté de chez Swann*）的交際花歐黛特（Odette），她接待斯萬時身上穿著和服，客廳擺了日本絲質坐墊、屏風和燈籠，房裡瀰漫著濃郁的菊花香氣、屬於嗅覺的日本主義。

此時主客易位，這些物品似乎勾出難以饜足的欲望，掌控了你，對你予取予求。收藏家提到自己沉迷於追索與購買，一段可能讓你陷入狂熱的過程：「在所有熱情中，毫無例外，對珍奇古玩的喜好或許是最可怕也最難以抗拒的。被古玩迷得神魂顛倒的人是迷惘的，古玩不只激情，而且顛狂。」年輕作家莫泊桑說。

有一段執迷的自我描述來自於對查爾斯不假辭色的龔固爾創作的詭異作品。在《藝術家的家》（*La Maison d'un artiste*）中，龔固爾仔細描述他在巴黎住所中每個房間的細節——細木護壁板、繪畫、書籍、物品——他試著回想每個物品、繪畫及房裡所有擺設，以此向離世的弟弟致意；他弟弟生前一直跟他住在一起。作品共計兩冊，每冊三百頁，龔固爾完成的既是自傳也是旅行日誌，更像藏品清單。日本的手工藝品完全浸滲了這個家。大廳裡可見日本織錦和掛物，以及掛軸，就連花園也井然有序栽種著中國和日本的樹木及盆栽。

龔固爾的收藏甚至包括了一名十七世紀日本舶來品收藏家所蒐集的中國珍玩，這點或許波赫士也會感興趣。龔固爾在開放空間展示他的畫作、屏風、掛軸，在展示櫃陳列物品，並且不斷改變陳設。

我想像深色眼睛、脖子上瀟灑繫著白色絲質領巾的龔固爾，裝模作樣倚在梨木展示櫃門邊。他拿著一枚根付，講述起物品背後心醉神迷地追尋完美的故事：

一群極為優秀的職人——大多是專家——負責……仿做，而且全心投入於重製某件物品或某種生物。因此，我們聽到在日本，有職人一家三代都在雕刻老鼠，沒別的，就只有老鼠。除了這些擁有一雙巧手的專業職人，還有一些業餘的根付雕刻家，他們喜歡雕刻一些精巧作品，以此自娛。一日，菲利普．西榭爾先生看到一個日本人坐在門檻上雕刻，正在為一枚根付進行最後階段的修飾作業。西榭爾問他，完成後，是否願意賣給他。日本人笑了起來說，這東西還需要十八個月才能完成呢！隨後，他拿起繫在腰帶上的根付給西榭爾先生看，並告訴他，這花了他七年工夫才完成。兩人聊開了之後，這名業餘職人向西榭爾先生坦承，「他說的十八個月或七年，指的不是全天候作業……不代表他必須不間斷的雕刻……他只是做個幾天而已……譬如說，他抽了一兩管菸之後感覺滿心愉悅、神清氣爽，才會著手進行。」他還告訴西榭爾，在雕刻之前需要幾個花小時醞釀靈感。

這些用象牙、漆器或珍珠母製成的小珍玩，充分顯示日本工匠在這些小人國的精巧飾品上所展現的迷人想像力。日本人個子小，製造的東西也小，這在巴黎成為一種普遍觀點。這些小型藝術的觀念通常被當成日本藝術缺乏宏偉氣勢的原因。日本人擅長耗費心力形塑出稍縱即逝的情感，卻拙於表達強烈的悲傷或敬畏，這就是為什麼他們沒有帕德農神殿或林布蘭。

他們能表現的是日常生活，以及情感。正是這些情感令一八八九年在日本旅行首次看到根付的吉卜林（Kipling）陶醉其中。他從日本寄出的一封信上寫著：

一家擺滿舊日日本殘骸的店鋪……教授讚歎著黃金和象牙製成的櫥櫃，上面鑲飾著玉、青金石、瑪瑙、珍珠母與紅玉髓，但對我來說，放在棉布上的鈕釦和根付比以五種寶石鑲飾的櫃子更值得擁有，因為可以隨身攜帶、隨時把玩。遺憾的是，上面的日本假名已模糊不清，而這是知道職人姓名的唯一線索，因此我不知道是誰構思、並在這塊乳脂色象牙上刻出一個遭巨大烏賊糾纏的驚恐老人；一名僧侶要士兵幫他搬一頭鹿，他一邊笑一邊想著，鹿胸肉是他的，而重擔就留給士兵吧；或者是乾癟瘦弱的蛇嘲弄地纏繞在一個少了下顎的頭骨上，上面只剩斑駁的腐爛痕跡；或者是粗鄙滑稽的獾，倒立著，雖然牠僅半吋高，卻令你臉紅；或者是圓潤的小男孩責打弟弟；或者正在說笑的兔子；或者是……總之，這些東西數量繁多，表現出歡笑、輕蔑與各種我們經歷過的情緒；將這六枚根付握在手心時，我竟看到死去雕刻家的身影！他已經長眠土中，但他在象牙上表現出三到四種不同感受，是我在冰冷的版畫中曾追尋不已的。

日本人擅長情色藝術，這也獲得人們的熱情追求：龔固爾提到他在西樹爾的店裡「淫蕩」地購買。春宮畫，這些描繪不可思議的性姿勢或妓女與奇怪生物交合的版畫，更成為竇加和莫內瘋狂蒐集的作品。章魚尤其受到青睞，牠柔軟彎曲的身體提供了許多創意來源。龔固爾提到自己買了日本的春宮畫本，「我陶醉在這些畫作之中神往不已……這些粗獷的線條、令人意外的交合、房間的陳設，以及隨意擺出的姿勢和服裝……栩栩如生的性器。」色情根付也在巴黎收藏家之間大受歡迎，主題包括無數章魚擁抱著赤裸的女孩、猴子拿著一根非常巨大狀似陽具的蘑菇，以及爆裂的柿子。

這些充滿色情意涵的小物填補了其他西方物品無法為男性帶來歡愉的缺憾：青銅器、小巧的古典風格裸像剛好一隻手就能掌握，鑑賞家將這些東西收藏在工作室，詳細地討論造型和表層的薄膜。或者，那是琺瑯瓷小鼻菸盒的收藏品，只要一打開，就會看到擁有巨大陽具的農牧之神或受到驚嚇的山林女神，在開闔之間進行一場小小的情色演出。這些小東西易於掌握且攜帶方便——輕巧、趣味又極具觸感——一一陳列在展示櫃裡。

在一八七〇年代的巴黎，人們不會錯過觀賞這些小巧而驚人收藏品的機會。玻璃展示櫃因此成為在定期舉辦的沙龍中，進行機智對談和調情不可或缺的擺設。

6
一隻鑲著眼睛的狐狸，木刻

於是，查爾斯買下了根付。他買了兩百六十四件。

鑲眼狐狸，木刻
蜷曲在蓮葉上的蛇，象牙刻
黃楊木兔子與月亮
站立的勇者
沉睡中的僕人
孩子把玩面具，象牙刻
孩子與小狗玩耍
孩子把玩武士頭盔
數十隻象牙老鼠
猴子、老虎、鹿、鰻魚以及奔馳中的馬
僧侶、演員、武士、工匠和坐在浴桶裡沐浴的女子

一細用繩索綁住的引火柴
枸杞
蜂窩上的大黃蜂，蜂窩附在折斷的樹枝上
葉子上的三隻蟾蜍
猴子與幼猴
夫妻行房
橫躺的雄鹿用後腿搔抓耳朵
能劇演員身穿華麗服裝，手持面具遮住臉孔
章魚
裸女與章魚
裸女
三顆甜栗子
騎馬的僧侶
柿子

此外還有兩百多件，他真的收藏了不少這種小玩意。
查爾斯購買這些根付，不是像漆器那樣一件件地買，而是整批一鼓作氣從西榭爾店裡帶走。

這些根付是否才剛運到西榭爾的店？這些小東西被仔細用絲綢包成四方塊，周圍覆以木屑，然後在橫濱裝箱上船，歷經四個月繞行好望角來到法國？西榭爾是否最近才將這些根付擺進櫃裡，用來誘惑那些有錢的收藏家？抑或查爾斯是一個個開封細看，然後發現了我最喜愛的那枚完成於十八世紀末的大阪、以象牙雕刻、踩在竹筒上驚訝轉身的老虎？或是乾魚屍上的數隻老鼠，正抬頭望向他？

或者，查爾斯迷戀的是那枚令人驚奇的白色琥珀眼睛的兔子，其他根付只是買來襯托用的？這些根付是查爾斯向西榭爾訂購的？或者是精明的京都商人花了一兩年時間向新貧階級收購，再予以轉賣？我仔細觀察，在這些根付之中，少有十年前為了迎合西方市場而匆促完成的作品。那種作品中，圓胖的孩子拿著面具傻笑，一看就知道是粗製濫造、風格庸俗之作。其餘根付絕大多數完成於培理抵日之前，有些甚至早了一百年，這當中有人物、動物、色情藝術與神話裡的生物；這批包羅萬象的收藏幾乎涵蓋了所有你能想像的主題。有些根付上可見知名雕刻師傅的簽名。蒐集這些根付的人一定是行家。

查爾斯和路易絲是在偶然間來到西榭爾的店嗎？在堆積如山的綢緞、層層疊疊的版畫和大量屏風和瓷器之間，他們比其他收藏家更早注意到這批珍玩？是路易絲好奇查爾斯發現了什麼，或是查爾斯想知道路易絲正在看什麼？

還是說，路易絲當時人在別處，查爾斯也許打算等她下次來訪，再給她個驚喜？

這些根付花了這個年輕人，或說這名善變又充滿魅力的收藏家多少錢？他的父親里昂才剛因心臟病去世，年僅四十五歲，葬在蒙馬特的家族墓園，與么女貝蒂相伴。而這段時期，伊弗魯西公司的業績蒸蒸日上。朱爾斯最近才買下琉森湖畔的土地，蓋起山間度假別墅。叔叔則買下好幾座莊園宅邸，在隆尚經營賽馬生意，還升起代表伊弗魯西家族的藍黃圓點花紋旗幟。這些根付肯定非常昂貴，但查爾斯的財富因家族事業的興盛而逐年增加，他負擔得起這些奢華小物。

有些事是我不知道的。但可以確定的是，查爾斯添購了一座黑色玻璃櫃來陳列根付，櫃身的木頭打磨得光亮異常，色澤如同漆器。櫃子比查爾斯還要高，剛好超過六呎。你可以透過前面的玻璃門或兩側玻璃觀賞裡頭的陳列物。櫃子後方的底板鑲有鏡子，照映出延伸至無限遠的根付收藏。這些根付全放在綠色天鵝絨上。根付的色澤有各種細微的變化，都是象牙、獸角和黃楊木本身的顏色：乳脂色、蠟色、栗色、金色，以及它們位處的那一片深綠色。

這些根付此際就在我眼前，也是查爾斯收藏中的上上之選。

查爾斯把根付放在底部鋪著綠色天鵝絨、後方鑲有鏡子的深色玻璃櫃，在我講述的故事裡，這是它們最初的歇息之地。根付近處除了漆盒，還有查爾斯從義大利帶回來的大掛毯與金色地毯。

我猜想，查爾斯一定會忍不住走向樓梯平臺，左轉去告訴哥哥伊格納斯，自己剛剛取得了什麼好東西。

根付不能在毫無防護的情況下在沙龍或工作室任人賞玩。根付太容易遺失或掉落、藏汙納垢或碰出缺口。根付需要收藏的地方，最好是和其他小珍玩放在一起。因此，玻璃櫃顯得十分重要。而在這場根付收藏史的回溯之旅中，我對玻璃展示櫃也愈來愈好奇。

我不時在路易絲的沙龍裡發現玻璃展示櫃。我曾看過美好年代的宅邸中保存了這種展示櫃，也曾在《美術報》讀到查爾斯對展示的評論，以及對羅特希爾德收藏品目錄的描述。而今，查爾斯有了自己的展示櫃，我這才了解，展示櫃是沙龍生活不可或缺的一部分，不只是家具擺設而已。曾有人描述查爾斯的一個收藏家朋友將日本收藏品放進展示櫃時的動作，「像極了畫家作畫的筆觸，充滿和諧與細緻的手法……」

展示櫃的存在是讓你觀賞，而非觸摸；展示櫃框住物品，讓物品靜置其中，藉由距離感誘惑觀賞者。

我現在也領悟到，自己過去並不了解展示櫃這種陳列方式。在我前二十年的人生中，我一直是個陶藝家，努力將作品從美術館和博物館的玻璃櫃裡拿出來。我曾說，放在玻璃後方氣密空間的陶藝品，它們的生命等同歸於終結。展示櫃就像某種形式的棺材：把東西拿出來，讓它們遠離正式展示的重重保護，解放它們。「讓它們離開客廳，回到廚房去！」我曾寫過諸如此類的宣言。這類情況很常見。「太多玻璃了！」一名偉大的建築師在目睹現代主義風格的玻璃屋時，做了類似的評論。

但是，查爾斯的展示櫃與博物館的玻璃櫃不同，目的是為了開啟。打開玻璃門觀看、選擇，而伸手取出則是一個充滿誘惑的時刻，手與物品接觸的瞬間宛如觸電。

查爾斯的朋友塞努斯基收藏了大量日本藝術品，而沿著蒙梭公園旁的路走下去，便可見到這些藝術品擺放在醒目的白牆前。一名評論者表示，這些日本工藝品彷彿置身於羅浮宮，「顯得愁眉不展」。把日本工藝品當成藝術來展示，使得這些作品變得令人困惑又過於嚴肅。但查爾斯位於斜坡上的沙龍不可思議的結合了義大利古物和日本新工藝品，絕不是一座博物館。

查爾斯的展示櫃是一道門檻。

這些根付完美點綴了查爾斯的沙龍生活。美麗的路易絲打開陳列日本藝品的展示櫃，搜尋著，然後拿出幾件來欣賞把玩，說明這些是人們談笑間偶爾拿來玩賞的物品，用以排遣時間。我認為，這些根付一定為查爾斯的生活平添了不少特殊旨趣。在查爾斯的收藏中，這還是第一次與日常生活有所連結，而且還是異國的日常生活。不可否認，根付不僅美麗而且極富感官趣味，但確實不如梅第奇*的床或瑪麗·安東妮特的漆器來得華貴。根付是用來撫觸玩賞的。

重要的是，根付帶給你各種樂趣：詼諧、猥褻，而且俏皮有趣。如今，我終於得到這些根付，它們曾經沿著螺旋梯拾級而上，安頓在查爾斯蜂蜜色住處的沙龍裡。我發現自己鬆了一口氣，因為這個人見人愛的男人確實有足夠的幽默感欣賞這些根付，我不只是讚美他，現在的我也能夠喜歡他了。

*梅第奇家族（Medici）是十四到十七世紀間掌握義大利佛羅倫斯政治界和銀行業的望族，這個家族曾出現過幾位教宗以及數任佛羅倫斯統治者。

7 黃色扶手椅

這些根付，包括我的老虎、兔子和柿子，全都放在查爾斯的工作室，而他最終在這裡完成對杜勒作品的討論。年輕詩人拉佛格（Jules Laforgue）寫給查爾斯的一封令人屏息的書信，更使得這間工作室為之一亮：

你優美作品中的每句話，莫不喚起無盡的回憶。尤其是連續數小時獨自在房裡工作，以及令人驚豔的黃色扶手椅！印象派畫家！畢卡索以精細筆觸辛苦繪製的兩面扇子。希斯里（Alfred Sisley）畫作、塞納河、電報線與春日天空。靠近巴黎的駁船，巷弄裡無事閒晃的人。莫內盛開的蘋果樹爬上山丘。雷諾瓦衣衫不整的小野人以及貝爾特．莫莉索（Berthe Moriso）具景深的新生矮樹叢、坐著的女性、她的孩子、一隻黑狗、一支捕蟲網。還是莫里索，女僕照顧著孩子——藍色、綠色、粉紅色、白色，在陽光下呈現出斑駁的樣子。雷諾瓦的另一幅畫，紅唇的巴黎女子穿著藍色毛織上衣。神情愉快的女子，雙手窩在暖手筒裡，衣服上鈕孔扣著漆器扣子……卡薩特（Mary Cassatt）裸露香肩的跳舞女郎，呈現出黃色、綠色、金色的彩樣，斜倚在紅色安樂椅上。竇加的緊張舞者、竇加的杜隆提，當然還有馬奈的《駝背丑角》連同邦維爾（Théodore de Banville）的詩！……在那裡的溫柔時光，我沉浸在《阿爾伯特．杜勒》的目錄裡，夢想著……在你明亮的房間裡，赫然出現醒目的黃色扶手椅，黃色，如此的黃！

《阿爾伯特．杜勒及其畫作》（*Albert Dürer et ses dessins*）是查爾斯最初的作品，這本書猶如帶著他在歐洲**四處遊蕩**。拉佛格，二十一歲，剛到巴黎不久。在朋友的推薦下擔任起祕書工作，負責將工作室裡十年份的筆記進行篩選、校訂，整理成附錄、表格及索引，以供出版之用。在拉佛格眼裡，穿著中式長袍的查爾斯是這個令人陶醉的背景下讓人景仰的主人。

我也感到異樣的興奮，因為我完全不知道拉佛格曾在查爾斯底下工作，直到偶然間在一本談論馬奈的書籍注釋裡才發現這件事。拉佛格擅長寫作優美的城市詩句，濕淋淋的公園長凳與寂寥道路旁的電報線，都是他描寫的對象。

查爾斯不再是行事衝動的年輕人，他成了**蒙梭街本篤會的花花公子**，披著黑色大衣的學者。另一方面，他也是閒散無事之人，他斜戴大禮帽，胳肢窩夾著手杖，一副端正自愛的樣子。一名男僕勤於幫他拂拭帽子。我確定他的外套口袋從來不放東西，以免壓垮他那身上等布料。我們看到三十歲的他，身旁帶著情婦，最近才剛被任命為《美術報》編輯，變得愈來愈煞有介事。查爾斯是上流社會的藝術史家，祕書隨侍在側。他收藏的不只是根付，還有畫作。

查爾斯在工作室裡非常活躍。外套黑色、禮帽黑色，以及略帶紅色的鬍子——這些色彩映襯著房裡驚人的畫作，而黃色扶手椅那極度清晰的調性更是讓這些色彩熠熠生輝。你可以想像他是個不僅需要色彩，還需要將自己人生構築在色彩上的人。這個人不光在蒙梭街穿著類似猶太教祭司的全黑制服，在工作室的門後，他有著另一種面貌的生活。

在這樣的房間裡，可能進行著哪些工作？

拉佛格於一八八一年七月十四日開始為查爾斯工作。一整個夏天他都待在這間工作室，晚上也在這裡熬夜。我要有點嚴厲地說，他的猶太主子支付的薪水實在太少。透過拉佛格的眼睛，我們看到查爾斯完成了他的作品：「一塊石頭接著一塊石頭，你緩慢而穩固地建築這座金字塔，用以支撐你那長著美麗鬍子的紀念碑。」在一張廣告文宣的空白處，拉佛格隨手畫了一幅兩個人的圖。身材矮小、頭髮蓬鬆的拉佛格走在前面，兩手叉腰，嘴裡吞雲吐霧，而溫文儒雅，身材筆直高大，具備往昔風範、亞述風格側面的查爾斯則走在他身後。拉佛格還真是善於利用空間。

拉佛格敬重查爾斯，但也會揶揄查爾斯。他急欲在這第一份工作中證明自己。「接下來，蒙梭街的紈褲學者啊，你想做什麼呢？我經常閱讀《美術報》的摘要。你在莫內的〈蛙塘〉（*Grenouillre*）、馬奈的〈康斯坦丁・基斯〉（*Constantin Guys*）以及……莫羅（Gustave Moreau）的奇怪考古學之間盤算著什麼？——告訴我。」

拉佛格希望向**我們的**房間致意，並且最後署名寫著「祝福莫內——你知道我說的是哪一幅」。他在夏日和查爾斯的相處是一場與印象派的相遇，激勵他尋找新種類的詩意語言。他嘗試一種散文詩，稱之為「吉他」（Guitare），同時獻給查爾斯。然而，拉佛格對查爾斯工作室的描述本身就是一種散文詩：混合了明確的色彩印記——斑斕的色彩——黃色扶手椅、雷諾瓦女孩的紅色嘴唇和藍色毛織上衣。這些書信凌亂表現著感官刺激，洋溢著各種高遠的想法，近似拉佛格對印象派風格的描述，觀眾和景象互相交織：「不斷變動又無可改變，難以掌握卻不突兀。」

查爾斯非常喜歡拉佛格。在巴黎漫長的夏天之後，他安排這名年輕詩人到柏林為皇后閱讀法文——查爾斯偶爾會展露他在社交界的本領——他寫信給拉佛格，匯錢給他，給他忠告，指正他的評論，並協助他的作品出版。查爾斯保留了這段時期拉佛格寫給他的三十幾封信，並在這位詩人因結核病英年早逝後，將這些書信一一刊載於《白色評

「蒙梭街的本篤會花花公子」；拉佛格的自畫像，與查爾斯，一八八一年

論》（*La Revue blanche*）上。

你可以從這些書信中**感受**到房間。我想待在這裡每天看著這些根付，但我擔心自己頂多只能針對查爾斯公寓裡的華麗家具做出存貨式的鑑賞，我不知道該如何單純透過這些收藏品，形塑出他的人生。這個房間就像拉佛格的創作，外溢出超乎預期的連結和斷裂，我可以聽到他們在夜裡毫無主題的蕪雜對話，而最後我也來到這裡。

這間沙龍的所有事物因情感而變得鮮明。這裡充滿著自由和倦怠、鄉野天光、年輕女性、吉普賽女郎、塞納河的泳者、巷弄內的無事閒晃、無處可去之人、被細紋繡布環繞的華麗農牧之神，以及所有耐人尋味、有趣、充滿觸感的根付，置身此地很難不讓人感到活力盎然。

8 艾爾斯提爾先生的蘆筍

我又來到圖書館，心中舉棋不定。當我翻開查爾斯的《阿爾伯特・杜勒及其畫作》，杜勒的自畫像——如基督般的長髮、蓄鬍——正凝視著我的後方。這道凝視帶有挑釁意味。多年來我一直想不通，在牆上有著莫內夏日微風的工作室裡，如何能完成這些細心精微的思索，以及編輯完所有的圖表和清冊。

當我讀到查爾斯描述自己如何興奮地追尋杜勒遺失的畫作，我幾乎可以聽見他的聲音：「只要可能藏有大師畫作的地方，我們便鍥而不捨地搜尋：外國首都或二線城市博物館、巴黎或外省的美術館、著名的收藏或罕為人知的個人收藏、業餘人士的櫥櫃或難相處人士的櫃子，我們四處探查，一次又一次，不放過任何角落。」查爾斯也許是個浪蕩子，也許成日泡在沙龍，人們也許經常在賽馬場和歌劇院看到他，但他的閒晃可不是無所事事。

閒晃是他的說法，聽起來輕鬆自在而非勤奮或專業。身為極度富有的猶太上流人士，工作似乎有悖於社會觀感。他是業餘藝術家、藝術愛好者，而他的用字遣詞總刻意帶著一點自我貶低的意味。但找到自己要的東西確實能帶來快樂，而這種廢寢忘食進行搜尋的感覺並非有意為之，而是一時興起。這不禁讓我想到自己在追溯根付的過程中，不知不覺關注起查爾斯的人生，以及其他人在頁緣寫下的註記。我在圖書館遊蕩，追溯查爾斯去了何處、為何而去。我循著線索追蹤他認識了哪些人、書寫了哪些人、買了誰的畫作。在巴黎，我站在查爾斯過去位於法瓦爾街的辦公大樓外；夏雨中，我像個悲慘的藝術史偵探耐心等候有誰從大樓裡走出來。

我發現，幾個月過去，我對於紙張的品質有了特殊的敏感度，也發現自己深受查爾斯的吸引。他是充滿熱情的學者。他穿著體面，同時精通藝術史，而且執著於研究。擁有這三項特質於一身是多麼不易與難得，我想，多麼令人夢寐以求。

查爾斯從事研究是基於一項特殊的理由。他相信「杜勒的所有畫作，哪怕是極其簡易的素描，都值得關注，因為凡出自大師手筆，沒有一樣是可以忽略的……」查爾斯深知唯有對作者極為熟悉，才是至關重要的。偶然拿起的一幅畫往往能讓我們「捕捉到作者最不造作的想法、全然呈現的那一刻，當中蘊含的真實和誠懇甚至遠勝那些耗盡心力及挑戰耐力的創作。」

對畫作來說，這可謂一份美好宣言。它讚頌理解的時刻，以及難以捉摸的回應時刻——幾處墨跡和少許鉛筆的筆觸。它也是舊藝術和新藝術對話的美麗符碼。查爾斯希望這本書「使法國人更了解這位偉大的德國藝術家」，同時也是他幼時在維也納首次感到備受吸引的藝術家。這份宣言給予查爾斯情感和思想的平臺，他因而得以主張不同時代可以前後呼應，杜勒的素描可以與竇加的素描對話。他相信這行得通。

對於一些他實際認識的藝術家，查爾斯也在自己的作品中予以支持。他同時以本名及筆名發表評論，主張某些作品的優點，並為竇加的〈小舞者〉（*Little Dancer*）辯護，「她穿著舞衣站立著，疲倦已極……」如今，身為《美術報》編輯的查爾斯，開始針對他喜愛的畫家展覽進行評論。此外，基於熱情及厚愛，他也開始為放有黃色扶手椅的房間添購畫作。

查爾斯購買的第一幅畫為莫莉索所作。他喜愛她的作品：「她在調色盤上磨碎花瓣，以輕盈靈巧又帶點雜亂的筆觸塗抹在畫布上。這些色彩帶有某種生命、優雅和魅力，顯得和諧、調和且完整，這幅畫與其說是用眼睛看，不如說要用直覺去感受……靠得再近一點，就無法區別或理解任何內涵！」

三年內，他收藏了四十幅印象派作品，而且買了二十多幅給他在柏林的伯恩斯坦表親。他買了莫莉索、卡薩特、竇加、馬奈、莫內、希斯里、畢卡索與雷諾瓦的油畫和粉蠟筆畫，查爾斯是最早收藏印象派作品的人之一。他房間的牆上肯定掛滿這些畫，而且一定疊了三層。忘了大都會藝術博物館那幅孤伶伶散發光彩的竇加粉蠟筆畫吧，和它距離最近的畫作至少有五呎，上下空無一物。若是放在查爾斯的房間，這幅粉蠟筆畫〈男子服飾店裡的兩名婦女〉（*Two Women at the Haberdashers*, 1880）勢必會遮住多那太羅、擠開其他二十幾幅畫，緊緊抵住放置根付的玻璃櫃。

查爾斯首開風氣之先，他需要的是放手一搏。印象派畫家擁有熱情的支持者，但仍因報章雜誌和學院視他們為不學無術之輩而備受攻擊。查爾斯的支持顯得別具意義，因為他是名重一時的批評家兼編輯。此外，查爾斯也樂於贊助努力求生存的畫家：只有在「某個美國人或某個年輕以色列銀行家的宅邸裡」，你才會看到這些畫，布爾提寫道。查爾斯就像馭象人，指引著其他家財萬貫的朋友，比如說，說服極度愛好美學的沙龍主持人史特勞斯夫人買下了莫內〈睡蓮〉（*Nympheas*）系列作品中的一幅。

不僅如此，查爾斯也是一名對話者、一名訪客，他直接前往藝術家工作室確認進度、買下仍然放在畫架上的畫，「他是年輕藝術家的老大哥」，一名評論家寫道。查爾斯和雷諾瓦花了很長時間討論哪幅作品最好，可以送到沙龍去；惠斯勒要查爾斯幫他檢查畫作有沒有損壞。普魯斯特提到書中某個以查爾斯為藍本的角色時，形容他是一名業餘畫家：「因為他的關係，許多畫作原本可能半途而廢，最後卻起死回生。」

查爾斯也是藝術家的朋友。馬奈在寫給查爾斯的信上說道：「今天是星期四，但我還沒收到你的音訊。你顯然是被沙龍主人的機智給迷住了……趕快打起精神，拿起最好的筆著手進行。」

查爾斯曾向馬奈購買一幅描繪蘆筍的作品，這是馬奈極為傑出的小型靜物寫生作品，在這幅作品的陰暗處隱約可見檸檬或玫瑰。一把約二十根的蘆筍以麥稈捆起來。馬奈開價八百法郎，這是一筆驚人的數目，而令人驚訝的是，查爾斯付了一千法郎。一個星期後，查爾斯收到一幅小油畫，上面只簡單簽上一個M字。這是橫躺在桌上的一把蘆筍，旁邊註記：「這似乎是從一大綑蘆筍中滑落的。」

普魯斯特曾經幾度拜訪查爾斯的公寓，對他收藏的畫作相當熟悉，他重述了這段故事。他在小說中塑造了一名印象派畫家艾爾斯提爾，他是惠斯勒與雷諾瓦的綜合體。書裡的格曼特公爵氣憤地說，「這幅畫裡什麼也沒有。只有一把蘆筍，跟你現在吃的沒什麼兩樣。但我必須說，艾爾斯提爾先生的蘆筍我可吞不下去，他要我花三百法郎買下這把蘆筍。一枚金路易，頂多值這個錢，雖然過了時令了。我看，吃起來會有點硬。」

查爾斯工作室牆上有許多畫作是朋友的。有杜隆提的竇加粉蠟筆畫，年輕作家於斯曼（J. K. Huysmans）形容：「杜隆提先生坐在桌前，四周擺滿了他的作品和書籍。他細長的手指貼著自己臉頰、銳利而帶著嘲弄的眼神、專注思索的神情，以及那英國幽默作家的笑容……。」這裡有「現代生活的畫家」基斯（Constantin Guys）的油畫，以及馬奈為他繪製的肖像畫，看起來頭髮蓬亂、鬍鬚濃密、眼神流露出一絲桀驁不馴。查爾斯向竇加購買了梅伊內特（Mellinet）將軍和首席拉比阿斯

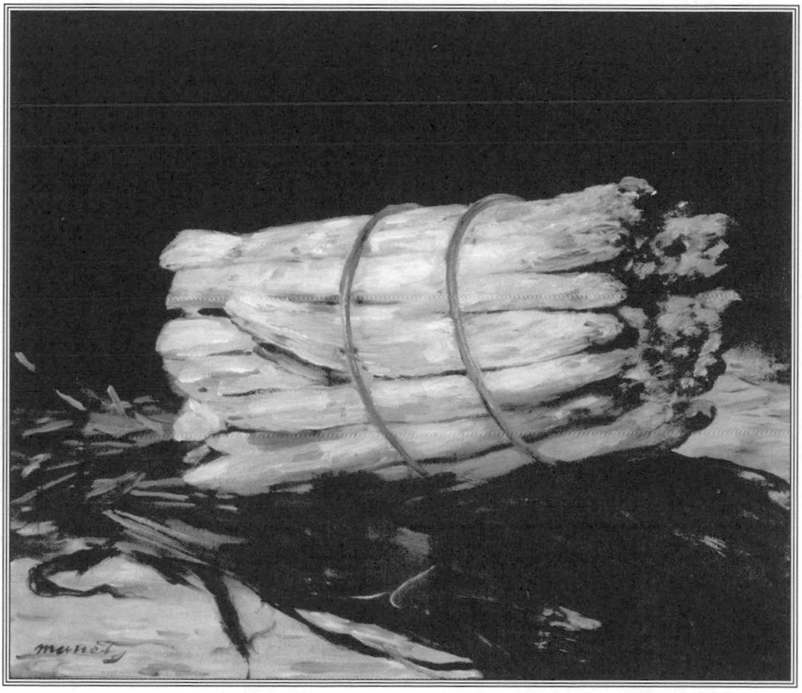

馬奈，《一束蘆筍》（*Une botte d'asperges*），一八八〇年

特魯克（Astruc）的雙人肖像畫，畫中同時呈現這兩名令人生畏之人（兩人因經歷過一八七〇年戰爭而成為朋友）的側臉。

此外，還有查爾斯自己的巴黎生活畫像：竇加畫的隆尚賽馬開場，查爾斯前往隆尚去看叔叔莫里斯的名駒。「賽場—伊弗魯西—一千法郎」，竇加在筆記本裡寫道。妓女、舞女的景象，以及女帽店裡兩名坐在沙發上年輕女子的背影（兩千法郎），還有一名女子獨坐在咖啡廳裡品著苦艾酒。

查爾斯收藏的畫作大多描繪鄉村、快速移動的雲朵，以及吹過樹木的微風，透露出他對時光流逝的感受。他擁有五幅希斯里和三幅畢卡索的風景畫。他花了四百法郎向莫內買了一幅維特伊爾城鎮的風景畫，疾速的白雲穿過長著柳樹的原野，以及在同一個城鎮描繪而成的〈蘋果樹〉（*Pommiers*）。他也買了一幅塞納河冬日清晨河冰裂解的景象，名為〈冰塊〉（*Les Glaçon*）。普魯斯特在早期小說《尚．桑德伊》（*Jean Santeuil*）裡曾描述這幅美麗的畫作：「解凍的一日……太陽、藍天、裂解的冰、泥濘與流動的水，河面搖身一變成了波光粼粼的鏡像。」

就連拉佛格想致意的「衣衫不整的小野人」也捕捉到這種稍縱即逝的感受，一種即將改變的感受。雷諾瓦的〈波希米亞女人〉（*La Bohémienne*）中，一頭蓬亂紅髮的吉普賽女孩身穿農家服裝，烈日下站在草叢和樹木之間，她顯然成了景物的一部分，她準備逃走，而且是逃得遠遠的。

這些畫作，查爾斯寫道，「足以表現出每個生命個體，無論是動作還是態度，令人難以捉摸地移動著，氣氛和光影也不停的改變；從變化中捕捉空氣色彩的持久流動，刻意忽略個別的陰影以獲得明亮的整體感，各個元素融合成不可分割的整體，甚至從不和諧中組合出普遍的和諧。」

他也買了莫內的名畫〈蛙塘的泳者〉（*Les Bains de la Grenouillère*）。

回到倫敦前往圖書館的路上，我走進國家美術館觀賞這幅畫，再次想像這幅畫作放在黃色扶手椅及根付周邊的樣子。畫作表現出仲夏時節塞納河畔的一處熱鬧景點，身穿泳衣的人走上狹窄的木棧道，畫面一路延伸到陽光照射下泛出點點亮光的水面，不游泳的人則衣著整齊地走向岸上，衣服褶邊點出一塊朱紅。小船——拉佛格「豐富想像力的船」——混雜排列在景色前面，濃密的枝葉落下，覆蓋整個場景。水面上一圈又一圈的漣漪向後延伸，和水中泳者來回攢動的頭部交錯，「空氣中的色彩連續的流動」。你忍不住想，大概只有夠暖和的時節才可能在此戲水，天氣太冷的話萬萬不可能。看著這幅畫，你可以感覺到一股活力。

日本的物品和這些散發微光的新繪畫風格似乎配合得恰到好處，雖然日本主義在伊弗魯西家族中宛如一種**宗教**，然而讓這種新美學真正發揮深刻影響力的，卻是在查爾斯的藝術朋友圈裡。馬奈、雷諾瓦和竇加都跟他一樣醉心於收藏日本版畫，日本畫的構圖呈現出截然不同的世界意義：無關緊要的現實——小販搔著腦門、婦女帶著啼哭的孩子、一隻狗往左方遊蕩而去——每個細節似乎都跟地平線上的大山一樣具有意義。一如根付，日常生活便是如此，而非經過精心排練。這種幾近粗暴地將故事與清晰的圖案、漢字結合起來的手法，深具催化作用。

印象派畫家知道如何將生活景象切割成瞬間的畫面及感嘆。與一般的景象不同，你彷彿握有空中繩索，用以切割一幅畫面、女帽服飾店裡人們的後腦勺，或證券交易所的立柱。掛在查爾斯工作室、由竇加所繪製的杜宏提（Edmond Duranty）肖像粉蠟筆畫便見證了這一切。「人物……從未處於畫布中心或場景中心，也從未被視為一個整體：有時看起來好像腿的下半部不見了，或下半身不見了，或長度有所變化。」當你看到竇加那幅不可思議的肖像畫〈勒皮克子爵與他的女兒：協和廣場〉（*Viscount Lepic and His Daughters: Place de la Concorde*）時——如今收藏於聖彼得堡埃爾米塔吉博物館——三個人物和狗在畫布上的詭異空間中移動——可明顯看出日本版畫平面透視法的影響。

就像根付反覆出現的主題，日本版畫也呈現出這種一系列的可能性——四十七幅版畫所描繪的淨是同一座日本名山的景象，顯示出不斷重複以不同方式及詮釋來表現形式圖像的要素。乾草堆、河灣、白楊樹和盧昂主教座堂陡峭的正面——無不帶有這種詩意的反覆。擅長捕捉細微變化和差異的大師惠斯勒曾解釋：「在畫布上，你可以說色彩是繡上去的；也就是說，相同的色彩每隔一段距離就會重新出現，如同刺繡的線。」早期的支持者左拉提到馬奈的畫時寫道：「這種化繁為簡的藝術好比日本版畫，那詭異的高雅及華麗不規則的色彩是如此相似。」簡化似乎成了這種新美學的核心，但前提是，必須結合「補綴與斑駁」，色彩抽象或不斷重複。

有時想呈現這種風格，只須描繪雨日的巴黎：凌亂的灰色雨傘如小艦隊般取代了陽傘，巴黎變得充滿江戶風情。

當查爾斯優美而精準地描述他的朋友，他意識到他們的激進，不管在技術或主題上。這不禁讓人想起一篇針對印象派的優秀評論。印象派的目標旨在：

讓人物和背景無法分割，彷彿這些人物是背景的產物，若要欣賞，你必須將其視為一個整體，同時站在適當的距離外觀賞——這便是這個新畫派的理想。它並未記取光學原理，也捨棄了繪畫規則和禁忌，如實描繪眼中所見，自然而然的，無所謂好壞，毫無妥協，不做評論，也無冗詞。唯恐陳腔濫調，因而尋求全新的主題，新畫派糾纏著戲院、咖啡廳、小劇場的廊道，甚至連低級的音樂表演廳也不放過；廉價舞廳的庸俗色彩並未嚇倒這些畫家；他們還到市郊的塞納河上划船。

這便是雷諾瓦大膽嘗試之作〈船上的午宴〉（*Le Déjeuner des Canotiers*）所呈現的，「富爾內茲之家」愉悅閒散的午後。富爾內茲之家是塞納河畔的一間餐廳，位於巴黎市民搭乘火車可一日往返的新興熱門去處。在銀灰相間的柳樹間可以看見遊船和小帆船在河面輕快航行。紅白相間的條紋涼篷為這場宴席遮擋了刺眼的陽光。這幅畫描繪的是午餐過後，由雷諾瓦的畫家、資助者與女演員所構築而成的新世界，每個人都是他的朋友。與會者抽菸喝酒、高談闊論，餐桌上只見空酒瓶和殘羹冷炙。這裡不存在任何法條及規範。

女演員安德蕾（Ellen Andrée）在帽子上別了一朵花，她將酒杯舉至唇邊。巴比耶男爵——殖民地的前西貢市長——褐色的禮帽微微後傾，和餐廳老闆的年輕女兒談天。她的弟弟戴著草帽，彷彿專業划船人，站著確認供餐的狀況。卡耶博特一派輕鬆，穿戴汗衫及硬草帽，把椅子反過來跨坐，看向年輕女裁縫師夏里戈（Aline Charigot），也就是雷諾瓦的戀人、未來的妻子。藝術家洛特

（Paul Lhote）占有般的張開雙臂環抱著女演員薩瑪麗（Jeanne Samary），顯然是在談笑調情。

查爾斯也在那裡。他在最後面，戴著大禮帽，身穿黑色西裝，他稍微偏過頭，隱約看得見側臉；你剛好可以看見他紅褐色的鬍子。他正跟一臉愉悅坦率、留著鬍渣的拉佛格交談，他穿戴勞動者的帽子、燈芯絨外套，一身詩人裝扮。

我懷疑查爾斯可能真的會在夏天陽光普照的日子裡穿著一身本篤會風格的服裝，一副厚重陰沉的樣子去參加船上宴會，頭上戴的不是草帽，而是大禮帽。這是圈內人才懂的笑話，身為資助者，他總穿著特定服飾站在朋友之間。雷諾瓦暗示，在畫裡，資助者和評論者必須現身背景某處或邊緣處，即使是在大太陽底下或者極為輕鬆的氣氛下都得如此。

普魯斯特談到這幅畫時提到，「一名紳士……在船宴上戴著大禮帽顯然有點突兀，這說明了對艾爾斯提爾來說，他不只是尋常出現在畫裡的人，他是朋友，或許還是金主。」

查爾斯顯然格格不入，不過他確實是畫中人，也是朋友，更是金主。重點是他就在那裡。查爾斯．伊弗魯西，或至少他的後腦勺，進入了藝術的史冊。

9 就連伊弗魯西也被騙了

七月，我在南倫敦的工作室裡。工作室正好位於人們前往彩券行和加勒比海外賣餐館的路上，夾雜在幾間修車廠之間。這是個嘈雜的區域，卻也是個美麗的地方，我的旋轉盤和燒窯便位於長形而通風的工坊裡，沿著幾階陡峭的白階梯可以來到書房。我在這裡展示了幾件完成的作品，在用鉛作內襯的盒子裡放了一些瓷筒，此外也堆放了一些早期印象派筆記，並持續撰寫這些根付的第一個收藏家。

這是一處僻靜空間，書籍和陶壺是我的良伴。每當有顧客委託我製作陶器，我也會帶他們來這裡。閱讀這麼多有關查爾斯的事，包括他身兼資助者及雷諾瓦、竇加等人的友人，感覺似乎有點奇怪。從委託人變成被委託，或者更精確地說，從擁有畫作到撰寫文章評論畫作，這樣的角色轉變確實讓人錯亂。我從事陶藝創作已經有很長的時間，我很清楚接受委託是多麼令人煩心。當然，你會心懷感謝，但感激和欠人情是兩碼子事。對任何藝術家來說，我想這會是個相當有意思的問題：如果有人買了你的作品，你會感激多久？如果買家非常年輕——一八八一年，他才三十一歲——而那些藝術家無不上了年紀：馬奈完成蘆筍時已經四十八歲。那麼這個問題會特別難回答。當我看著查爾斯擁有的畢卡索畫作、那微風中的白楊樹，我心想，如果你的藝術理念在表現自由、自發且不妥協，那麼這樣的問題必定更是微妙。

雷諾瓦需要錢，於是查爾斯說服某個女性長輩資助他；拉著他開始勸說路易絲。這對戀人跟這名畫家花了一整個夏天仔細商談繪畫事宜；芳妮自伊弗魯西山中別墅寄出的信件中，詳述了人在別墅的查爾斯於這段期間不時確認事情順利進行。要同時順利完成兩幅畫作，可不是件容易的事。第一幅畫主角是路易絲的大女兒艾琳，她和母親一樣有著垂至雙肩的金紅色頭髮。第二幅畫則是路易絲兩個極為甜美的小女兒愛麗絲和伊麗莎白，她們的髮色跟母親一樣。她們站在深赭色的窗簾前，窗簾往兩旁收起，揭露了後頭的沙龍，兩個女孩手牽著手彷彿彼此打氣——兩人穿著粉紅色和藍色的褶邊裙，以及緞帶。一八八一年，這兩幅畫作同時在沙龍展出。我不清楚路易絲對這兩幅畫的看法，只知道她意外的拖延給付金額不算高的一千五百法郎。當我找到竇加怒氣沖沖提醒查爾斯帳單未付清的字條時，心裡也有類似的困窘。

雷諾瓦接受這些委託，使得查爾斯的其他畫家朋友產生疑慮。竇加尤其嚴厲：「雷諾瓦先生，你沒有格調。你根據他人的要求作畫，這是不被允許的。我想你今天為金融家作畫，接受查爾斯．伊弗魯西的委託，明天你的畫作就會跟著布格洛先生的畫作一起在米爾利頓這樣的地方展出！」同樣的憂慮隨著查爾斯開始購買其他藝術家的作品而不斷惡化；而這位金主的興趣似乎轉移了，他開始尋找新的畫家。而就在此時，查爾斯的猶太人身分令他飽受質疑。

查爾斯買了莫羅的兩幅畫作。龔固爾形容他的作品是「詩人金匠的水彩畫，宛如以《一千零一夜》珍寶的微光及綠鏽洗滌過。」它們充滿豐富的意涵具有高度的象徵性。巴那斯派*的莎樂美、海克利斯、莎孚，以及普羅米修斯，莫羅的主題人物幾乎完全裸露，僅以薄紗覆蓋。古典式的風景到處是傾頹的神廟，所有的細節都經過苦心安排。這種風格和風中的草地、解凍的河水或彎腰工作的女裁縫師，簡直風馬牛不相及。

於斯曼在描述醜聞的小說《事與願違》（*À rebours*）中，曾提及跟莫羅的畫作一起生活的感受。或者說得更精確一點，在莫羅畫作創造的氣氛中生活的感覺。他的主角艾森特是以頹廢的孟德斯鳩伯爵（不是啟蒙時代的那位孟德斯鳩）為藍本，這個人立志要獲得完整的審美經驗，他仔細布置住所，好讓自己可以完全浸淫在感官經驗之中。其中的極致是一隻外殼覆滿寶石的陸龜，牠在屋內緩慢爬行，正好可以為他的波斯地毯增添活力。此舉引起了王爾德的注意，他在巴黎日記中以法文記述著：「伊弗魯西有個朋友養了一隻有綠寶石外殼的陸龜。我也需要綠寶石、活生生的小古董……」確實，這比打開展示櫃更吸引人。

在艾森特稀薄的存在中，有一名藝術家「最令他陶醉，並帶給他無窮的喜悅，那就是莫羅。他買了莫羅兩件大作，夜復一夜站在一幅畫作前夢想著，這幅畫是莎樂美。」他對這兩幅畫投入太深，以致於幾乎成了畫作的一部分。

這和查爾斯對自己擁有的兩幅名作的感受很類似。查爾斯寫信給莫羅，提到他的作品具有「一

＊巴那斯派（Parnassian）：一八六六年興起的詩作風格，名稱源於當時發行的詩作雜誌《*Le Parnasse Contemporain*》，重視形式但描寫方式大膽。

種理想夢境的色調」——在這樣的理想夢境裡，你被置於無重力的幻境以及失去自我的界限之間。

對此，雷諾瓦的態度是大發雷霆。「噢，那個莫羅？說真的，他是個連腳都畫不好的畫家……他是半瓶水，響叮噹。他很聰明，懂得找上猶太人，畫點跟金色有關的畫……我還以為伊弗魯西是識貨的，就連他也被騙了！有一回我去拜訪伊弗魯西，迎面就看到莫羅的畫！」

我想像雷諾瓦走進大理石大廳，沿著螺旋狀樓梯拾階而上，經過伊格納斯的住處，來到查爾斯位於二樓的房間。獲准進入後，他眼前出現了莫羅的〈伊阿宋〉（*Jason*）：站在被屠殺的龍上，高舉斷矛和金色羊毛。美狄亞（Medea）拿著裝有神奇藥水的小瓶子，充滿愛意地將手搭在伊阿宋肩上——「一場夢，一陣迷幻」，誠如拉佛格所言「莫羅怪異的考古學」。

或許，他迎面看到的是〈加拉提亞〉（*Galatée*），上面寫著獻給「我的朋友查爾斯・伊弗魯西」。於斯曼形容這幅畫「猶如寶石照亮的洞窟，像一處神龕，內含獨特且光芒四射的珠寶，雪白的軀體，她的胸部和雙唇泛著粉紅，加拉提亞，睡著了……」當然在黃色扶手椅旁一定放了不少金色事物：加拉提亞被囚禁在偽文藝復興的畫框裡，如提香的畫般珍貴。

這是「猶太人的藝術」，雷諾瓦這麼表示。他氣沖沖去找他的金主、《美術報》編輯，結果看見這幅羅特希爾德風格的東西就在牆上，如同神話般鑲著寶石，離他的畫作非常近，簡直是一種玷汙。查爾斯位於蒙梭街的沙龍成了「洞窟……就像神龕一樣」，足以激怒雷諾瓦、啟迪於斯曼，以及令樂觀的王爾德印象深刻：「為了寫作，我需要鮮黃的綢緞。」王爾德在巴黎日記寫道。

我很清楚自己一直在探究查爾斯的品味。我對於黃金及莫羅的作品感到憂心，而更令我擔心的是保羅・波德里（Paul Baudry）的作品。波德里是巴黎歌劇院的天花板裝潢師，擅長為巴黎新美好年代的建築營造巴洛克式的螺旋形裝飾。波德里的作品遭到印象派畫家的非難，被批評看起來就像庸俗膚淺的文宣——一如遭受痛恨的學院派畫家布格洛（William-Adolphe Bouguereau）。他尤為成功的是他的裸體畫，至今仍是翹楚。波德里有一幅極受歡迎的海報名為〈珍珠與海〉（*Pearl and the Sea*），畫裡的海浪即將拍擊一個正在伸展身軀的女孩。你可以在博物館的紀念品店及冰箱門上的磁鐵看到這幅海報。波德里是查爾斯最親密的畫家朋友，兩人的書信往來中有不少親暱用語。查爾斯是他的傳記作家，也是他的遺囑執行人。

或許我應該持續追索和根付一起擺放在查爾斯房裡的每一幅畫。我著手羅列出目前展出查爾斯畫作的博物館，並且追查這些畫作何以來到此處。我思索著，將馬奈的〈隆尚賽馬〉（*Races at Longchamp*）以及竇加的將軍和拉比雙人肖像畫作從芝加哥藝術學院運到傑拉德莫市立博物館需要多久的時間。我思忖自己是否該把琥珀眼睛的白兔根付隨身放在口袋，並和這些物品及景象重逢。在一杯咖啡的時間裡，我思索著這麼做是否真有可能，成為一種促使我持續移動的辦法。

我的日程表消失了。我身為陶藝家的另一半人生暫且停頓下來。博物館需要回應。有人打電話過來，我的助理回說，我不在，而且聯絡不上。是的，一項大計畫，他之後會回電給你。

我前往熟悉的巴黎，站在歌劇院波德里裝飾的天花板下，然後趕往奧塞美術館觀賞馬奈為查爾斯所畫的蘆筍，以及莫羅那兩幅畫，這些畫現已歸博物館所有。我想知道這些畫是否彼此協調、是否相互唱和，而我是否能親眼目睹查爾斯眼前的景象。當然，我不可能看見這些景象，理由很簡單，查爾斯只買他喜歡的作品。他不是為了協調，也不是為了彌補收藏的不足。他買朋友的作品，而在買下作品的同時也接納了它們帶來的複雜故事。

查爾斯的交友圈不局限在畫家工作室。每到星期六晚上，他便和同事到羅浮宮，每個收藏家或作家會帶來一份素描或物品，或是提出屬性方面的問題共同討論：「任何事都能討論，就是不要賣弄！我們在那裡學到太多，這點無庸置疑！我們坐在羅浮宮華麗的椅子上，遊歷歐洲所有博物館，毫無倦意！」藝術史家里斯（Clément de Ris）回憶道。查爾斯激勵在《美術報》工作的同仁，他和鄰居也成了朋友，如卡蒙多兄弟和塞努斯基，他可以毫無顧忌向這些人展示自己剛購得的藝術品。

查爾斯成了公眾人物。一八八五年他成為《美術報》的經營者。他募款協助羅浮宮購得波提切利（Botticelli）的畫作。他完成一些著作，也擔任管理職務：一八七九年，他協助籌辦十八世紀之前的繪畫大師作品展，以及分別於一八八二年和一八八五年舉行的肖像畫展。身為求畫若渴、浪蕩的年輕人是一回事，而承擔管理責任並監督細節又是另一回事，而他才剛因為對藝術有所貢獻而獲頒榮譽軍團勳章。

查爾斯忙碌的生活大多在同事、鄰居、朋友、年輕祕書、愛人及他的家人公開注視下進行著。普魯斯特成為查爾斯住所的常客，他算是新人，還不能算是查爾斯的朋友；他陶醉在與查爾斯天馬行空的談話、他排列收藏的方式，以及他廣闊的交遊。查爾斯相當理解渴望社交的普魯斯特，以致於即使過了午夜，東道主都想上床了，他還是沒有提醒普魯斯特應該離開晚宴了。住在隔壁的伊格納斯長久以來便對普魯斯特頗有微詞，只是隱而未發，他曾明確定義出 Proustaillon——貼切形容普魯斯特像蝴蝶一樣，流連在社交場合。

普魯斯特也出現在法瓦爾街的《美術報》辦公室。他待在這裡時相當勤奮：六十四篇藝術作品，日後出現在由十二部小說構築而成的《追憶似水年華》（*Á la recherche du temps perdu*）中，而刊載在《美術報》上的插畫則占了他作品中視覺部分極高的比例。與之前的拉佛格一樣，他把自己早期撰寫的藝術評論拿給查爾斯過目，並遭受到嚴苛的批評，隨後獲得第一項委託。對普魯斯特來說，這是對拉斯金（John Ruskin）的一項研究。在普魯斯特翻譯的拉斯金《亞眠的聖經》（*Bible of Amiens*）譯者序中，他在題詞裡寫下：「查爾斯．伊弗魯西先生，總是對我如此厚愛。」

查爾斯與路易絲仍維持著戀人關係，不過我不確定路易絲是否另有愛人，或者是有好幾個愛人。行事向來謹慎的查爾斯在這方面不留痕跡，找不到任何證據令我感到挫折。我注意到和第一任助理拉佛格一樣的多數年輕人在查爾斯身邊的功能，比較像是天主教儀式裡的助祭，而非祕書。在這個有如洞穴般、以黃色錦緞和莫羅畫作增添光彩且令人陶醉的房間裡，我不禁對這些人的緊密關係產生了疑惑。巴黎一直有傳言說查爾斯「睡兩張床」，亦即雙性戀者。

一八八九年春，伊弗魯西公司生意興隆，但家裡卻不太平靜。明顯是異性戀的伊格納斯及其他苦悶的單身漢熱烈地追求波托卡伯爵夫人（Potocka）。這位蠱惑人心的伯爵夫人——普魯斯特形容她「細緻、莊重卻又帶點惡意」——一頭中分黑髮，一群年輕人對她唯命是從，他們甚至可以為她戴上藍寶石胸章，上頭銘刻著「生死以之」。在她舉辦的馬加比（Maccabee）晚宴裡，這些年輕人可以為她做盡不道德的事。正如馬加比家族成為猶太殉難者，這場晚宴也使伯爵夫人成了友第德——關於這點，我理解得稍微晚了些，這名女主角趁著霍洛費尼斯酒醉之際割下他的腦袋*。在某次晚宴後，莫泊桑收到一封信，上面寫著：「伊格納斯稍微喝得比別人醉……一時興起便全身赤裸地走在巴黎大街上……」之後，他就被送到鄉間療養了。

四十歲的查爾斯在這些世界之間權衡著，他的私人品味已成為公共財產，一切與他有關的事都與審美有關。他在巴黎成為一名美學家，他所接受的委託、提出的看法，乃至外套樣式無不受到人們的檢視。而他本身則是個歌劇迷。

就連他的狗也叫卡門。

我在羅浮宮檔案館裡發現一封致卡門的信，收件地址是蒙梭街八十一號，收信人是查爾斯·伊弗魯西先生，寄信人是普維斯·德夏凡內（Puvis de Chavannes）——以缺乏血色的人物及褪色的風景為主題的象徵主義畫家。

*出自《聖經·友第德記》，敘述亞述軍隊入侵巴勒斯坦，此時一個名叫友第德（Judith）的寡婦以美人計設宴款待亞述統帥霍洛費尼斯（Holofernes），最後趁其酒醉割下他的人頭，亞述軍因此潰散。

10 給我的一點薄利

不只是雷諾瓦厭惡猶太人。一八八〇年代，一連串金融醜聞已然逼近新猶太金融家的門前，而伊弗魯西家族則成了箭靶：總聯盟（Union Générale）——一家與教會有密切關係的天主教銀行，擁有許多天主教徒小存款戶——於一八八二年崩盤，被認為背後有「猶太人的主使」。擅長煽動的記者德魯蒙（Edouard Drumont）在《猶太法國》（*La France Juive*）中寫道：

> 這些人在進行這些龐大的交易時，交易對他們來說不過是遊戲，其所表現的膽大妄為令人難以置信。僅一次會期，米歇爾·伊弗魯西便買進或賣出的油或小麥，價格往往高達一千萬到一千五百萬。他一點也不煩心，就這麼坐在證交所圓柱旁兩個鐘頭，安靜從容地以左手撫鬚並下達指令，而圍繞在他身邊的三十名交易所行員立刻振筆疾書了起來。

交易行員前來在米歇爾耳邊低語，匯報當日的各種消息。德魯蒙暗示，金錢在這些猶太富人眼中不過是瑣事，是遊戲。與一般人在交易日誠惶誠恐地將錢存進銀行或藏在壁爐架上的咖啡罐完全不同。

這段描述生動指出隱蔽的權力或陰謀有著竇加〈證交所一景〉（*At the Bourse*）畫中的張力，那鷹鉤鼻、紅鬍子的金融家正在柱旁交頭接耳。證交所和金錢遊戲者逐漸過渡成聖殿和兌換銀錢的人＊。

「誰能阻止這些人繼續胡作非為？照這樣下去，法國很快會淪為一片荒原……這些人是外國小麥的投機者，他們是猶太人，是巴黎伯爵的朋友……貴族區所有沙龍的座上賓；他們是伊弗魯西，從事小麥投機事業的主要猶太家族。」投機買賣、錢滾錢，被視為猶太人特有的罪惡。錫安主義的辯護者赫茨爾（Theodor Herzl）為了理想向來充滿熱忱的向富有的猶太人募款，卻在一封信裡粗魯地批評「伊弗魯西家族是投機者」。

伊弗魯西公司確實握有相當的權力。在一場金融危機中，伊弗魯西兄弟退出證交所，因而造成市場一陣恐慌。在另一場金融危機中，他們針對俄國集體屠殺猶太人一事，威脅著要讓穀物大量湧入市場，此舉也引發報章雜誌的熱烈報導。「（猶太人）……知道如何運用手上的武器迫使俄國人停止迫害猶太人……他們可以在十三天內讓俄國股市下跌二十四點。『你敢碰我們同胞一根寒毛，我就讓你少一盧布，自己看著辦吧！』米歇爾·伊弗魯西表示，他是奧德薩的家族領袖、世界首屈一指的穀物交易商。」簡單來說，伊弗魯西家族非常富有、能見度非常高，而且對猶太人的遭遇絕不袖手旁觀。

德魯蒙是反猶太日報的編輯，儼然成為出版界的意見領袖。他告訴法國人如何分辨猶太人——猶太人兩隻手大小不一——以及如何對抗這個種族對法國所造成的威脅。一八八六年，他的《猶太法國》出版第一年就賣出十萬本，到了一九一四年已累印兩百刷。德魯蒙認為，猶太人是天生的游牧民族，因此他們不覺得自己虧欠國家。查爾斯及其兄長是來自奧德薩和維也納，以及天知道還來自何方的俄國公民，只顧及自身利益——他們以法國的貨幣從事投機，藉此過濾掉法國的生命之血。

伊弗魯西家族當然認為自己屬於巴黎，但德魯蒙可不這麼認為：「猶太人從歐洲各地的猶太街區傾巢而出，如今成了許多代表法國輝煌歷史宅邸的主人……羅特希爾德家族無所不在，他們在費里耶和沃德瑟內……伊弗魯西家族在楓丹白露、在法蘭西斯一世的宮殿……」德魯蒙嘲弄伊弗魯西家族從「一文不名的探險家」迅速攀升到社會頂端，他們的不斷獵取，以及近日委託製作的盾形紋章等，都成了一種令人惱火的邪惡。德魯蒙尤其認為，法國的祖業遭到伊弗魯西家族及其友人的玷汙。

我逼自己讀這些文章：德魯蒙的書籍、報紙，以及多種版本數不清的小冊，英文譯本。在倫敦的圖書館裡有一本介紹巴黎猶太人的書，書中有人寫下註解。就在伊弗魯西旁，有人審慎卻肯定地用鉛筆以大寫字母記下「腐敗」這個詞。

相同的內容不可勝數，無非是在威嚇的大方向及令人惱怒的細節之間粗暴的打轉。伊弗魯西家

＊《約翰福音》中提到，耶穌看到聖殿裡有兌換銀錢的人，就把他們的銀錢倒出來，還推翻他們的桌子。

族一再被提起，彷彿玻璃展示櫃被打開，家族成員被一個個抓出去當眾侮辱。我知道法國反猶太主義的概況，但這類詳細描述看了著實令人作嘔。他們的日常生活時刻遭人解剖。

查爾斯受到公眾的嘲弄，說他「操弄文學和藝術的世界」，並詆毀說，他在法國藝術界有權有勢，卻只把藝術當成商業。《猶太法國》一書的幾名作者同時表示，查爾斯做的每件事都是為了黃金。猶太人不了解土地或國家，他們只想攜帶、買賣易於熔化、運輸及可塑性高的黃金。就連查爾斯討論杜勒的作品，也被仔細檢視是否帶有猶太特質。查爾斯如何能理解這位偉大的德國藝術家呢？一名藝術史家憤怒說道：「他不過是個『東方人』。」

他的兄長與叔叔遭到痛批，而他那嫁給法國貴族的姑姑則被嘲諷性的文字粗野對待。法國所有的猶太金融家族一一遭受強烈譴責：「羅特希爾德、埃爾朗格（Erlanger）、希爾施（Hirsch）、伊弗魯西、邦姆貝爾格（Bamberger）、卡蒙多、史登（Stern）、卡恩・丹佛……這些國際金融家族。」家族間的複雜聯姻也被無止境的重複構建出一張心機算盡的駭人蜘蛛網絡，而當莫里斯・伊弗魯西迎娶法國羅特希爾德家族領袖羅特希爾德（Alphonse de Rothschild）的女兒碧翠絲時，這張網絡更牢固了。這兩個家族如今可說是同一個家族了。

這些反猶太主義者必須把猶太人拉回他們來到法國以前的所在，剝奪他們在巴黎的高雅生活。一本反猶太小冊《好猶太人》（*Ce Bons Juifs*）中描述了一段莫里斯・伊弗魯西與友人的虛構對話：

「聽說你不久就要去俄國？」

「大概兩、三天之內就會動身。」K說。

「好！」莫里斯・伊弗魯西回說，「如果你去了奧德薩，就到證交所告訴我父親我的消息。」

K答應了，他辦完奧德薩的商務工作後，果真前往證交所跟伊弗魯西的父親打聲招呼。

「你知道，」K曾聽人這麼說，「如果你想辦好事情，找猶太人準沒錯。」

伊弗魯西的父親來了，這名面容令人敬畏的希伯來人留著骯髒的長髮，穿著滿是脂垢的毛皮大衣。

K將訊息告訴老人，然後轉身正要離去。突然間，他感覺有人拉他的衣服，接著聽到伊弗魯西的父親對他說：

「你忘了該給我的一點薄利。」

「你說的薄利是怎麼回事？」K驚訝反問。

「親愛的先生，你是個聰明人。」這位羅特希爾德女婿的父親回道，他賣力地鞠躬，頭幾乎要磕到地上，「我是奧德薩證交所的珍稀之物；每當陌生人沒來由的來看我，他們總會送我一份小禮物。因此我的兒子每年叫一千名訪客來此，幫助我損益兩平。」

堆起笑容，這位高貴的大家長又說：「他們很清楚，有一天他們會得到回報的……我的兒子！」

伊弗魯西家族，小麥之王，他們既因身為暴發戶而遭到厭惡，也因身為資助者而受到歡迎。前一刻他們還讓人想起那名奧德薩穀物商，那名穿著滿是脂垢的大衣、伸手要錢的大家長，而下一刻，碧翠絲顫顫巍巍戴著鑲滿數百枚細長黃金穀穗的頭飾，現身在上流社會的舞會中。莫里斯，楓丹白露大城堡的城主，他在與碧翠絲．德．羅特希爾德的結婚證書上注明是「地主」，而非銀行家。這絕非一時筆誤。對猶太人來說，擁有土地仍是相對嶄新的經驗：因為一直要到革命之後，猶太人才擁有完整的公民身分，猶太人被錯認為——根據一些評論者所言——不具完整能力的成人。在《忠於本色的雅各先生》（*Original Mr Jacobs*）中有一段冗長的評論提到，只要看看伊弗魯西的生活方式就知道了：「對小古董、零碎雜物的喜愛，或者是猶太人對財物的熱情，通常都和孩子氣有關。」

我對於這些兄弟在這種狀況下如何生活感到納悶。他們是否只是聳聳肩不當回事，或者的確受到這些事情的牽累，例如不斷有人低聲誹謗，腐化的謠言四起，以及持續高漲的怨恨情緒，像普魯斯特小說裡敘事者所回憶的場景：「每當我帶新朋友回家，我祖父幾乎都會哼唱歌劇《猶太女人》（*La Juive*）：『噢，我們祖先的上帝』，或者『以色列，打斷他們的鎖鏈』……老人一聽到新朋友的姓名，便會大聲叫道：『衛兵！衛兵！』如果受害者承認自己的出身，那麼我祖父……會看著我們，鼻孔邊出氣，嘴裡邊叨念著：『怎麼？居然把膽小的以色列人帶到家裡來了？』」

決鬥還是有的。雖然違法，但在年輕貴族、騎士俱樂部及軍官之間頗為盛行，多數都是年輕人之間無足輕重的地盤之爭。在《體育報》一篇文章所涉及的詆毀性內容羞辱了伊弗魯西的賽馬，引發了和記者的爭論，「這引來爭吵，以及與米歇爾．伊弗魯西會面時的敵視氣氛。」

但有些爭端卻透露出巴黎社會內部日益擴大且令人擔憂的裂痕。伊格納斯是個傑出的決鬥者，但拒絕決鬥尤其會被視為猶太人的弱點。一篇幸災樂禍的報導提到一起案例：米歇爾和加斯通．德．布雷特伊伯爵（de Breteuil）之間的商業往來，最終造成伯爵的巨額損失。米歇爾是個生意人，他不認為這種事足以構成決鬥的理由，因此拒絕決鬥。伯爵遭拒後返回巴黎，「俱樂部裡流傳著一則故事……他遇見伊弗魯西……以顯示差額的銀行券弄傷了後者的鼻子，因為用來固定銀行券的別針嚴重割傷這個小麥操作大王的大鼻子。米歇爾退出皇家街俱樂部，並捐出一百萬法郎給巴黎窮人……」這則故事以喜劇的形式廣為流傳——富有的猶太人令人討厭且毫無榮譽感，甚至連鼻子也沒有。

不過，他們並未因此而遭受指責——猶太人只是不知道如何才能舉止合宜。

米歇爾曾與魯伯薩克伯爵（Lubersac）進行一場艱困的決鬥，羅特希爾德家族有個親戚的名譽受損，可惜他太年輕而不能決鬥，於是由米歇爾代為參加。這場決鬥訂在塞納河上的大加特島舉行。「在第四回合中，伊弗魯西胸部受傷，伯爵的劍擊中他的肋骨……伯爵從一開始就奮力攻擊，結束時雙方並未依照慣例握手言和。伯爵搭乘四輪馬車離去，眾人歡呼『打倒猶太人』、『陸軍萬歲』。」

對巴黎的猶太人來說，保護自己及家族的榮譽是日益艱難了。

11「別開生面的五點鐘晚宴」

一八九一年十月，查爾斯帶著根付前往位於耶拿大道的新家。十一號住所比蒙梭街的伊弗魯西宅來得寬敞，外觀卻樸素許多——沒有蜷曲的家族標記、沒有石甕。這棟宅邸如此壯觀，反而更容易讓人忽略。我站著觀看了一會兒，樓層間更為挑高，意味著房間更寬敞了。查爾斯和兄長伊格納斯搬到這裡已是他們的寡母離世後三年的事。我決定碰碰運氣。我按了電鈴，向應門的女子說明來意。她笑容親切而慢條斯理地向我解釋，我完全搞錯了，這裡是私人住宅，而且她從未聽說過伊弗魯西家族。她盯著我直到我走回街上為止。

我感到憤怒。一星期後，我發現這對兄弟的房子早在一九二〇年代拆除重建。

新地區甚至比蒙梭街來得華麗。伊弗魯西家族抵達巴黎至那時僅二十年，他們終於有安定下來的感覺。這對單身兄弟的住所離朱爾斯和芳妮的宅邸約莫三百碼距離，後者的窗上飾有麥穗的紋章圖案，通往中庭的大門上也有兩人首字母交纏的圖樣。路易絲的豪宅位於正對面的巴薩諾街，這個地區處於戰神廣場北側，而艾菲爾鐵塔才剛剛矗立於此。這是個理想的居住地點：人稱「藝術之丘」。

查爾斯的品味不斷改變，他對日本工藝品的熱情也逐漸退燒，但這股風潮遍布得如此之廣，以致於到了一八八〇年代，幾乎人人家裡都收藏了日本工藝品；這些收藏品如今被當成小古董，猶如灰塵般在各處閒置的平台上盡皆可見。大仲馬在一八八七年說道：「如今一切都是日本風。」左拉在巴黎郊外的房子裡就充斥著日本物品，看起來有點可笑。當日本工藝品蔚為主流，當廣告欄上搖搖欲墜的腳踏車或苦艾酒海報像極了日本木刻版畫，人們變得更難指出日本風格的獨特之處。但此時仍然有一絲不苟的日本藝術收藏家，包括吉梅，他就住在隔壁，而且此時的藝術史知識也不若十年前那般混亂。龔固爾出版了葛飾北齋和喜多川歌的研究作品，賓格（Siegfried Bing）發行《藝術日本》（*Le Japon Artistique*）月刊，但他們不再依循查爾斯時尚圈中那種宗教狂熱似的風潮。

普魯斯特記錄下這個轉變的時刻，地點就在斯萬的愛人、亦即名聲欠佳的歐黛特的客廳裡：「面對十八世紀力量的入侵，遠東愈來愈後退……現在，歐黛特鮮少穿著和服出來見客，反倒常穿著明亮寬鬆的絲質華鐸風格*家居服。」

查爾斯身為評論家、收藏家兼管理者，也注意到人們對異國興趣的轉移。一名記者寫道，查爾斯「漸漸疏遠日本……並且愈來愈轉向十八世紀的法國，即邁森（Meisssen）與帝國時期**生產的

---

*華鐸（Jean-Antoine Watteau, 1684-1721）：法國洛可可時代的重要畫家，畫風華麗總是流露出一股憂鬱。他畫作中的女性常見身穿如布袋般寬鬆的長袍，因而稱之為華鐸裝。

**指拿破崙一世的第一帝國時期，之後提到帝國樣式，指的便是這段時期出現的建築和家具設計風格。這個時期又稱為新古典主義第二階段。

工藝品，而且他收藏了一些等級最高的作品。」在新家，查爾斯於工作室牆上掛了一系列織錦，上面以銀線織出孩子嬉戲的圖案。他設計了一處連列廳，以正式的淺色帝國風格家具配上青銅底座加以裝飾，而家具方面，他擺放了塞夫爾（Sévres）裝飾品及邁森瓷器——他還留心韻律的問題。然後，他掛上莫羅、馬奈與雷諾瓦的畫作。

普魯斯特筆下的格爾曼特公爵夫人熱烈談論這種在耶拿公爵住所裡親眼目睹的新古典主義家具：「這些入侵到我們家裡的家具，人面獅身像蹲伏在扶手椅的椅腳旁，蛇纏繞在分枝燭臺上……所有龐貝燈、小巧的船形床看起來彷彿漂浮在尼羅河上。」床上有個妖豔的女人伸展著身體，感覺像一座浮雕，看起來猶如莫羅的畫。

搬到新居之後，查爾斯以一張帝國樣式的床替換了原本的那張大床。這張波蘭風格的床鋪懸掛著絲綢。

在巴黎的二手書店，我找到米歇爾與莫里斯部分藝術收藏品的出售目錄，這些藝術品在他們離世後四處散佚。一名交易商針對鐘表開價，但沒有成功，目錄上記錄了每件物品出售的價格：法國十五世紀天文鐘，內鑲青銅製黃道帶，一萬零七百八十法郎。瓷器、薩逢里地毯、布榭（François Boucher）的畫作、細木護壁板及壁氈等，這些物品充分說明伊弗魯西家族希望完全融入社交圈。而我漸漸理解，查爾斯在年近四十五歲之際開始對帝國風格畫作和家具有所偏好，原因似乎不只是因為要創造出生活的整體樣貌，更是要主張核心的法蘭西特質以及適切的歸屬感。或許，這麼做也能在彼此排擠的異端和查爾斯做為品味仲裁者的權威生活間，納入更多的空間。帝國不是羅特希爾德風格，也絕非猶太人風格，它屬於法蘭西。

我在想，根付在這裡看起來會是什麼樣子：正是在這些正統的房間裡，查爾斯逐漸疏遠了根付。查爾斯位於蒙梭街的房間尚未「學會彼此間的光影對談」；這些光影早已被醒目的黃色扶手椅橫擋。這些房間是不同事物的堆積體，任人隨意撿拾與處理。然而，我覺得查爾斯正日漸顯赫。他被巴黎一名才智人士稱為「奢華的查爾斯」。這裡的觸摸減少了：你不敢從青銅底座拿起那些邁森花瓶，並且隨心所欲的打量。查爾斯離世後，一名評論家形容這些房間的擺設是同一種風格中的翹楚：「華麗、精巧且帶點冷漠」。我認為，冷漠的說法很到位，因為我曾在蒙梭街尼西姆．德．卡蒙多博物館裡，暗自越過天鵝絨繩索摸了一下帝國樣式的安樂椅扶手，實際的感覺確實如此。

我發現很難想像打開玻璃陳列櫃，隻手伸進櫃裡，在爬行的象牙幼犬以及在木桶裡洗澡的女孩這兩枚根付之間盤旋，猶豫不決，難以抉擇的感覺。我不確定這種行為在新居是否適合。

在他們的新居所裡，這對兄弟舉辦更大型的晚宴和晚會。一八九三年二月二日，《高盧人報》在社交新聞欄有一篇報導。「為了向瑪提爾德公主致敬，昨日在查爾斯與伊格納斯．伊弗魯西先生自宅舉辦了一場別開生面的五點鐘晚宴。」一文中提到：

> 公主殿下在加爾布瓦男爵夫人（Galbois）的陪同下，抵達位於耶拿大道的華麗沙龍，巴黎與國外上流社會人士共計兩百餘人齊聚於此。
>
> 讓我們來一一介紹吧：

多松維爾伯爵夫人（Haussonville）身穿一襲黑色綢緞；毛奇維費爾德伯爵夫人（von Moltke-Hvitfeldt）同樣一襲黑衣；里昂公主身穿深藍天鵝絨；莫尼公爵夫人（Morny）是黑色天鵝絨；路易．德．塔列蘭—佩里戈爾伯爵夫人（Louis de Talleyrand-Périgord）是黑色綢緞；尚．德．加奈伯爵夫人（Jean de Ganay）是紅色搭配黑色；古斯塔夫．德．羅特希爾德男爵夫人是黑色天鵝絨……路易絲．卡恩．丹佛伯爵夫人是淡紫色天鵝絨；艾竇加．史登夫人（Edgard Stern）是綠灰色；瑪努埃爾．德．易圖爾布夫人（Manuel de Yturbe），娘家姓狄亞斯（Diaz），是淡紫色天鵝絨；詹姆斯．德．羅特希爾德男爵夫人是黑色；卡蒙多伯爵夫人，娘家姓卡恩，是灰色綢緞；貝諾瓦—梅辛男爵夫人（Benoist-Méchin）是黑色天鵝絨與皮草等。

男賓客方面，名人也包括在內：

瑞典大臣，歐爾洛夫王子（Orloff）、薩根王子（Sagan）、尚．伯爾格斯王子（Jean Borghése）、莫丹侯爵（Modéne）、佛朗先生（Forain）、邦納（Bonnat）、羅爾（Roll）、布朗許（Blanche）、史倫貝爾格（Charles Yriarte Schlumberger）等。

里昂．傅爾德夫人與芳妮．伊弗魯西夫人負責接待賓客，她們一個穿深灰色禮服，另一人則是亮灰色。

高雅的公寓大受好評，特別是大沙龍路易十六，在這裡，有人讚美國王米達斯的頭像，這是足以令羅比亞驚奇的事物，人們也欣賞查爾斯．伊弗魯西的房間，全然是最純粹的帝國風格。

這場宴會熱鬧非凡，有匈牙利吉普賽人演奏極其優美的樂曲。瑪提爾德公主直到七點鐘才離開耶拿大道。

對於兩兄弟來說，宴會相當成功。報導提到當天是個寒冷而明亮的夜晚，而且剛好滿月。耶拿大道路面寬闊，中央的法國梧桐一路展開，我想像絡繹不絕前往宴會場所的馬車阻塞了道路，屋內傳來吉普賽的悠揚樂曲。我想像路易絲頂著金紅秀髮，身穿淡紫色天鵝絨，宛如提香畫裡的人物，步行回到幾百碼外的巨大偽文藝復興風格宅邸及她丈夫的身旁。

只是到了隔年，要辦一場「別開生面的五點鐘晚宴」卻成了難事。一八九四年，畫家布朗許（Jacques-Émile Blanche）評論道：「賽馬俱樂部對以色列王子的餐桌敬而遠之。」

一八九四年爆發了「德雷福斯事件」，往後十二年動盪著整個法國，並導致巴黎分裂。德雷福斯（Alfred Dreyfus）是法國參謀總部的猶太軍官，遭指控為德國間諜，證據則是從字紙簍裡找到的一張偽造紙條。雖然參謀總部很清楚證據是捏造的，但德雷福斯仍被軍事法庭宣判有罪。他在一群怒吼著要處決他的群眾面前被撤除軍銜。街上公然販售玩具斷頭臺。德雷福斯被送往魔鬼島，終身監禁在單人監獄。

幾乎就在德雷福判刑的那一刻起，要求重審的行動就此展開，由此引發反猶太者激烈且極端的反對：民眾認為猶太人企圖推翻合理的正義。猶太人的愛國心遭受抨擊：從支持德雷福斯的舉動中，猶太人證明了猶太人身分才是他們第一優先考量，法國不過是第二順位。而依舊是俄國公民的查爾斯及其兄長，便是典型的猶太人。

兩年後，證據指出，另一名法國軍官埃斯特拉吉少校（Esterhazy）才是偽證的幕後黑手，埃斯特拉吉在軍事審判的第二天獲判無罪，反觀德雷福斯則再次被判有罪，甚至虛構出更多的偽證支持這場騙局。儘管左拉藉由刊登在一八九八年一月的《曙光報》（*L'Aurore*）上的〈我控訴……！〉慷慨激昂地向總統陳情，德雷福斯仍於一八九九年被帶回法國，三度判處有罪。左拉則遭判犯下誹謗罪並逃往英格蘭。直到一九〇六年，德雷福斯才洗清冤屈。

這起事件的餘波導致社會分裂成同情德雷福斯，以及反對德雷福斯兩大陣營。友情生變、家族日漸疏遠，猶太人和隱而不顯的反猶太分子恆常聚會的沙龍也變得劍拔弩張。在查爾斯的藝術家朋友中，竇加變成最野蠻的反德雷福斯人士，自此不再和查爾斯及猶太裔的畢沙羅說話。塞尚（Cézanne）也相信德雷福斯有罪，而雷諾瓦對查爾斯和他的「猶太藝術」則懷有強烈的敵意。

伊弗魯西支持德雷福斯是基於信念和意願，以及相當直接的理由——他們生活在公眾眼光下。一八九八年仲春，某個朋友在寫給紀德（André Gide）的信中提到，他在耶拿大道伊弗魯西宅邸門外聽到一名男子跟自己的孩子一問一答。「誰住這裡？」「骯髒的猶太人！」伊格納斯結束一場在鄉間的晚餐飯局後，自巴黎北站返家時遭到跟監，警方將他誤認為流亡的左拉。一八九八年十月十九日，反德雷福斯的《高盧人報》報導：「五名探員整夜盯梢。弗雷庫爾巡官在下午抵達，派出傳喚左拉出庭的命令。弗雷庫爾相信左拉藏身在伊弗魯西的住處……左拉若膽敢返回國內，勢必逃不過警方銳利的眼睛。」

在伊弗魯西家族內部更是一場奮戰：查爾斯與伊格納斯的外甥女芬妮是他們已過世的妹妹貝蒂留下的可愛女兒，她的先生西奧多．萊納赫（Theodore Reinach）身兼考古學家和希臘學者，來自顯赫的法國猶太裔知識分子家庭。而西奧多那投身政壇的兄長約瑟夫——日後出版的權威著作《德雷福斯事件史》（*Histoire de l'affaire Dreyfus*）一書作者——更是為德雷福斯辯護的重要推手。約瑟夫於是成為反猶太主義的避雷針，德魯蒙的諸多憤恨無不衝著這位「偽法國人的化身」而來。這位「猶太人萊納赫」在軍事審判中被剝奪軍銜，並在離開左拉的審判庭時遭到毆打，淪為全國性惡意誹謗的對象。

對查爾斯來說，巴黎已經變了樣，他是被拒於門外的「上流人士」，受到其他藝術家排斥的贊助者。我思忖著那是什麼感受，於是想起了普魯斯特筆下格曼特公爵的憤怒：

> 目前斯萬所在乎的……他們告訴我，他公開支持德雷福斯。我真不該相信他，這個美食家、行事務實者、收藏家、古書鑑賞家、馬會成員、廣受各方敬重、熟識所有上流人士、經常贈予我們夢寐以求的上等波特酒、藝術愛好者、重視家庭的男人。啊！我太失望了。

在巴黎，我時常出入檔案館、往來於舊宅與辦公室，或者流連博物館之間，這一刻顯得漫無目的，卻在下一刻又過度期待。我正展開一場追憶之旅。我口袋裡的根付是一隻身上帶有斑紋的狼。而查爾斯的形象是如何交織而成普魯斯特筆下的斯萬，委實太過不可思議而難以察覺。

我不時檢視查爾斯．伊弗魯西和查爾斯．斯萬兩人的共同之處。在我展開旅程前，我知道就最廣義的說法，查爾斯是普魯斯特筆下角色中兩個主要原型人物之一——據說，是較次要的那一個。在潘特（George Painter）於一九五〇年代出版的普魯斯特傳記中，我曾讀到一段貶低查爾斯的評論（「波蘭猶太人矮胖、蓄鬍、醜陋，舉止笨拙粗野」），但當時僅視為一般描述。另一個普魯斯特承認的原型人物是魅力十足的紈褲子弟及俱樂部會員查爾斯．哈斯（Charles Haas）。他是上一輩的人，既非作家也非收藏家。

如果我的狼一定要有第一個擁有者，我希望是斯萬——果決、受人喜愛而且優雅——但我不希望查爾斯消失在資料來源和文學註腳裡。查爾斯對我來說是如此真實，以致我擔心在研究普魯斯特時失去他；而我對普魯斯特的涉入太深，以致無法視他的小說為美好年代的一首離合詩。「我的小說沒有鑰匙。」普魯斯特一再重複說道。

我試著找出真實的查爾斯與虛構查爾斯之間明確相符之處，以及他們生活輪廓的共通點。我說「明確」，卻沒想過當我著手動筆之際，卻發現這些相符之處觸目皆是。

他們都是猶太人，他們都是上流社會人士，他們的社交範圍從王室（查爾斯引領維多利亞女王巡行巴黎，斯萬是威爾斯王子的朋友）經沙龍，再到藝術家工作室。兩人都是藝術愛好者，著迷於義大利文藝復興時期的作品，尤其是喬托（Giotto di Bondone）與波提切利；他們對於深奧的威尼斯十五世紀圓形浮雕多所鑽研。他們是收藏家、印象派畫家的資助者，在畫家朋友筆下日光中的船上派對上顯得如此不協調。

他們皆有著藝術方面的作品：斯萬撰寫維梅爾，查爾斯則是杜勒。他們以自身「在藝術方面的豐富學識……建議社交圈女士該入手什麼畫作，以及如何裝飾住所。」伊弗魯西和斯萬都是紈褲子弟，也都獲頒榮譽軍團勳章，他們的人生跨越日本主義，直達帝國主義新品味。兩人都支持德雷福斯，而且發現自己細心營造的生活因猶太身分而遭到撕裂。

普魯斯特融會貫通真實與虛構，他的小說穿插了一連串的歷史人物——諸如史特勞斯夫人與瑪提爾德公主——而以明顯的真實人物重塑而成的角色亦融合其中。小說裡的偉大畫家艾爾斯提爾把對日本主義的迷戀拋諸腦後，儼然成了一名印象派畫家，他身上帶有惠斯勒和雷諾瓦的元素，卻又別具活力。同樣地，普魯斯特的角色出現在真實的畫作前，小說中到處充斥著視覺結構，不只是在提到喬托與波提切利、杜勒與維梅爾、莫羅、莫內及雷諾瓦之時，也出現在觀賞畫作、收藏畫作以及回憶觀看之物之際，領悟畫作的片刻記憶。

斯萬輕意能捕捉到相似之處：歐黛特看著波提切利的畫，男僕收到曼提尼亞（Mantegna）畫作時的側影。查爾斯也是如此。我不禁感到好奇，我那位講究齊整、在瑞士別墅花園的小石子路上也極力維持白色連衣裙、一塵不染的祖母，是否知道查爾斯為什麼彎下腰弄亂她美麗妹妹的頭髮，並將她比擬成雷諾瓦畫中的吉普賽女郎？

邂逅斯萬時，他既風趣又迷人，卻也含蓄寡言「如上鎖的櫥櫃」。他遊走於世界，吸引人們注意他喜愛的事物。我想著這名愛上斯萬女兒的年輕敘事者如何拜訪斯萬一家人，不但受到殷勤的對待，還向他介紹貴重的收藏品。

這就是我心中的查爾斯，費盡心思向年輕朋友、向普魯斯特介紹他的藏書及畫作，他以敏銳的眼光誠實寫下對物品和雕刻的看法，賦予世上的事物生命。我理解。我第一次看著莫里索的畫也是如此，我試著往後退幾步，再往前走幾步。由此我聆聽馬斯奈的樂曲，凝視薩逢里地毯，並且認定日本漆器值得我思索良久。我逐一拿起查爾斯的根付，想著他會如何挑選。而後，我思及查爾斯的內斂。他屬於巴黎這個花花世界，但從未放棄俄國公民身分。他一直擁有這塊祕密腹地。

查爾斯跟父親一樣患有心臟痼疾。德雷福斯從魔鬼島被帶回法國接受第二次荒謬的審判，並於一八九九年再度定罪時，查爾斯剛好五十歲。同年，帕特里寇（Jean Patricot）為他製作了一幅細緻的版畫，他凝神向下，神情內斂，他的鬍子依然修剪齊整，領結以珍珠固定住。此時的查爾斯對音樂遠較以往的投入，他同時成為格雷富爾伯爵夫人（Greffuhle）大型演奏會協會的贊助者：「他的建議獲得重視，而他也相當投入。」他幾乎不再買畫，只除了莫內所創作的諾曼第沿岸普爾維爾（Pourville）退潮時刻的岩礁。這是幅美麗的畫作，前景漸漸淡去的岩石，以及用奇妙筆觸表現海上若隱若現的漁人木簍。我覺得，這相當日本。

查爾斯的作品量日減，不過他對於《美術報》的工作依舊一絲不苟，他很清楚應該刊載什麼，「絕不能延誤，費盡心力在每一篇文章的每一處細節，從不停止追求完美」，而且樂於引薦新作者。

路易絲已另結新歡，對象是西班牙王儲阿方索（Alphonse），他比路易絲小三十歲，而且個性相當軟弱。儘管如此，卻是未來的國王。

新世紀開始之初，查爾斯迎來第一場堂兄弟在維也納舉辦的婚禮。查爾斯從小就認識維克多．馮．伊弗魯西，當時整個家族都住在一起，世代生活在同個屋簷下，每晚計畫著搬去巴黎的事。維克多是查爾斯最小的堂弟，他曾為這名鬱鬱寡歡的小男孩速描家中僕役的諷刺畫。伊弗魯西家族關係緊密，他們在巴黎和維也納的宴會中見面，在維琪和聖莫里茨共度假期，或者一起到芳妮的山中別墅避暑。他們共同擁有在奧德薩的生活——兩人出生的城市、從未被提及的起點。

在巴黎的三兄弟分別致贈結婚賀禮給維克多及他年輕的新娘艾咪．榭伊．馮．寇羅姆拉女男爵（Emmy Schey von Koromla）。這對夫婦將在環城大道的伊弗魯西大宅邸展開新生活。

帕特里寇在一九〇五年《美術報》上刊出的
查爾斯．伊弗魯西版畫，附隨著他的訃聞

朱爾斯與芳妮送給他們一張精緻的路易十六風格的鑲嵌細工書桌，桌腳由粗漸細，底端呈現鍍金的蹄形。

伊格納斯送給他們一幅十八世紀前的大師名畫：荷蘭畫家，暴風雨中的兩艘船。這大概是不斷逃避承諾的人對婚姻的暗諷。

查爾斯從巴黎為他們寄來一個特別且吸睛之物：一只黑色玻璃展示櫃，內有綠色天鵝絨層板，以及足以反射兩百六十四枚根付的鏡面背板。

第二部

維也納，一八九九年到一九三八年

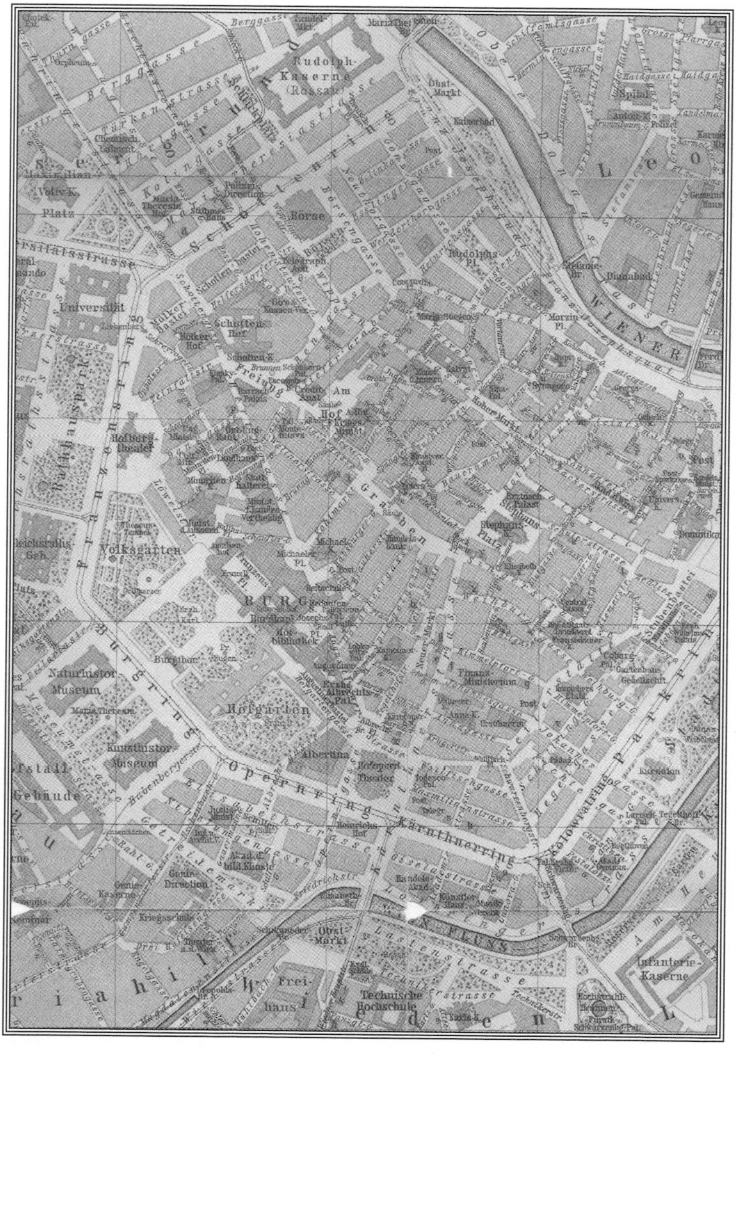

12 波坦金城

一八九九年三月，查爾斯送給維克多與艾咪的慷慨結婚賀禮，在謹慎裝箱後從耶拿大道運走，遠離了黃金地毯、帝國樣式的安樂椅與莫羅的畫。它橫越歐洲，平安運抵維也納的伊弗魯西大宅邸；這座宅邸就位在環城大道與蘇格蘭街的轉角處。

接下來我們不再與查爾斯同行，也不再介紹巴黎房屋的內部陳設，我們要開始讀《新自由報》（*Die Neue Freie Presse*），並且聚焦於十九、二十世紀之交的維也納街頭生活。時間來到十月，我發現自己花了近一年時間在查爾斯身上——比我想像的還要久，而且無端花了許多時間在德雷福斯事件上。我不需要換樓層，因為法國文學與德國文學在同一樓層彼此相鄰。

我很想知道我的兩枚根付——黃楊木刻的狼與象牙刻的虎——到了何處，於是訂了維也納的機票，啟程前往伊弗魯西大宅邸。

根付的新家實在大得不像話。它看起來像古典式建築的基本型，甚至讓伊弗魯西家族在巴黎的房子相形見絀。伊弗魯西大宅邸有科林斯式壁柱與多利亞式圓柱、石甕與楣樑、四個角落各有一座塔樓、成排的女像雕柱支撐著屋頂。一、二樓採用粗面砌築的方式，往上兩層則是淺粉紅色的磚石，五樓是女像雕柱。許多巨大、望之無盡而充滿耐心的希臘女子穿著短襯裙（大宅邸面向蘇格蘭街的這一側較長，有十三尊希臘女子像，另外六尊面向環城大道），看起來像沿著牆站成一排跳著糟糕的舞曲。我還是無法躲開黃金，柱頭與陽臺上鍍了大量黃金。房屋正面甚至有名牌閃閃發亮，但這個名牌看起來相當新，這座大宅邸現在已經成了奧地利賭場的總部。

我的觀察到此為止，或者應該說，我試圖好好觀察這棟房子，但大宅對面是個路面電車站牌，又剛好是地鐵出入口，人潮不斷流動，沒有地方讓我斜倚著牆停下來好好觀看。我試圖將屋頂的輪廓線與冬日天空做對比，卻差點走上路面電車的軌道。一名留鬍子、穿著三件式外套、頭戴毛帽的先生滔滔不絕向大家揭示我的漫不經心，我給了他不少錢才讓他離去。大宅在維也納大學主建築的對面，此刻正上演三場抗議活動——美國的中東政策、碳排放，以及跟學雜費有關的問題。他們大聲喊話互別苗頭，爭取過路的民眾連署。這個地方無法讓人久留。

這座宅邸大到一眼望不盡，在城市占據了太多空間，也占去太多天空。與其說它是個家，不如說它是一座城堡或守望塔。我試著衡量它的大小，顯然它絕非四處遊蕩的猶太人住的房子。然後我的眼鏡掉到地上，一根鏡架從連接處折斷，結果我必須用手掐著接縫處才能看清東西。

我在維也納，站在離佛洛伊德公寓前門的四百碼之處，中間還隔著一個小公園。我站在我父親家族的屋外，卻「看不清楚」，這算某種象徵主義的手法嗎？我低聲嘀咕著把眼鏡往上提，想看清眼前這個龐然大物——這證明我這趟旅程是件苦差事。我已經夠慌亂了，現在又添上這場意外。

於是我決定邊走邊瞧。我在學生群中擠出一條窄路，而我身處環城大道，我還可以移動，也能呼吸。

伊弗魯西大宅邸俯瞰蘇格蘭街，面朝著沃蒂夫教堂，維也納，一八八一年

然而環城大道是一條彎曲且充滿企圖心的大道，擁有令人屏息的雄偉規模。環城大道是如此巨大，以致於在建設時已經有批評家指出，它創造出一種全新的恐懼症——廣場恐懼症。維也納人怎麼這麼聰明，居然為自己的新城市創造出恐懼症。

皇帝法蘭茲．約瑟夫下令以維也納為中心建立現代首都，拆毀過去的中世紀城牆，填平昔日的護城河，新建築、市政廳、議會大樓、歌劇院、戲劇院、博物館與大學構成的巨大圓弧也逐漸出現。這條環城大道應該背對舊城，面向未來。環城大道要環繞維也納華麗優美的文明與文化，就像雅典那樣創造出華麗建築物的理想繁盛景象。

這些建築物既各自呈現不同的風格，而所有異質的建物又要結合成一個連貫的整體，構成歐洲最雄偉的公共空間：一道由公園與開放空間串連起來的環，英雄廣場、城堡花園與人民花園在人像的裝飾下，讓人民得以歡慶音樂、詩歌與戲劇的勝利。

為了製造出壯觀的景象，勢必進行龐大的工程。近二十年時間整座城市盡是塵土、塵土、塵土。克勞斯（Karl Kraus）說，維也納是在「摧毀的過程中成為一座偉大的城市」。

皇帝治下的所有公民從帝國一端到另一端——馬札爾人、克羅埃西亞人、波蘭人、捷克人、加利西亞與特里雅斯德的猶太人，所有十二個國家、六種官方語言、五種宗教，都將親眼見識這個帝王的、帝國的與皇家文明。

這項建設成功了。我發現要在環城大道停下來極為困難，過去讓人一眼就能看遍所有建物的承諾，似乎永無實現之日。這條嶄新大街無法由任一棟建築物支配，環城大道並未藉出逐步修整而烘托出某個宮殿或某個主教座堂。儘管如此，它確實持續而成功地拉扯著，從文明開化的某個偉大面向到另一個偉大面向。我不斷思索，從這些冬樹的裸枝間或許能看到一個明確的觀點；從我壞掉的眼鏡或許可以瞧見架構井然的時刻，而此時，風只是颳著我前進。

我離開這所新文藝復興風格的大學，信步來到一處巨大門廊，左右兩邊是數排拱形窗戶，每個壁龕裡陳列著學者胸像，屋頂上有古典哨兵站哨，黃金卷軸標示著解剖家、詩人與哲學家。

我走過市政廳，這是個令人產生奇想的哥德式風格建築。接下來我來到歌劇院，經過博物館與議會大樓。議會大樓由當時著名的建築師韓森（Theophilus Hansen）興建。韓森是丹麥人，他因為研究雅典的古典考古學而聞名於世，還設計了雅典科學院的建築。而在環城大道上，韓森為威廉大公建造環城大道府邸，然後是維也納愛樂協會（即金色大廳）、美術學院、維也納證券交易所及伊弗魯西大宅邸。他在一八八〇年代獲得許多委託，引來其他建築師的猜忌，他們懷疑韓森耍了陰謀，而「他的下屬是……猶太人」。

其實並沒有什麼陰謀，韓森只是了解他的客戶要什麼。他的議會大樓講究的細節是希臘風格，民主的誕生——巨大門廊的意義就是如此。城市的保護者，這是雅典娜雕像的意義。在每個地方都有些小東西，你一看就知道是用來奉承維也納人。我注意到議會大樓的屋頂還有戰車。

事實上，往上看，我發現所有的人像都朝高處聳立，以天空為背景。

延綿不斷的環城大道成為建築物的音樂序列，中間隔著公園，以人像加以強調。它擁有一種合於自身目的的韻律。從一八六五年五月一日以皇帝與皇后車隊經過做為正式通車後，環城大道就成為一個展示用的行進空間。哈布斯堡宮廷承襲了西班牙宮廷的繁文縟節，環城大道有的是機會展示複雜的宮廷行列。除了維也納的市步兵團行進在此每天慣例上演，重要節日也有匈牙利衛兵行進，或者是慶祝皇室生日、週年紀念、歡迎太子妃的儀隊，以及葬禮。所有衛隊穿的制服都不一樣：腰帶、飾帶、皮草裝飾、有羽飾的帽子與肩章。住在環城大道旁，免不了聽到行進樂隊的擊鼓聲。哈布斯堡的步兵團是「世界上制服最美麗的軍隊」，而且擁有舞臺可以比試。

我發現自己走得太快，彷彿要趕往某個目的地似的，然而事實上我還待在出發點。我記得這是為了提供緩慢行走而設的街道，克恩特納大街上儀式性地進行社交散步，遇見朋友、調情、道人長短，以及成為被注視的對象。在維克多與艾咪結婚時，維也納出現的許多有插圖的醜聞報刊上經常有些速寫：「一場散步時的豔遇」，從蓄鬍執手杖的男子到名聲不好的女人。薩爾騰（Felix Salten）寫道：「這裡固定會出現壅塞、時尚的騎士、戴單眼鏡的貴族、褲子線條筆挺的人士。」

這是個需要穿著體面的地方。事實上，環城大道是維也納公開展示華服之處。一八七九年，也就是維克多與艾咪結婚、查爾斯的根付送達的二十年前，馬卡特（Hans Makart）這名頗受歡迎且善於繪製歷史奇想畫作的畫家，精心安排了許多手工藝師傅為皇帝結婚二十五週年做準備。維也納的手工藝師傅分布在四十三個行會裡，每個行會都有自己的花車，各有裝飾風格。音樂家、傳令兵、矛兵與旗手在每座花車上來回穿行，每個人都穿著文藝復興服飾，而馬卡特則騎白馬、戴著寬邊帽引導著整個神氣活現的行列。我想到這種「式微」——一點文藝復興、一點魯本斯、一些假古典主義，正適合環城大道。

環城大道是如此具有自我意識的堂皇，還帶了一點德米爾（Cecil B. de Mille）的風格。對此，我是個不合格的觀眾。一名年輕畫家及建築系學生阿道夫．希特勒對環城大道有過發自內心的回應：「從早到晚，我看了不少感興趣的東西，但只有建築物最能吸引我的目光。我可以站在歌劇院前好幾個小時，我可以凝視議會大樓好幾個小時；對我來說，整條環城大道就像《一千零一夜》裡的魔幻之物。」希特勒將畫下環城大道上所有的偉大建物、城堡戲院、韓森的議會大樓、伊弗魯西大宅邸對面的兩棟偉大建築物、大學與沃蒂夫教堂。希特勒體會到空間可以用來進行戲劇性的展示。他從不同角度理解這所有的裝飾：它們表現出一種「永恆價值」。

環城大道的迷人是有代價的，許多建築用地都賣給了快速崛起的金融家與實業家，絕大部分被用來興建豪宅大院。這些類型的建築物實際上就是公寓，但它們擁有堂皇的外觀。你可以享受雄偉的宅邸風格，巨大的前門、陽臺與正對著環城大道的窗戶、大理石門廊，有彩繪天花板的沙龍，卻只住在一個樓層。這個樓層又稱「高尚樓層」，重要的會客室都在這裡，以大型跳舞大廳為中心。高尚樓層很容易辨識得出來，因為它在窗戶旁往往擺設著裝飾品。

由於這些新宅邸的居民很多都是較晚發跡的富人，意味著住在環城大道的主要都是猶太人。從伊弗魯西大宅邸沿大道往下走，我經過里本、托德斯科、埃普斯坦、謝伊・馮・寇羅姆拉、柯尼格斯沃爾特、沃爾特海姆、古特曼這些家族的宅邸，令人讚嘆的建築物顯示猶太家族彼此通婚，一連串建築也說明他們因財富而變得更加自信，猶太色彩與裝飾緊密結合在一起。

我走在路上，風拂著我的背，讓我想起在蒙梭街閒晃的情景。我記得左拉筆下貪婪的薩卡爾，他住在富裕但庸俗的大宅，房子硬生生突出到街道上。在維也納，住在雄偉宅邸外觀後的錫安街猶太人卻有些微不同的表現。在這裡少不了街談巷議，但猶太人似乎更融入社會，他們的舉止跟隔壁的非猶太人沒有什麼區別，因此就連維也納人也不容易看出他們是猶太人，他們得以順利隱沒在環城大道的建築物中。

穆齊爾（Robert Musil）在小說《沒有個性的人》（*Der Mann ohne Eigenschaften*）中，老伯爵萊斯朵夫沉思這個消逝的行為。這些猶太人拋棄了他們的裝飾根源，讓自己融入維也納社會：

> 只要猶太人下定決心說希伯來文，恢復舊姓，穿上東方服裝，那麼所謂的猶太人問題將消

失得無影無蹤……坦白說，一名剛在維也納賺進大筆財富的加利西亞猶太人如果穿上提洛人的傳統服裝，頭戴羚羊皮製成的帽子，就這樣出現在伊什爾的草地上，恐怕看起來還是不太對勁。然而，如果讓他穿上長而飄逸的袍子……想像他們漫步在環城大道上，在那個將西歐的優雅發展到極致的地方，世界上唯一一個你能看到戴著紅色土耳其氈帽的穆斯林、穿著羊皮衣的斯洛伐克人或裸露雙腿的提洛人的地方。

走到維也納的貧民窟利奧波德城，你可以看到猶太人過著猶太人該過的生活，十二個人一間房，沒有水，嘈雜的街道，他們穿著該穿的衣服，說著該說的暗語。一八六三年，當三歲的維克多從奧德薩來到維也納，維也納的猶太人還不到八千人。一八六七年，皇帝讓猶太人擁有相同的公民權，撤除了他們從事教育與擁有財產的最後一道藩籬。一八九〇年，維克多三十歲，此時維也納有十一萬八千名猶太人，許多新來者被前十年爆發的大屠殺所逼迫而從加利西亞遷居此地。猶太人也從波希米亞、摩拉維亞與匈牙利的小村落遷來，他們聚居的小城生活情況十分糟糕。他們說著意第緒語，有時穿著長袖束腰長袍：他們深受塔木德的遺產影響。根據受歡迎的維也納報章報導，這些新來者可能涉及儀式性的謀殺，當然也從事賣淫、叫賣二手衣物、揹著奇怪的籃子在城市各地販售物品。

一八九九年，也就是維克多與艾咪結婚那年，維也納有十四萬五千名猶太人。到了一九一〇年，歐洲只有華沙與布達佩斯的猶太人口超過維也納；其他地區只有紐約的猶太人口超過維也納。猶太人的發展過程獨特，新移民的第二代經常有傑出的表現。瓦瑟曼（Jakob Wassermann）在十九、二十世紀之交說道：「維也納這座城市的公共生活被猶太人所支配。銀行、報章雜誌、戲劇、文學、社會組織全數落入猶太人手中……我很驚訝有這麼多猶太醫生、律師、俱樂部會員、勢利人物、紈褲子弟、無產階級、演員、記者與詩人。」事實上，有百分之七十一的金融家、百分之六十五的律師、百分之五十九的醫生與一半的維也納記者都是猶太人。「《新自由報》由猶太人擁有、編輯與撰寫。」史提德（Wickham Steed）在討論哈布斯堡帝國的反猶太作品中說道。

而這些擁有完美外觀的猶太人消失了。維也納是一座波坦金城（Potemkin city），而猶太人是波坦金城的居民。正如俄國將領以木頭和灰泥建造一座城市，好讓視察的凱薩琳大帝印象深刻，同樣地，「環城大道只是一場巨大的騙局」，具煽動性的年輕建築師洛斯（Adolf Loos）寫道。維也納就是一座波坦金城。建築物的外觀與建築物本身毫無關係，石頭只是灰泥，只是為暴發戶準備的裝飾。維也納人必須停止生活在這樣的舞臺布景，只為了「不讓任何人知道他們是假的」。諷刺作家克勞斯贊同這種說法。「粉飾使生活變得卑劣。」更糟的是，在墮落的過程中，語言也被這種「災難性的混淆」感染。「語言是心靈的粉飾工具。」他們粉飾建築物，粉飾自己的個性，粉飾自己的日常生活：維也納成了虛假誇大之物。

根付被送到一個複雜的地方，我這麼想著。黃昏時分我繞了一圈回到伊弗魯西大宅邸，心裡平靜了許多。它之所以複雜，是因為我還不確定這些裝飾的意義為何。我的根付材料很簡單，不是黃楊木就是象牙，質地相當堅硬。它們不是波坦金，不是用灰泥與漿糊製成的，它們是有趣的小東西，我無法想像它們如何在這座有意識自我誇大的城市裡存活。

然而，沒有人可以指責這些根付的現實性，它們當然可以當成裝飾品，甚至以是一種充滿魅力之物。我納悶當查爾斯的結婚賀禮運抵維也納之後，它們是否能與此地搭配？

13 錫安街

當根付抵達大宅時，這棟房子已有近三十年的歷史，約與蒙梭街的伊弗魯西宅同時落成。這棟建築如同劇院般受人歡迎，這是維克多的父親，也就是我外高祖父所委託興建的。

在我講述的故事裡，讀者恐怕會遇見三位伊格納斯．伊弗魯西，剛好一個世代一位。最小的這位是後來住在東京的舅公伊吉。然後是查爾斯的兄長，也就是那位有著不少風流韻事又與人決鬥的巴黎人。最後是住在維也納的伊格納斯．馮．伊弗魯西男爵，他擁有多項榮銜，獲頒三級鐵十字勳章、因軍功而被皇帝封爵、擔任帝國顧問，獲頒聖歐拉夫騎士勳章、瑞典與挪威國王榮譽領事、比薩拉比亞羊毛勳章、俄羅斯桂冠勳章。

伊格納斯在維也納銀行家財富排名第二，他在環城大道擁有一棟大樓，還為銀行買下一整個街廓的建物。但這只是維也納的部分。我從帳目稽核中發現，一八九九年伊格納斯在維也納的資產達到 3,308,319 弗洛林（florins），約合今日的兩億美元；其中百分之七十是股票，百分之二十三是土地，百分之五是藝術品與珠寶，百分之二是黃金。我想他擁有的黃金肯定不少，同樣驚人的還有他擁有的頭銜。考量到他頭銜之多，如果他想在房子外頭增添更多的女像柱與鍍金應該無可厚非。

伊格納斯是奧地利邁入現代化時期的開創性人物。他隨父母與兄長里昂從奧德薩來到維也納。

一八六二年，多瑙河在維也納嚴重氾濫，河水甚至一度淹到聖史蒂芬大教堂的祭壇階梯，當時多虧伊弗魯西家族貸款給政府重建堤防與建築新橋。

我有一幅伊格納斯的肖像。畫中的他應該是五十歲左右，穿著一件相當美觀的寬翻領外套，打著寬領帶，上面用珍珠領帶針固定。蓄鬍，深色的頭髮由前額往後梳，以打量的眼神看向我後方，彷彿就要張嘴評論。

我也有一幅他妻子艾蜜莉的肖像畫，灰色的眼睛，脖子上掛著纏繞數圈的珍珠項鍊，垂落在黑色閃緞禮服上。她看起來也是一副吹毛求疵的樣子，而且每當我把這幅畫掛在家裡，都不得不再度將它卸下，因為她對我的家庭生活總是一副不以為然的樣子。在家

伊格納斯・馮・伊弗魯西男爵，一八七一年

族裡艾蜜莉向來有「鱷魚」之稱，她有著最吸引人的笑容——如果她真的笑了。伊格納斯曾與她兩個妹妹有染，還養了一堆情婦，在這種狀況下她如果還笑得出來，我只能說很不簡單。

在我的想像裡，我認為是伊格納斯選擇韓森擔任建築師，因為韓森知道怎麼做才能充分發揮象徵的效果。這位富有的猶太銀行家希望有一棟能戲劇化展現家族繁盛的建築物，一棟能與環城大道上的偉構平分秋色的宅邸。

伊格納斯與韓森於一八六九年五月十二日締約，市政府則是在八月底發放了建築許可。等到伊格納斯可以在伊弗魯西大宅邸工作時，韓森已經被封為貴族，現在的他是韓森男爵，而他的客戶也被封為騎士。伊格納斯與韓森對於建築立面的規模意見不一，平面圖上到處是修改的痕跡，顯示這兩名意志堅強的男人對於如何利用這個絕佳地點做了無數次的討論。伊格納斯要求能容納四匹馬的馬廄，以及可以「停二到三輛馬車」的馬車房。他的主訴求是一個專供他個人使用的樓梯，除了他，住在屋裡的其他人都不能使用。詳細內容都刊登在一八七一年《公眾建築報》（*Allgemeine Bauzeitung*）的文章，還附了精采的房屋平面與正視圖。未來的大院將是面向維也納的看臺，它的陽臺俯瞰這座城市，而這座城市將經過巨大的橡木門。

我站在外面。這是最後一次我可以選擇轉身越過馬路，搭上路面電車離開這棟家族大宅，把故事留在這裡。我做了個深呼吸，推開左門走進巨大的雙橡木門，穿過一條長而高但陰暗的走廊，頭頂上的天花板鋪著金色的平頂鑲板。我來到一處高五層樓、鑲著玻璃板的中庭，陽臺往內突出到這片廣大的空間裡。在我面前有一尊真人大小、肌肉發達的阿波羅雕像，在臺座上漫不經心地彈著七弦琴。

有幾棵小樹種在花盆裡，然後我來到一個接待處。我窘迫地說明自己是誰，這裡是我家族的房子，我想四處看看，希望這麼做不會造成困擾。「沒有問題。」一名充滿魅力的男子現身，他問我想看些什麼。

我能看的就是大理石；這裡有許多大理石。這麼說還不足以形容。所有一切都是大理石。地板、樓梯、樓梯牆、樓梯上的柱子、樓梯上方的天花板、天花板的裝飾板條。往左轉，我沿著家庭樓梯走上大理石階。往右轉，我進入另一個入口大廳。往下看，大家長的首字母呈現在大理石地板上：**JE**（代表 Joachim Ephrussi），上面加了小冠冕。在大樓梯旁有兩座比我還高的枝形燭臺，階梯不斷延伸，平淺而輕快。巨大二重門的門框也是黑色大理石做的——黑與金色——我推門進入伊格納斯．伊弗魯西的世界。

雖然房間全鍍上了黃金，卻非常的陰暗。牆壁上是一塊塊嵌板，每塊嵌板都貼上金箔。壁爐使用了大量的大理石，地板是繁複的拼花地板。天花板是複雜精細的嵌板，有菱形、橢圓形與三角形，並且加上鍍了厚厚一層黃金的裝飾板條，強調並以平頂鑲板營造出繁複的新古典主義渦卷圖案。在這些厚重的混合物之間還有花環與葉飾。所有嵌板都由格里本克爾（Christian Griepenkerl）予以彩繪，他是一名歌劇院觀眾席天花板的優秀裝潢師。每個房間都採取古典主義：在撞球室，我們看到一系列宙斯的征服——蕾妲、安提歐普、妲那埃與歐羅，帷幕揭開，每個女孩都用天鵝絨簾縵覆蓋著，旁邊有男童陪伴。音樂房有繆思女神的寓意畫；沙龍裡，許多女神遍灑花朵；較小的沙龍則是隨興的幾個男童。餐廳，極其明顯，有女神倒酒，以葡萄裝飾或吊著獵物。還有更多的男童，沒有特別的理由，坐在門口的過樑上。

我發現每件事物都井井有條，而且非常閃亮。大理石的表面晶亮，沒有什麼可供捉把的部分。這種缺乏觸覺的環境讓我有點恐慌，我觸摸牆壁，感覺有些溼黏。我以為我已經了解自己對美好年代建築物的感受，並且伸長脖子看清歌劇院波德里的天花板。但在這裡，一切變得貼近，而且更為個人。這裡充滿迫人的黃金，觸感的缺乏也很咄咄逼人。伊格納斯想做什麼？把評論者悶死？

在舞會大廳，從三面大窗戶望出去，越過廣場，可以遠觀沃蒂夫教堂，伊格納斯突然洩露了一點玄機。在這裡，在天花板、在環城大道其他宅邸，你或許可以看到一些令人喜悅的事物——有一系列以《聖經．以斯帖記》故事為主題的畫作：以斯帖被加冕為以色列皇后，她跪在穿著拉比袍的大祭司面前受到祝福，她的僕人則跪在她身後。然後是猶太人的敵人哈曼的兒子被猶太士兵殺死。

這是個美麗的結尾。以漫長而低調的手法表現自己的認同。在猶太家庭，無論多麼高貴或多麼富有，舞會大廳是唯一能讓你的非猶太人鄰居藉由社交了解你的地方。這是整個環城大道唯一的一幅猶太畫。這裡，在錫安街，有點錫安的味道。

14 歷史如實發生

這座放眼望去全是大理石的大宅，就是伊格納斯三個子女成長的地方。在父親給我的照片中，有一張三個孩子在沙龍的合照，他們僵硬地站在天鵝絨窗簾與棕櫚盆栽之間。史蒂芬是長子，英俊但看來相當焦慮。他每天都在辦公室裡跟著父親學習穀物交易。安娜長臉大眼，一頭大鬈髮，非常無聊的樣子，手上的相本好像快掉到地上了。她十五歲，除了上舞蹈課，每天就是跟著冷淡的母親搭馬車四處串門子。至於我外曾祖父，他是裡面最年幼的維克多，家人平日都用「塔夏」這個家族父祖輩的名字喚他。維克多穿著天鵝絨西裝，手裡拿著天鵝絨帽子與手杖。他的波浪狀頭髮深色而有光澤，從表情似乎可以看出他得到了某種承諾才願意乖乖離開教室，花一整個下午待在厚重的窗簾下拍照。

維克多的教室有一扇窗戶正對著建築工地，眼前的這所大學即將完工，一排排理性的圓柱彷彿在向維也納人揭示：知識是世俗與新穎的。數年來，這棟新蓋的家宅面向環城大道的窗戶總是籠罩在塵土與拆除之中。當查爾斯在巴黎沙龍與勒梅爾夫人談論比才時，維克多坐在伊弗魯西大宅邸聽他的德文教師普魯士人威瑟爾先生（Herr Wessel）講課。威瑟爾先生要維克多把吉朋（Edward Gibbon）的《羅馬帝國衰亡史》（*Decline and Fall of the Roman Empire*）譯成德文，並且從德國史家蘭克（Leopold von Ranke）說的「歷史如實發生」來說明歷史的演進過程。他對維克多說，歷史此刻正在發生；歷史就像風吹過小麥田產生陣陣起伏，從希羅多德、西塞羅、普林尼與塔西佗（Tacitus），經過一個又一個帝國，然後到了奧匈帝國，再到俾斯麥，直到現在新德國的建立。

威瑟爾先生說，要了解歷史，你還要知道奧維德，而且必須知道維吉爾。你必須知道英雄遭遇流亡、失敗與返鄉。因此，上完歷史課後，維克多必須背誦一部分的《埃涅阿斯紀》（*Aeneid*）。之後，我想這算娛樂吧，威瑟爾先生教導維克多歌德、席勒與洪堡德。維克多從中學到，喜愛德國就是喜愛啟蒙運動。德國意味著從落後中解放，代表著教養、文化、知識與邁向經驗的旅程。教養，指的是從說俄語到說德語的歷程，從奧德薩來到環城大道，從穀物交易到閱讀席勒。此後，維克多開始購買自己想讀的書。

從家族常規中不難了解，維克多應該是性格開朗的，而且勢必接受這種教育。維克多與查爾斯一樣算是多出來的兒子，因此不需要成為銀行家。史蒂芬接受各項訓練就是為了承擔家業，就好像里昂的長子朱爾斯一樣。幾年後，維克多在照片中二十二歲，看起來就像一名優秀的猶太學者，鬍鬚修剪得整整齊齊，以他的年紀來說身材稍嫌肥胖，穿著白色高領與黑色外套。當然，他有著伊弗魯西家族特有的鼻子，但最引人注目的是他的夾鼻眼鏡，顯示這名年輕人想成為一名歷史學家。事實上，在「他的」咖啡館，維克多總能依照老師教的來一段即席長篇演說，並且視現場情況做出反應。

每個年輕人都有自己的咖啡館，而每間咖啡館都有些微不同。維克多的咖啡館是格林史戴德爾，這家店開在赫伯斯坦大宅邸，離霍布堡皇宮不遠。這裡是年輕作家的聚集地，例如青年維也納派的詩人霍夫曼史塔（Hugo von Hofmannsthal）與劇作家史尼茨勒（Arthur Schnitzler）。詩人艾騰貝格（Peter Altenberg）的信總會寄到他桌上。這裡有堆積如山的報紙與全套《邁耶百科辭典》——德國用來與《大英百科全書》互別苗頭的作品，用來引發、回應或加添新聞報導的內容。你可以在這裡待上一整天，在高聳的拱形天花板下喝咖啡、寫作，或者閱讀早報——《新自由報》，然後等著下午的報紙送來。赫茨爾是《新自由報》駐巴黎通訊記者，他的住處就位於蒙梭街。他過去也曾在這裡寫作，提出荒謬的猶太國理念。據說就連侍者也會參與大圓桌的討論。諷刺作家克勞斯說過一句令人難忘的話：「這是一個世界末日實驗站」。

在咖啡館裡，你可以擺出憂慮孤立的態度。維克多的許多朋友都是這副調調，他們都是些富有的猶太銀行家與實業家的子弟，屬於在大理石砌成的環城大道豪宅裡成長的一代。他們的父親資助城市與鐵路的興建，藉此賺取大量財富，並將家人分散到歐陸各地。有些人由於達不到事業創始人的期待，索性待在咖啡館裡閒談。

這些紈褲子弟對未來都抱持相同的憂慮，擺在他們眼前的是家族事業的傳承，家人的期待逼著他們向前。這意味著他們必須與父母同住，每天活在金色天花板下，迎娶金融家的女兒，不斷參加舞會，以及明擺在眼前、不斷往人生盡頭延伸的商業工作。這也意味著環城大道上有錢人的典型風格——浮誇生活、過度自信，舉手投足都像個暴發戶；或者意味著，在晚餐後與父親的朋友在撞球室撞球，一輩子被囚禁在大理石的房子，受一群男童雕像監視。

這些年輕人要不是被視為猶太人，就是被當成維也納人，這與他們是否在這座城市出生無關。相對於土生土長的維也納人，猶太人擁有不公平的優勢，因為維也納人已經給予這些新來的猶太人自由。如英國作家史提德（Henry Wickham Steed）所言，這是：

> 給予聰明、機智、精力充沛的猶太人自由，讓他們在不設防與毫無競爭對手的公共與政治世界進行掠奪。這群從加利西亞與匈牙利入侵的猶太人，接受《塔木德》與猶太會堂薰陶，而後又受法律與陰謀詭計的訓練，當他們抵達時早已做好充分的準備。輿論不了解他們，所以並未提防他們。這些人與國家沒有任何利害關係，因此他們行事大膽，他們關心的只有一件事，那就是滿足自己貪得無饜的財富與權力欲……。

猶太人的貪得無饜是一個共同主題。他們不知道自身的侷限。反猶太主義的產生有部分源自日常的共同經驗，但維也納的反猶太與巴黎的反猶太，氣氛不太一樣。這兩個地方同樣公然，也同樣隱密。但在維也納，你可以預期自己可能因為看起來像猶太人而在環城大道被人將帽子打落（史尼茨勒《走上開放之路》〔*The Way into the Open*〕裡的艾倫貝格、佛洛伊德《夢的解析》裡提到自己父親），打開火車車廂窗戶時被人痛罵臭猶太人（佛洛伊德）、在慈善委員會開會時遭到冷落（艾蜜莉．伊弗魯西）、在大學課堂被「猶太人滾出去」這類咆哮聲給打斷，直到每個猶太學生拿起書本走人為止。

在維也納，言語的辱罵誹謗比巴黎來得更普遍。你可以讀到熊那勒（Georg von Schnerer）（他有如巴黎的德魯蒙）的最新宣示，或者聽到他在環城大道上公然使用粗暴的言詞在你窗戶底下吶喊。熊那勒後來成為泛德意志運動的創立者，他熱切批評猶太人，辱罵猶太人是吸血鬼，「敲著德國農民與工匠的小窗子。」他在帝國議會表示，就算這場運動不成功，「復仇者也會從我們的遺骨中爬起」，他將「為猶太壓迫者及其走狗帶來恐怖」，讓「以牙還牙，以眼還眼」的原則實現。對猶太人（象徵著成功與富裕）的不公義作為進行報復，在工匠與大學生之間特別受到歡迎。

維也納大學尤其成為民族主義與反猶太主義的溫床，大學裡的兄弟會率先起誓要將猶太人趕出大學。因此，當時有許多猶太學生認為，為了安全，要不是讓自己成為極為專精的專家，就是讓自己成為危險的劍術家。這些兄弟會也有所警覺，他們建立了「韋德霍芬原則」，意思是他們可以不跟猶太人決鬥，猶太人沒有榮譽感，也不應期待猶太人活得跟他們一樣：「我們不可能侮辱猶太人；因此，猶太人不能因為受到侮辱而要求決鬥。」當然，你還是可以痛打猶太人一頓。

魯格博士（Karl Lueger）是基督教社會黨的創立者，他和藹可親，說著一口維也納方言。他的追隨者把白色康乃馨插在翻領上的扣眼，儘管如此，魯格似乎是更為危險的人物。他的反猶太主義經過審慎地思索，較不明顯也較少煽動暴民行動。他認為反猶太不是一種信仰，而是一種必然：「與這些披著人皮的肉食性動物相比，狼、豹與虎倒像是人了……我們反對昔日的基督教奧地利帝國被新的猶太帝國取代。我們的仇恨不是針對個人，不是針對窮人，亦即那些底層猶太人。不，各位先生，我們不恨任何人，我們恨的是壓迫民眾的大資本，而這些大資本全部掌握在猶太人手中。那些猶太銀行家——羅特希爾德家族與伊弗魯西家族，才是我們敵視的對象。」

魯格獲得廣泛的支持，最後於一八九七年被任命為維也納市長，他滿意地表示：「以猶太人為攻擊對象是個完美的宣傳工具，讓我們在政治上更上層樓。」後來魯格與他為了獲取權力而出言攻擊的猶太人達成和解，他自鳴得意地說：「誰是猶太人，由我決定。」許多猶太人仍然感到焦慮：「維也納是世界上唯一一個由反猶太主義煽動者擔任市長的大城，這樣的名聲你覺得合適嗎？」雖然此時尚無反猶太的立法，但魯格長達二十年的言語攻擊使得民眾對猶太人的偏見逐漸被正當化。

一八九九年，當根付抵達維也納，帝國議會的議員可能已經提出射殺猶太人可以獲得賞金的呼籲。但在維也納，已經同化的猶太人面對這些極度無恥的說法卻認為，最好的回應就是不要太過大驚小怪。

看起來，我似乎還要再花一個冬天的時間閱讀反猶太主義。

實際站出來反對這類煽動語言的是皇帝本人。「我不會容忍我的帝國出現任何仇視猶太人的言論，」他說，「我完全信任以色列人對我的忠誠，他們永遠可以獲得我的保護。」葉里內克（Adolf Jellinek）是當時最著名的猶太傳道者，他公開宣示：「猶太人是徹頭徹尾支持王朝、支持皇帝的奧地利人。對他們來說，雙頭鷹就是救贖的象徵，而奧地利的顏色裝飾著他們的自由旗幟。」

咖啡館裡的年輕猶太人卻有不同的看法。他們生活的奧地利有一部分是君主世襲的帝國，有一部分是令人窒息的官僚制度，所有的決策都一延再延，而所有可嚮往的事似乎都以帝國與皇室為中心。你不可能進到維也納卻沒看過哈布斯堡的雙頭鷹或皇帝法蘭茲．約瑟夫的肖像，你處處可見他的八字鬍、鬢角及他胸前的勳章，而他那對祖父般的眼神則不停盯著你，從你買雪茄的商店窗戶，到餐廳侍者總管的小桌子前。你不可能搬到維也納居住而不受到大家族成員的密切關注——如果你年輕富有，而且又是猶太人。你做的每件事很可能成為諷刺雜誌的話題。

這個時代的本質已在大理石咖啡館桌上，以及這些認真年輕人之間有過詳細的討論。霍夫曼史塔是猶太金融家之子，他認為這個時代的本質是「多元性與不確定性」。他說，這個時代可以仰賴das Gleitende，即移動、滑行與滑動：「其他世代所相信的堅實事物，事實上都是滑動的。」這個時代的本質就是改變本身，這種現象反映在部分與斷裂、憂鬱與抒情，而非反映在「創建時期」*與環城大道的宏偉、堅實與像歌劇的合音上。史尼茨勒，猶太喉科教授之子，他說：「沒有地方是安全的。」

這股憂鬱與舒伯特〈告別〉（*Abschied*）中的死別相吻合。《愛之死》（*Liebestod*）則是回應方式之一。在維克多熟識的朋友當中，自殺的例子極為常見，這點頗令人吃驚。史尼茨勒的女兒、霍夫曼史塔的兒子、維根斯坦的三個兄弟與馬勒的兄弟都以自殺結束生命。死亡是一種擺脫塵世的方式，以此擺脫勢利、陰謀與閒言閒語，從而進入「滑動」的世界。史尼茨勒在《走上開放之路》列

*指德奧從十九世紀中葉到一八七〇年代中期為止的經濟繁榮期。

了一張自殺原因的清單，裡面包括了「寬限、債務到期、對人生感到無趣，或純粹用情太深。」一八八九年一月三十日，皇太子魯道夫大公殺死他的年輕情婦薇絲特拉而後自殺，這起事件似乎使得自殺獲得了皇室的認證。

我們知道伊弗魯西家族理性的孩子們不可能做出這麼極端的事。憂鬱是存在的，但它只能留在咖啡館，不應該帶回家。

儘管如此，還是有其他事情會帶進家裡。

一八八九年六月二十五日，維克多的姊姊，那位長臉但深具魅力的安娜，為了嫁給保羅・赫騰萊德（Paul Herz von Hertenreid）而改信天主教。安娜的理想丈夫名單有一長串，但她選擇了門當戶對的銀行家與男爵，儘管對方是天主教徒。赫騰萊德家族——我的祖母這麼形容——「總是說法語」。改信在當時還算普遍。我花了一天時間在塞騰斯特街猶太會館旁的猶太社區檔案館查閱維也納拉比的資料，這裡有在維也納的每一名猶太人出生、結婚與死亡的記錄。當我正尋找安娜時，檔案管理員過來了。「我記得她結婚的資料，」她說，「在一八八九年。她的簽名非常有力，充滿自信，字跡幾乎要透過紙張！」

我相信管理員的話，安娜似乎走到哪都很容易闖禍。一九七〇年代，我的祖母為父親製作家譜，上面有一些鉛筆註記。祖母寫道，安娜有兩個孩子。一個是漂亮的女兒，結婚之後跟著愛人逃到東方；一個是兒子，「未婚，餘不詳」。祖母還寫道：「安娜，臭老太婆。」

在安娜與銀行家的婚禮結束後十一天，家族事業的繼承人史蒂芬（他所受的訓練全是為了管理銀行，留著漂亮的八字鬍），居然跟父親的俄國猶太情婦埃絲蒂哈（Estiha）私奔了。埃絲蒂哈只會說俄語與「破德語」，關於這點，祖母也在家譜中記上了一筆。

史蒂芬立即被剝奪繼承權，他將得不到任何零用金，無法靠家產過活，也無法求助其他家族成員。這完全是《舊約聖經》式的放逐，尤其維也納人對於娶自己父親愛人這種事更無法接受。此後罪名一樁接一樁：有違孝道。以及在情婦的事情上未能充分溝通。後面這句我不確定是指什麼，是指責父親還是指責兒子，還是兩者都有？

這點暫且不論，總之這對情侶先逃到奧德薩，他們在當地還有朋友，聲譽也不像在維也納那麼敗壞。然後他們到了尼斯，接著不智地在蔚藍海岸過了幾天逍遙生活，可以想見他們身上的錢一定快花光了。一八九三年，奧德薩一份報紙報導，史蒂芬・馮・伊弗魯西男爵接受了路德派福音信仰。到了一八九七年，史蒂芬在一家俄國銀行的外貿部門擔任出納。一八九八年，他從巴黎第十區一家破爛旅館寄了一封信。他們沒有孩子，因此沒有多餘的繼承人打亂伊格納斯的計畫。我突然想到，史蒂芬與埃絲蒂哈流浪各地，投宿於破爛的旅館，他是否仍留著漂亮的八字鬍，等待著維也納發來的電報？

至於維克多的世界，則是像一本書一樣被猛然闔上了。

無論早上的咖啡館是何等景象，都與維克多無關了。此時的他突然間要負起龐大而複雜的國際商業事務。他初次接觸貨物與運輸，例如運往聖彼得堡、奧德薩、巴黎與法蘭克福的貨物等。維克多過去的寶貴時光並非花在這裡，他必須在最短的時間內學會別人希望他學會的事。這還只是個開始。維克多必須結婚，必須生小孩。明確的說，他必須生下兒子。他想撰寫拜占庭地方行政史的夢想破滅了，現在他必須克盡繼承人的角色。

我猜維克多一些緊張的小動作大概是在這個時候養成的，例如在摘下夾鼻眼鏡時臉部不自覺抽動，或下意識地用手抹臉，從眉毛抹到下巴。他這麼做是在整理思緒，或者換上一張屬於公眾的臉，抑或是在抹去私底下的臉孔，把它緊緊抓在手中。

維克多一直等到艾咪．榭伊．馮．寇羅姆拉女男爵滿十七歲才向這位他看著長大的女孩求婚。她的雙親，保羅．榭伊．馮．寇羅姆拉男爵與英格蘭出生的埃芙琳娜．蘭道爾，是伊弗魯西的家族世交，也是維克多父親的生意夥伴與環城大道上的鄰居。維克多與埃芙琳娜是親密的朋友，年紀相仿，同

年輕的學者──維克多，二十二歲，一八八二年

樣喜歡詩歌，在舞會中一起跳舞，而且結伴到科維徹什打獵，那裡是榭伊家族在捷克斯洛伐克的地產。

一八九九年三月七日，維克多與艾咪在維也納猶太會堂舉行婚禮。他三十九歲，充滿愛意；她十八歲，也充滿愛意。維克多愛的是艾咪，但艾咪愛的卻是某個藝術家，不過那個花花公子不想娶任何人，更何況是這個年輕的裝飾品。艾咪對維克多並沒有感情。

維克多夫婦收到從歐洲各地寄來的結婚禮物，早餐婚宴結束後，他們把禮物陳列在書房：祖母送的是著名珍珠項鍊；堂哥朱爾斯夫婦送的是路易十六時期的書桌；另一個堂哥伊格納斯送的是暴風雨中的兩艘船；叔叔莫里斯與嬸嬸碧翠絲送的是貝利尼聖母與聖子的複製品，外面用巨大的鍍金畫框裝裱；還有姓名不詳的朋友所送的大鑽石。此外，堂哥查爾斯送的玻璃展示櫃裡的綠色天鵝絨架上排列著根付。

之後，六月三日，舉行婚禮十週後，維克多的父親伊格納斯去世。這件事極為突然，因為在他倒下前依然工作不輟。我祖母說，他在伊弗魯西大宅邸去世，臨終前，艾蜜莉握住他的一隻手，而情婦則握住另一隻手。我想，這大概是另一位情婦，因為她既不是他兒子的太太，也不是他太太的妹妹。

我有一張伊格納斯臨終的照片，他的雙唇緊閉而堅定。他葬在伊弗魯西家族墓園。這個墓園中有一座多利亞式小神廟，伊格納斯將他建在這裡，可以俯瞰維也納猶太墓園裡伊弗魯西家族的墓地，而伊格納斯也將他父親，也就是大家長約阿希姆遷葬此處。我想這相當符合《聖經》傳統的做法，葬在父親身旁，並且預留空間給自己的兒子。遺囑中，他留了一筆錢給十七名僕役，例如貼身男僕多納鮑姆得到一千三百八十克朗，管家約瑟夫七百二十克朗，門房阿羅伊斯四百八十克朗，女僕阿德蕾得與艾瑪各一百四十克朗。他要維克多從他的收藏裡選一幅畫送給他的姪子查爾斯。突然間，我在這裡看到貼心的一幕，這位叔叔為他的年輕愛讀書的姪子留了一份紀念品，同時保留了姪子在四十年前的筆記本。我很好奇維克多在這些厚重的金色畫框中還發現了什麼。

於是，維克多與他的年輕新婚妻子繼承了伊弗魯西銀行，他必須擔負起連結維也納、奧德薩、聖彼得堡、倫敦與巴黎的重責大任。此外，遺產還包括了伊弗魯西大宅邸、位於維也納的幾棟建築、數量龐大的藝術品收藏，以及銘刻了雙E的鍍金晚餐餐具。另外還要照顧在大院裡工作的十七名僕人。

維克多向艾咪介紹她的新公寓或「高尚樓層」。她的評論一針見血：「這裡看起來好像歌劇院的門廳。」夫婦倆決定住在大院二樓，這個樓層天花板彩繪較少，門旁大理石也較少。伊格納斯的房間則偶爾用來舉辦宴會。

這對新婚夫妻，也就是我的外曾祖父母，可以從陽臺上俯瞰環城大道，也可以從這裡看到新世紀的到來。而根付——我那平躺在缽上睡覺的和尚，還有搔抓著耳朵的鹿——也有了新家。

15 「小孩子畫的巨大方盒」

這個玻璃展示櫃必須擺到某個地方才行。維克多夫婦決定把一樓保留下來紀念父親伊格納斯；至於維克多的母親艾蜜莉，感謝老天，她決定回到她在維琪的豪華飯店，她可以在那個溫泉勝地療養，對女僕頤指氣使。於是，這對夫妻擁有大宅的整個樓層。當然，這個樓層已經擺滿繪畫與家具，而且還有僕役，包括艾咪的新女僕，一個名叫安娜的維也納女孩。無論如何，這個樓層已經歸他們所有。

結束在威尼斯的漫長蜜月，維克多夫婦必須做出決定。這些象牙玩意兒要擺在沙龍嗎？維克多的書房還沒大到放得下這些東西。那麼圖書室呢？維克多反對放在圖書室。擺在餐廳角落那個布爾餐具櫃旁如何？這些地方似乎都不對勁。這不是「最純粹帝國風格」的公寓，維克多無法像查爾斯那樣在巴黎住所細心校準每件物品與畫作。這裡累積了四十年來富裕人家持續購買的「東西」。

這個放著美麗事物的巨大玻璃櫃從巴黎送來時，著實讓維克多感到為難，他不想把它擺出來，提醒自己別的地方存在著另一種生活。重要的是，維克多與艾咪不太確定查爾斯的禮物是些什麼。這些東西很美麗，小巧的雕刻有趣且精細，他喜愛的堂哥查爾斯顯然相當慷慨。然而，維克多在柏林的堂兄弟送的孔雀石鍍金鐘、一對地球儀和聖母像都可以立刻擺進沙龍、書房或餐廳，但巨大的展示櫃卻沒有辦法，它太古怪、複雜，而且相當龐大。

十八歲的艾咪長得十分標緻，打扮後更是美麗脫俗，然而除了出眾的外表，她也是有主見的女性。維克多願意聽從她對這些結婚禮物的安排。

艾咪身材苗條，有著淺褐色頭髮與漂亮的灰色眼珠。她明豔動人，更難得的是她的姿態美麗又優雅。艾咪有一副好身材，穿的衣服特別能襯托出細腰。

身為美麗年輕的女男爵，艾咪具備充分的社交教養。她成長於城市與鄉村，嫻熟社交禮節。艾咪在維也納的童年是在榭伊大宅度過，那是一棟雄偉而裝飾簡單的新古典主義建築，離她與維克多的新家步行只要十分鐘。對街就是歌劇院，中間隔著面容不悅的歌德銅像。艾咪有個魅力十足的弟弟名叫菲利普，大家都叫他皮普斯，另外還有兩個妹妹伊娃與格爾蒂，都還在襁褓中。

直到十三歲之前，艾咪由一名溫和順從的英國女家庭教師教導，但她只在意課堂秩序，因此艾咪的正式教育是一片空白。有很多事物她全然不知——歷史是其一，每當有人提起這些事物，她總是露出委婉的笑容。

艾咪實際學到的是語言。她說英語與法語時神情嫵媚，在家裡與父母說話總是交錯使用這兩種語言。艾咪熟知英語與法語的兒童詩，能大段引述《獵鯊記》與〈傑伯沃基〉*。當然，艾咪還會說德語。

在維也納，艾咪從八歲起就在平日下午學習舞蹈，如今她已是一個優秀的舞者，在舞會中深受熱切年輕人的歡迎，他們尤其被她細腰上繫的明亮絲質腰帶所吸引。艾咪的溜冰技巧就跟她跳舞一樣好。她懂得在父母舉辦的晚宴上面露微笑聆聽父母友人談論歌劇與戲劇，艾咪家從不把商場俗事帶進家門。他們與許多親戚保持連繫，包括某些作風相當前衛的親戚，如年輕作家史尼茨勒。

艾咪知道何時該興致勃勃地聆聽，何時該問問題，何時該笑，何時讓自己的頭呈現一定的角度去招呼另一名賓客，好讓跟她交談的人能看到她的頸項。艾咪有許多仰慕者，某些人見識過她突發的尖叫。艾咪的心情總是大起大落。

要在維也納過這種生活，艾咪必須知道如何穿著。母親埃芙琳娜只比她大十八歲，穿著打扮幾乎毫無瑕疵，而且只穿白色。一整年都是白色：從帽子到靴子，在多塵的夏季一天換三次衣服。艾咪的父母盡可能滿足她對服飾的熱情，部分是因為她在這方面確實有天賦。但用天賦來形容似乎太平淡，艾咪有一種異常的堅持或使命感，她喜歡修改衣物，讓自己看起來與眾不同。

艾咪年輕時參加許多扮裝舞會。我找到一本週末聚會的相簿，裡面有許多女孩打扮成十八世紀前大師畫作的人物合影留念。艾咪扮演提香筆下身穿天鵝絨與皮草的伊莎貝拉・德斯特（Isabella d'Este），其他親戚則裝扮成夏爾丹（Chardin）與皮耶・德・霍赫（Pierre de Hooch）的美麗女僕；我注意到艾咪在親朋好友之間的優越地位。另一張照片是年輕英俊的霍夫曼史塔與十幾歲的艾咪，他們打扮成文藝復興時期威尼斯人舉行婚禮假面舞劇的樣子。

---

*《獵鯊記》（*The Hunting of the Snark*）是路易斯・卡洛爾（Lewis Caroll）的作品。〈傑伯沃基〉（*Jabberwocky*）是卡洛爾《愛麗絲鏡中奇緣》裡的韻文詩。

艾咪婚後依然跟婚前一樣保有過去在捷克斯洛伐克的生活。榭伊家在科維徹什擁有一棟鄉村別墅，從維也納搭兩個小時的火車就可以抵達。科維徹什別墅是一座廣大而樸素的十八世紀宅邸（我祖母說它像「小孩子畫的巨大方盒」），座落在平坦的原野，周圍交錯著柳樹林、樺樹林與溪流。遼闊的瓦赫河從邊緣掠過，成了莊園的自然邊界。在這裡，你可以看見風暴從遠處通過，卻聽不見一點聲響。這裡有游泳池，池畔有一間看起來歷史悠久的摩爾式更衣小屋，還有許多畜欄與許多的狗。艾咪的母親埃芙琳娜養了一群戈登塞特犬——最早的母犬是裝在條板箱裡由東方快車運過來，這列豪華列車會在榭伊家莊園的小站停靠。還有她父親的德國短毛獵犬，可以協助獵捕野兔與鷓鴣。她的母親喜愛狩獵，懷有身孕的她即使快要分娩了，還是會帶著助產士與獵場看守人去狩獵。

在科維徹什，艾咪會騎馬外出追蹤與射擊野鹿，和獵犬一同追捕獵物。當我試圖把艾咪這兩部分的生活拼湊在一起，我感到有些驚訝。我心中對於猶太人在世紀末維也納的生活有著極其明晰的印象，大體是由佛洛伊德及咖啡館裡各種尖酸思想與言談所構成。與許多館長及學院人士一樣，我更喜愛「在二十世紀受盡苦難的維也納」。而現在，我講述的故事正進行到維也納，我聆聽馬勒的樂曲，閱讀史尼茨勒與洛斯，並覺得自己非常猶太人。

我對這個時代的印象當然沒有延伸到猶太人追蹤野鹿，也不包括猶太人討論哪些品種的獵犬適合獵捕哪些獵物。正當我不知所措時，父親打電話給我，告訴我他又找到一些照片，我手上的照片越來越多了。我可以看出父親對自己在這個主題上的搜尋成果感到滿意。父親到我工作室吃午餐，從超市購物袋裡拿出一本小小的白色書籍，他說，我不確定這是什麼，但它應該放進你的「檔案」裡。

這本書用柔軟的白色麂皮裝訂，書脊被曝曬磨損得很嚴重。書封標示著年份一八七八年與一九〇三年。書本外圍以黃色絲質緞帶綁住，我們將它解開。

裡面有十二張美麗的家族成員鋼筆畫，分別畫在不同的卡紙上。每張卡紙都加了銀邊，並且以分離派風格來設計裱框。每張圖各自以德文或拉丁文或英文題上神祕的四行詩，部分是詩，部分是歌曲的片段。我們覺得這一定是艾咪與她弟弟皮普斯為了慶祝保羅男爵與埃芙琳娜二十五週年銀婚紀念而送的禮物。他們的母親特別喜歡白色，所以他們使用了白色麂皮——她的帽子、禮服、珍珠與麂皮靴子，全都是白色。

其中一張銀婚紀念日鋼筆畫是皮普斯穿著制服坐在鋼琴前彈奏舒伯特的曲子，他受的是艾咪未受過的教育，他有適當的家教老師教導。他擁有許多藝術與戲劇圈子的朋友，遊走於各國首都，過著多采多姿的社交生活。他的服裝打扮就跟他姊姊一樣無懈可擊。我的舅公伊吉記得小時候全家到比亞里茨避暑，他曾看過皮普斯的飯店更衣間。衣櫃門是開著的，橫桿上掛著八套一模一樣的西裝。它們全是白色的，這幅令人驚奇的景象頓時讓人以為到了天堂。

皮普斯成為當時德國猶太小說家瓦瑟曼（Jakob Wassermann）筆下大受歡迎的小說主角，他是蘇格蘭小說家布臣（Buchan）《三十九級臺階》（*The Thirty-Nine Steps*）主角理查德·韓內的中歐版本。這名美學家主角是大公們的朋友，企圖擊敗那些無政府主義者。他對古版書與文藝復興作品如數家珍，搶救了許多罕見的珠寶，而且深受許多人的喜愛。這本書擁有許多熱情的書迷。

皮普斯彈奏鋼琴。出自歐爾布里希的分離派畫冊，一九〇三年

另一幅畫的是艾咪在舞會跳舞，一名苗條的年輕男子引領著姿態後傾的她，在大廳裡翩翩起舞。我想這位玉樹臨風的舞者大概是艾咪的親戚，而不是維克多。還有一幅畫的是保羅・榭伊，他手上的《新自由報》幾乎遮住他的臉，一隻貓頭鷹歇息在他背後的椅子上。埃芙琳娜溜冰。一對穿著條紋泳褲的腿消失在科維徹什的泳池裡。每張圖都有一小瓶白蘭地、葡萄酒或荷蘭杜松子酒，以及一小節樂譜。

這些鋼筆畫的作者是歐爾布里希（Josef Olbrich）。他是激進分離派運動的核心藝術家，也是維也納分離派展覽館的設計者。這座展覽館有一個貓頭鷹浮雕，以月桂葉構成的黃金圓頂。這是一處寧靜而高雅的避難所，在歐爾布里希筆下，外牆被描述成「白色而閃亮，神聖而純潔」。在維也納，一切都受到仔細檢視，因此不免出現尖酸刻薄的批評。有人開玩笑說，這是馬赫迪之墓，是火葬場。金銀絲細工圓頂是「甘藍菜的結球」。我仔細觀察歐爾布里希的畫本，發現這是一首失落的離合詩謎題，毫不可解。為什麼要畫白蘭地？為什麼有一小節樂譜？這是非常維也納的做法，以城市觀點看待科維徹什的鄉村生活。這是觀察艾咪世界的一扇窗，一個充滿家族玩笑的溫暖世界。

你怎麼會不知道自己有這些東西？我問父親。你床底下的皮箱，裡面還藏了什麼？

16 「自由廳」

我相信艾咪的維也納婚姻生活不會有太多令人費解之處。她跟一個非常不同的家族度過城市生活，而這樣的城市生活展現了一成不變的節奏，只要步行十分鐘，就能從童年老家來到另一座大宅院。

新的節奏從蜜月回來後不久便告展開，艾咪發現自己懷孕了。我的祖母伊莉莎白在婚禮後九個月出生。維克多的母親艾蜜莉（肖像畫裡的她戴著珍珠項鍊，看起來既和藹又無情）在伊莉莎白出生後不久去世，享年六十四歲。她葬在維琪，並未回到維也納與伊格納斯合葬。我猜她早已做好打算，死後要跟伊格納斯離得遠遠的。

伊莉莎白出生三年後，吉瑟拉也來到這個家庭，然後是伊格納斯，也就是小伊吉。這對謹慎的猶太父母幾番尋思，決定為子女取個深具維也納風格的名字。伊莉莎白得自受人喜愛的已故皇后，吉瑟拉則取自皇帝的女兒女大公吉瑟拉。伊吉是兒子，他的名字一目瞭然：伊格納斯．里昂這個名字得自已故的祖父及富有、無子、熱愛決鬥的巴黎伯父，還有已經去世的伯公里昂。巴黎的伊弗魯西家族只生了女兒。因此，感謝上帝，伊格納斯的出生代表家族終於有了男丁。伊弗魯西大宅邸有的是空間，可以讓幼兒房與教室隔得遠遠的，不受孩子的吵鬧聲干擾。

大宅邸每天都有自己的步調，對每個僕役來說，快慢各自不同。在走廊上將物品拿上拿下，提熱水到化妝室，為書房添煤，將早餐送進起居室，將早報送到書房，把餐點、洗好的衣物、電報、郵件（一日三次）、口信、晚餐要用的燭臺與晚報送到維克多的更衣室。

對艾咪的貼身女侍安娜來說，每日的節奏也是固定的。早上七點三十分，她會用銀罐裝著溫開水，連同英國茶一起端到艾咪臥房，這是一天的開始。一天的結束則在晚上九點，她要梳理艾咪的頭髮，端給她一杯水與一盤炭黑色餅乾。

在大宅庭院裡，一輛小型馬車與穿著整齊制服的馬車夫整日候著。兩匹拉車的黑馬，一匹叫里納爾達，另一匹叫阿拉貝拉。第二輛馬車準備載孩子到普拉特公園或美泉宮。馬車夫等待著，而門房阿羅伊斯站在通往環城大道的大門旁，隨時準備開門。

維也納意味著晚宴，布置的事總是談也談不完。每天下午，管家與協助的男僕開始擺放桌子，並用捲尺測量距離。他們討論鴨子是否順利從巴黎運來，是否在前一天順利裝箱送上了東方快車。還有花商，他們為晚宴運來一整排小巧的橙樹盆栽，樹上結的柳橙全都挖空填入冰淇淋果凍。當所有賓客抵達之後，孩子們可以透過窺視孔觀看。

午後在家中招待來訪的賓客，茶几上擺了銀製俄式茶炊，底下墊著巨大的銀托盤：茶壺、奶油罐與糖盆伸手可及，托盤上擺著德梅爾蛋糕店的露餡三明治與冰過的蛋糕。德梅爾可說是蛋糕店中的王者，它位於霍夫堡皇宮附近的柯爾市場。女士在大廳脫下皮草，軍官脫下平頂軍帽與佩劍，紳士帶著大禮帽與手套，將它們放在椅旁的地板上。

這一年，他們也做了一些安排。

一月是擺脫維也納寒冷氣候的時候。艾咪與維克多前往尼斯或蒙地卡羅，把孩子留在維也納。他們拜訪維克多的叔叔莫里斯與嬸嬸碧翠絲位於費拉岬的法蘭西之島別墅——現在的伊弗魯西．羅特希爾德別墅。他們讚美莫里斯夫婦收藏的法國名畫、法蘭西帝國風格家具、法國瓷器。他們讚賞改良後的花園，例如為了模仿阿爾哈姆布拉宮而挖空一部分的山坡與開鑿運河。此外，二十名園丁全穿著白色服裝。

四月，艾咪與維克多前往巴黎，仍然沒有帶孩子同行。他們住在芳妮位於耶拿廣場的伊弗魯西宅，艾咪到處購物，維克多白天則前往伊弗魯西公司辦公。巴黎已經變得不太一樣了。

查爾斯．伊弗魯西是受人喜愛的《美術報》老闆，獲頒榮譽軍團勳章。他支持藝術家，與許多詩人交好，蒐集了大量根付，而且是維克多最喜愛的堂哥。查爾斯於一九〇五年九月三十日去世，享年五十五歲。

報紙公告懇請未收到邀請函的人不用來參加葬禮。抬棺人為他的兩個兄長、特歐多爾．萊納赫、榭維尼耶侯爵（Cheveniers），他們噙著淚水。無數訃聞談到他「個性體貼」、正直與得體。《美術報》刊出一篇緬懷的訃聞，文章外圍環繞著黑框：

> 查爾斯．伊弗魯西是如此討人喜歡而心地良善，他的才思如此敏捷，然而（去年九月底）突然染病，旋即病逝，令所有認識他的人錯愕懊惱不已。在巴黎社交圈，特別是在藝文界，他

與許多人建立了友誼，接觸過他的人莫不受到他的魅力儀態吸引，他的精神崇高與心地善良也讓人欽敬。凡是到他府上拜訪的，都親眼見識到他迷人的風采，以及他獎掖後進的熱忱。即使跟他只是點頭之交，他也誠摯地視之為好友，這點相信大家都會同意。

普魯斯特寫了弔詞給撰寫訃聞的人。讀到《美術報》這篇訃聞的人，「原本不認識伊弗魯西先生的人會愛上他，而已經認識他的人，則感到往事歷歷盡在眼前。」查爾斯在遺囑中留給艾咪一條金項鍊，留給路易絲一串珍珠，將房地留給外甥女芳妮．萊納赫，她的丈夫是研究希臘的學者。

令人震驚的是，查爾斯那熱愛決鬥、到處追求女性的兄長伊格納斯．伊弗魯西，也在六十歲那年死於心臟病。他留給人們的記憶是他精於騎馬。他會在清晨騎著灰馬出現在布洛涅森林，人們可以從他的俄式馬鞍認出他。慷慨而一絲不苟的伊格納斯，留給伊弗魯西家族三名年幼的孩子伊莉莎白、吉瑟拉與伊吉一人三萬法郎，他甚至留了東西給艾咪的妹妹格爾蒂與伊娃。伊格納斯與查爾斯合葬在蒙馬特的家族墓園，與他們長眠已久的雙親與摯愛的妹妹做伴。

短暫拜訪巴黎之後，夏日隨之來臨，少了活潑的查爾斯與伊格納斯，頓時顯得冷清許多。七月，維克多與艾咪和好友古特曼一家（Gutmanns）相聚，他們是猶太金融家也是慈善家。古特曼家有五個孩子，所以伊莉莎白、吉瑟拉與伊吉也應邀到他們的鄉村宅邸連住幾個星期，也就是離維也納五十英里的雅伊德霍夫城堡。維克多則待在維也納。

八月，在瑞士的伊弗魯西山間別墅與巴黎的堂哥、堂嫂朱爾斯與芳妮一起度過。孩子也去了。

在這裡的生活無所事事，純粹休息，同時設法讓孩子安靜下來。有時聽朱爾斯夫婦說說巴黎的事，有時從飄揚著俄國旗的船屋裡駕船遊覽琉森湖，由男僕代為划船。他們與朱爾斯開車到琉森去看馬術比賽，之後又到胡格尼吃冰。

九月與十月，艾咪與孩子及父母待在科徹維什，此外還有皮普斯與許多親戚。維克多過來住了幾天。游泳、散步、騎馬與射擊。

在科徹維什，一群古怪人物負責教育艾咪的兩個妹妹，格爾蒂與伊娃，分別比艾咪小十二歲與十五歲。這些人包括了一名法國侍女，負責教導帶有巴黎口音的法語；一名年邁的學校老師，教讀寫與算術；一名來自特里雅斯德的女家庭教師，教德語與義大利語；最後是一名未能成名的鋼琴演奏家（米諾蒂先生），教導音樂與西洋棋。艾咪的母親給她們做英語聽寫，跟她們一起讀莎士比亞。還有一名維也納的老製靴匠負責製作白色的絨面革靴子，因為埃芙琳娜在這方面特別挑剔。這名靴匠有病在身，住在一間陽光充足的房間修養，被允許在此終老，他的職責就是為埃芙琳娜製鞋，並且照顧狗兒。

旅行家費爾莫（Patrick Leigh Fermor）在一九三〇年代徒步遊遍歐洲時，曾在科徹維什停留，他形容這個地方仍帶有英國牧師宅邸的氣息，屋內擺放了各種語言的書籍，書桌上凌亂放著鹿角與白銀製成的奇怪物品。這是「自由廳」，皮普斯以完美的英語歡迎費爾莫進到書房。這座科維徹什宅邸在孩子們還住在這裡的時候，整間屋子散發著一股恬淡自足的氣息。在我父親的藍色文件夾裡有一份泛黃的劇作手稿，劇名叫《大公爵》（*Der Grossherzog*），這是第一次世界大戰前的夏日，在科維撒什宅邸客廳裡由所有親戚粉墨登場的戲碼。兩歲以下的嬰孩與狗不得入內。

米諾蒂先生每天晚飯後都會彈鋼琴。孩子們玩「金氏遊戲」，把諸如紙盒、夾鼻眼鏡、貝殼——有一次還嚇人地擺上皮普斯的左輪手槍——等東西放在托盤，有三十秒時間供大家觀看有哪些物品，然後蓋上亞麻布，大家把記得的盤子上的物件寫下來。有些無趣的是，每次都是伊莉莎白贏。

皮普斯也邀請他的各國朋友前來科徹維什小住。

十二月，維克多全家待在維也納過耶誕節。雖然他們是猶太人，卻還是準備了許多禮物慶祝。艾咪的生活似乎不完全嵌在寶石裡，也嵌在琥珀中。每個時期的故事無論平凡還是珍貴，全被保存了起來。我因此想起一年前我放下所有工作所承諾的任務，當我不斷在過去的伊弗魯西大宅邸走動，根付似乎被拋到了腦後。

我在維也納的巴隆內斯旅社續住下去。飯店人員修好了我的眼鏡，但眼前的世界似乎還是有點歪斜。我無法甩開心中的焦慮。倫敦的叔叔幫我蒐集資料，還找到了祖母伊莉莎白的十二頁回憶錄，裡面提到在大宅的生活。我帶著這些資料來到祖母成長的地方，而且就在這裡閱讀她的回憶錄。某個陽光普照的早晨，空氣仍相當冷冽，我把回憶錄帶到中央咖啡館，光線透過哥德式窗戶灑進來。咖啡館裡有個塑像，是作家艾騰貝格拿著菜單的樣子，每件東西都很乾淨，而且小心翼翼地擺設著。我想，這應該就是維克多待的第二家咖啡館，直到一切變調為止。

中央咖啡館，這條街，維也納本身就是一座主題公園：一座世紀末電影的布景，閃閃發亮的分離派風格。小出租馬車在穿著長大衣的馬車夫駕駛下緩緩掉頭。侍者留著當時特有的八字鬍。史特勞斯無所不在，從巧克力店鋪滲流到每個地方。我一直期待馬勒走進來，或是和克林姆展開一場辯論。我一直想著多年前念大學時看過的一部可怕電影。場景到了巴黎，畢卡索不斷走過，史坦（Gertrude Stein）與喬伊斯（James Joyce）一邊喝著保樂酒，一邊討論著現代主義。這是我在這裡遭遇的問題，我知道自己被一個接一個陳腔濫調攪擾了心神，我的維也納已經越來越稀薄，逐漸變成其他人的維也納。

我已經讀了奧國猶太裔小說家羅特（Joseph Roth）的十七部小說，其中有些場景是哈布斯堡帝國末年的維也納。在《拉德茨基進行曲》（*The Radetzky March*）中，特羅塔（Trotta）把自己的家產存在伊弗魯西銀行。伊格納斯．伊弗魯西在《蜘蛛網》（*The Spider's Web*）中被描繪成富有的珠寶商：「他身材高瘦，總是穿著黑色，外披一件高領外套，只露出黑色的絲質襟飾，以榛實大小的珍珠加以固定。」他的妻子，美麗的伊弗魯西太太是個「典雅的貴婦人，雖然是猶太人，但依舊是個貴婦。」每個人都過著輕鬆愜意的生活，年輕而苦澀的非猶太人主角特歐多爾是伊弗魯西家的家教，他說：「伊弗魯西家是其中最無憂無慮的……金框畫作懸掛在大廳，穿著綠色與金色制服的男僕向你鞠躬，然後護送你進來。」

真實的一面總是滑出我的手心。我的家族在維也納的生活投射到好幾本書中，就像查爾斯出現在普魯斯特筆下的巴黎。伊弗魯西家族的受人厭惡，總是不斷在小說中浮現。

我感到躊躇。我發現自己並不了解同化的猶太家族是怎麼回事，我就是無法理解。我只知道他們不做什麼：他們從不上猶太會堂，但會堂的拉比仍擁有他們的出生與婚姻記錄。我知道他們向以色列文化協會支付會費，並且捐款給猶太慈善團體。我曾到猶太墓園看望約阿希姆與伊格納斯的墳地，看到年久失修的鐵門，我曾想著要出錢予以修復。錫安主義似乎未能引起他們的興趣。我記得赫茨爾寫信給他們尋求金援卻遭到拒絕，赫茨爾因此寫下粗魯的評論：伊弗魯西家族，投機者。我在想，該不會是錫安主義這種強烈的猶太特質令他們感到困窘，不想引人注目的他們因此對這類活動興趣缺缺。或者是，他們已然認定自己的家園就在錫安街或蒙梭街，不認為自己需要另一個錫安。

同化是否意味著他們永遠不會遭遇赤裸裸的歧視？是否意味著了解自己社交世界的界線，而你必須謹守分際？維也納跟巴黎一樣也有騎士俱樂部，維克多也是會員，但猶太人不能擔任幹部。這是否讓他感到介意？我們知道已婚的非猶太女性絕不會造訪猶太家庭，不會留下名片，也不會參與無窮無盡的下午茶會。維也納意味著只有單身的非猶太人，如門斯朵夫伯爵（Mensdorff）、魯比恩斯基伯爵（Lubienski）、年輕的蒙提努歐佛親王（Montenuovo），才會留下名片，並且接受邀請。一旦結婚，他們永遠不會再到訪，無論晚宴多麼豐盛，而女主人多麼美麗。這一點他們難道毫不在乎？這一切雖然隱微，卻不折不扣是一種粗魯的侮辱。

我在維也納之行的最後一天早晨拜訪了維也納猶太社區檔案館，它就位於猶太巷外的猶太會堂旁，旁邊有警察站崗。在最近一次大選中，極右派贏得三分之一的選票，沒有人知道這座猶太會堂是否會成為目標。為了預防威脅，我必須經過重重的安檢設施。終於入內之後，我看著館員拿出檔案記錄，一份份攤在講臺上。出生、婚姻與死亡、宗教改信，維也納猶太人的一切都忠實地記錄於此。

一八九九年，維也納猶太人擁有自己的孤兒院與醫院、學校與圖書館、報社與雜誌社。全市有二十二間猶太會堂。我發現，我對這些設施一無所知：伊弗魯西家族已經完全同化成維也納人，也因此隱身於維也納之中。

17 甜美的年輕女孩

伊莉莎白的回憶錄令人振奮：十二頁不帶感情的文字，是她在一九七〇年代為兒子寫下的。「我出生的那棟房子至今猶在，外表沒有什麼變化，就位在環城大道的轉角處……」她詳述家中的日常瑣事，記下了馬的名字，引領我走過大宅每個房間。我想，最後我一定會找到艾咪收藏根付的地方。

如果艾咪走出幼兒房之後右轉，沿著走廊就會來到天井旁。這裡有廚房、碗盤洗滌室、食品儲藏室與銀餐具室（這裡白天可是銀光閃閃），艾咪繼續走過管家房間與僕人宿舍，到了走廊盡頭，所有女僕都住在這兒，這裡的房間窗戶全朝著天井，金黃色陽光透過玻璃製的天井屋頂照進來，唯獨空氣不夠新鮮。艾咪的侍女安娜也住在這裡。

如果艾咪走出幼兒房之後左轉，那麼就會來到客廳。她在客廳裡吊了一些淡綠色錦緞。地毯是非常淺的黃色，家具是路易十五時代的貴重品，椅子與扶手椅用的是鑲嵌的木頭與青銅的底板，另外還有寬條紋的絲質坐墊。有些桌子是特殊場合才用得上的，上面擺著小古董。有張大桌子擺著錯綜複雜的茶具，留待艾咪大展身手。有一架從沒彈過的大鋼琴、一個文藝復興時期的義大利櫥櫃，這個櫃子有摺疊門，內面上了漆，小巧的抽屜明明不是拿來玩的，孩子們卻這麼做。伊莉莎白走到拱門兩根盤繞而上的金柱之間，往上一按，暗門裡一個迷你小抽屜「刷」地一聲彈了出來。

這些房間光線充足，銀器、瓷器與光亮的木器映照出顫顫巍巍的光影，椴樹的樹蔭也延伸到屋內。在春天，每週都有花朵從科維徹什送過來。這裡是擺放堂哥查爾斯送的展示櫃與根付的理想之處，不過它們不在這裡。

出了客廳，旁邊就是書房，這是整層樓最大的房間。它被漆成黑與紅，就像伊格納斯樓下的房間一樣，鋪著黑與紅的土耳其地毯，牆上靠著巨大的黑檀木書櫃，此外還擺了幾張菸草色皮革扶手椅與沙發。天花板吊著黃銅製的大型枝狀吊燈，燈的下方是一張黑檀木桌，鑲著象牙，桌旁擺了一對地球儀。這是維克多的房間，數千冊書籍羅列在牆上，包括他的拉丁與希臘史、德國文學與詩歌，以及辭典。有些書櫃蒙上了一層金質的細網罩，而且上了鎖，鑰匙就串在他的錶鏈上。還是沒有看見展示櫃。

出了書房，旁邊是餐廳，牆上掛著以狩獵為主題的高布林花毯（Gobelin tapestries），這是在巴黎的伊格納斯買的。從窗戶可以俯瞰天井，但平時窗簾拉上，因此房間裡一直很陰暗。餐桌想必整齊擺放著金質餐具，碗碟應該都刻上了穀穗和伊弗魯西的雙E，以及一艘張滿風帆在黃金海上航行的船。

金質餐具一定是伊格納斯的主意。這裡到處都是他的家具，文藝復興的櫥櫃、雕飾的巴洛克箱子、大到只能擺在樓下舞廳的布爾書桌。他的肖像畫也到處都是。許多十八世紀前的大師作品、神聖家族的畫像、佛羅倫斯的聖母像，還有一些十七世紀的荷蘭畫作，作畫者都是相當優秀的藝術家：沃維爾曼家族（Wouwermans）、凱普（Cuyp），以及一些追隨哈爾斯（Frans Hals）的畫家。有許多幅以年輕女子為主題的畫，有些是馬卡特的作品。在圍繞著「天鵝絨、地毯、守護神雕像、豹皮、小擺設、孔雀羽毛、櫃子與魯特琴」的房間裡，不同年輕女性穿著不同的服飾出現（穆齊爾尖酸地說）。這些畫全用厚重的金色或黑色畫框裝裱。在這些畫作中，在這個宛如展示廳的藏寶室中，還是不見擺滿根付的巴黎展示櫃的蹤影。

光線穿透天井玻璃屋頂照射下來，屋裡的一切，每幅浮誇的畫作與櫥櫃，似乎都在此立地生根，無法移動。穆齊爾對這種氣氛深有體會。年代久遠的大宅邸總是新舊雜陳，令人厭惡的新家具漫不經心地與前代遺留下來的華麗舊家具擺放在一起。大院的房間裡瀰漫著暴發戶炫富的氣息，一切都太過清楚分明，「在家具與牆上顯眼的畫作之間，幾乎擠不出任何空間，也聽不到日漸微弱的巨大聲響發出溫和清晰的回音。」

我想到查爾斯收藏的那些寶貝，我知道以他的性格一定會不斷搬動這些物品。查爾斯無法抗拒花花世界裡的珍奇之物：撫摸它們，研究它們，購買它們，不斷反覆排列它們。他把根付的展示櫃送給維克多夫婦之後，沙龍裡便騰出了空間，讓他可以擺設新的東西。他總是讓房間保持變化。

伊弗魯西大宅邸則剛好相反。在灰色玻璃屋頂下，整棟房子就像一座無法逃脫的展示櫃。

在這條兩旁分布許多房間的長廊兩端，分別是維克多與艾咪的私人房間。維克多的更衣間擺著櫥櫃與衣櫃，還有一面長鏡。這裡有一尊他敬愛的老師威瑟爾先生的石膏胸像。「威瑟爾先生是普魯士人，他是俾斯麥的崇拜者，凡是德國的一切他都讚賞。」房裡還有一件東西從未拿出來討論過，那是一幅非常巨大、且與房間完全不搭調的義大利畫作〈蕾妲與天鵝〉（*Leda and the Swan*）。在回憶錄裡，伊莉莎白提到她會「盯著那幅畫看，它非常巨大，每次我到那裡看父親換上漿好的襯衫與晚禮服，準備外出參加晚宴時，總是搞不清楚那是什麼東西。」維克多已經解釋過了，這裡已經沒有空間再放置任何擺飾。

艾咪的更衣間在走廊另一端，剛好位於整棟建築物的角落，從這裡可以俯視環城大道與遠眺沃蒂夫教堂，同時也能看到蘇格蘭街。房裡有一張美麗的路易十六時代書桌，那是朱爾斯夫婦送給他們的，桌腳呈現出柔和的彎弓線條，表面貼上金箔，一直延伸到最底下，全都是金色的。桌子的抽屜以柔軟的皮革為襯裡，裡頭放著艾咪的書寫紙與信件，她用彩帶將它們繫了起來。艾咪有一組全身三面鏡，讓她得以仔細端詳自己穿衣的樣子。這組鏡子占去了不少空間。房裡還有梳妝臺，臉盆架上擺了一個盆緣框上銀邊的玻璃臉盆，以及搭配的銀水罐與銀蓋子。

終於，我們在這裡發現了黑色的漆器櫥櫃——伊吉記得「它跟高大的人一樣高」，裡頭是綠色天鵝絨襯裡的架子。艾咪把展示櫃擺在自己房間，連同裝了鏡面的後板，以及查爾斯送的兩百六十四枚根付。我手上這枚有條紋的狼也在裡面。

把櫃子放在這裡可以說合理，也可以說不合理。誰會來艾咪的更衣間呢？這不是社交空間，當然也非沙龍。如果黃楊木烏龜與柿子和已經龜裂的象牙女孩泡澡雕刻都擺在這裡，擺在綠色的天鵝絨上，那麼，當家裡有聚會時，艾咪也就不用花工夫去解釋這些東西。維克多也毋須為此多費唇舌。然而，把展示櫃搬到這裡，難道不會感到困窘嗎？

還是說，他們原本就有意將根付放在公眾注視的範圍之外，遠離馬卡特所說的浮誇之物；抑或是，把根付放在只有艾咪才能進來的房間，因為她對這些東西感到好奇？或者，她不想讓這些東西沾染上環城大道的風格？在伊弗魯西擺滿黃金家具的閱兵場中，會讓人想近身把玩的東西並不多。根付是貼身的東西，因此放在私密的房間裡。有沒有可能，艾咪想擁有一件跟她公公伊格納斯風格完全無關的事物？帶點巴黎的魅力？

這是她的房間。她花很多時間待在裡面。她一天換裝三次，有時甚至更多。戴上帽子去看賽馬，別起蓬鬆的鬈髮收進寬邊帽底，這樣要花上四十分鐘。穿上華麗的舞衣，搭配胡薩爾的輕騎兵式樣外套，上面裝飾繁複的飾扣，花的時間就更長了。赴宴、購物、晚宴、拜訪、到普拉特公園和參加舞會，都必須梳妝打扮。當天穿的束腹、服裝、手套與帽子，每次打扮都得花上一個小時，把身上這套衣服脫掉後，馬上換上另外一套。每套衣服必須極為合身。安娜跪在她腳邊，從圍裙裡拿出針線包，不斷縫補調整。艾咪有很多皮草，剪裁合身的貂皮大衣、可以圍繞脖子的北極狐，以及纏繞著衣物的六英尺長熊皮披肩。安娜光是來回拿不同的手套給艾咪換穿，就要花上一小時。

艾咪打扮好，然後外出。那是一九〇六年冬天的維也納街頭，她與大公說話。當她交給他一束報春花時，兩人都笑了。她穿著細紋服裝：A字裙，褶邊加上深色切穿條紋的鑲片，上身是與裙子條紋搭配剪裁合身的朱阿夫外套（Zouave jacket）——這是步行時穿的服裝。為了穿這件衣服好在紳士街上行走，居然要花上一個半鐘頭：燈籠褲，薄織麻布或廣東縐紗製的無袖寬鬆內衣，腰部穿上束腹，長襪，吊襪帶，鈕扣鞋，裙子的掛鉤往上固定在束腹上，然後是短上衣或胸衣（此時她的

艾咪與大公，維也納，一九〇六年

手臂還空空如也），穿上高領而胸前有蕾絲裝飾的上衣，然後披上前面做了假裝飾的外套，她拿起小皮包——一個女用手提包，戴上項鍊、首飾、與身上穿的衣服搭配的塔夫綢條紋皮草帽子，白手套和鮮花。沒有香味，她並沒有噴香水。

更衣間裡的展示櫃就像哨兵一樣守護著一年兩次於春秋進行的儀式，也就是為即將來臨的季節選擇要穿的衣物。貴婦不會到裁縫師那裡挑選最新款式，而是由裁縫師將最新款式帶到家裡供她們挑選。裁縫老闆會親自到巴黎採購服裝，然後仔細將衣服包好放進大箱子，由一名年紀稍長、頭髮花白、穿著黑色西裝的紳士舒斯特先生（Schuster）負責將衣服送去給貴婦看。箱子成堆擺放在走道上，他則坐在這些箱子旁；由安娜一個個將這些箱子拿進艾咪的更衣間。當艾咪穿好時，安娜會帶舒斯特先生進入房間，詢問他有什麼看法。「當然他總是大加讚揚，不過，如果他發現媽媽似乎特別喜歡某一件，而且想試穿第二次，他會突然亢奮起來，說這件衣服絕對在『大聲呼喚著女男爵』。」孩子們正等待這個時刻，然後他們便近乎歇斯底里地尖叫著沿著長廊跑回幼兒房。

有一張照片是在艾咪婚後不久在沙龍拍攝的。當時她肯定已懷上伊莉莎白，只是在穿著上沒有顯現出來。她打扮得像瑪麗．安東妮特，白色連身長裙配上剪裁過的天鵝絨外套，整體感覺介於嚴謹與冷靜之間。她的長鬈髮符合一九〇〇年春季的流行髮式：「髮型跟之前相比較不僵硬；瀏海則絕對不准出

艾咪打扮成瑪麗．安東妮特的樣子，伊弗魯西大宅邸沙龍，一九〇〇年

現。頭髮先捲成大波浪，然後往後梳，盤繞成適度高聳的鬈髮……額頭上允許留一綹頭髮，任其自然地捲曲起來。」一名記者寫道。艾咪戴了一頂有羽飾的黑帽，一隻手扶著法式大理石頂抽屜櫃，另一隻手拿著手杖。她應該剛從更衣間下來，準備參加另一場舞會。她自信地看著我，知道自己的美貌無懈可擊。

艾咪有仰慕者——許多仰慕者。根據我舅公的說法，她為別人打扮得漂漂亮亮，並因此感到滿足。此外，她也從脫下衣服中得到相同的快樂。從婚姻一開始，她就已經有了不倫之戀。

這種事在維也納並不少見，但與巴黎略有不同。在維也納，餐廳都有獨立包廂，你可以像史尼茨勒《圓舞》（*Reigen*）或《巡夜》（*La Ronde*）裡所說的「里德霍夫」（Riedhof）的私人房間一樣，在包廂裡吃喝並且偷情。少了一點舒適與優雅。煤氣火燄繼續燒著，桌上留著沒吃完的菜餚——奶油糕點、水果、乳酪、匈牙利白酒。「丈夫」抽著哈瓦那雪茄仰身坐在沙發一角，甜美的年輕女孩坐在他身旁的扶手椅，從派皮裡舀起剛打好的鮮奶油，臉上充滿了愉悅……在世紀之交的維也納出現了一種「甜美年輕女孩」狂熱，「單純的女孩仰賴與家世良好的年輕人調情為生」。無止盡的調情。史特勞斯（Strauss）的《玫瑰騎士》（*Der Rosenkavalier*），內文為霍夫曼史塔所作——不斷變換的服裝、愛人與帽子，在懸而未決中享受樂趣，這在一九一一年屬於創新之舉，而且廣受歡迎。史尼茨勒遭遇了問題，他在日記裡透露了他的性事，他努力滿足兩名情婦的需求。

性在維也納是無可迴避的事，人行道四處可見娼妓，她們在《新自由報》的後頁刊登廣告：任何事，任何人，她們都能想辦法滿足。卡爾．克勞斯在他的日記《火炬》（*Die Fackel*）中引用幾則廣告：「尋找旅伴：年輕，友善，基督徒，獨立。有意者請洽『Invert 69』哈布斯堡街郵局待領處。」性也引起佛洛伊德的討論。在魏寧格（Otto Weininger）《性與性格》（*Sex and Character*）這部一九〇三年的暢銷書中，作者認為女性天性是非道德的，而且需要指引。在克林姆的畫作〈茱蒂絲〉（*Judith*）、〈妲娜埃〉（*Danae*）、〈吻〉（*The Kiss*）中，性是金色的，在席勒的翻轉身體中，性是危險的。

在維也納當個現代女性要順應潮流，可想而知，你的家庭生活需要有點自由空間。艾咪有一些親戚是基於家族利益而結婚，她嬸嬸安妮就是一個例子。每個人都知道艾咪的堂弟，孿生兄弟赫伯特（Herbert）與威托德（Witold）的親生父親是威爾徹克伯爵（Wilczek）。威爾徹克伯爵英俊迷人，是一名探險家，也是北極探險隊的建立者。身為已故王儲魯道夫的好友，他擁有幾座以魯道夫命名的島嶼。

我已經延誤了返回倫敦的時間。最後，我終於看到伊格納斯的遺囑，我想知道他怎麼分配遺產。阿德勒學會——維也納一個研究家譜的學會——只對會員開放，唯有星期三晚上六點之後才對外開放。學會辦公室位於佛洛伊德曾住過的公寓三樓，一整個大廳都供他們使用。我低下頭穿過矮門，走過一道長廊，上面掛著維也納歷任市長的肖像。左邊書箱擺著死亡與訃聞檔案，貴族的記錄則放在右邊，有布雷特出版社與歐洲王族家譜年鑑可供查閱。往下走，還有其他的檔案。最後，我看到有人為了寫研究計畫而在這裡查資料，他們拿著檔案，影印書籍。我不清楚家譜學會是怎麼運作的，不過這個學會顯然跟我想像的完全不同，突如其來的笑聲、學者大聲呼喊，呼喚同伴協助判讀難以辨識的字跡。

我非常巧妙地詢問我的外曾祖母艾咪・馮・伊弗魯西（舊姓榭伊・馮・寇羅姆拉）在一九〇〇年前後的交友狀況。當時可能有不少揶揄的說法。一百年前，艾咪的交友狀況不算祕密，大家都知道她有哪些愛人；有人提到一名騎兵隊的軍官，或是一名匈牙利的放蕩者，或是親王。恐怕艾咪有好幾套完全相同的衣服供她在不同的地方穿戴，讓她陪同丈夫或愛人外出。這些閒言閒語繪聲繪影，維也納人似乎毫無隱私可言。這讓身為英國人的我也感同身受。

我想到維克多，他父親對性貪得無饜，他的兄弟也是如此，我看到他在書房桌上用銀色拆信刀打開交易商從柏林寄來的褐色包裹；我看到他從背心口袋掏出用來點燃雪茄的火柴；我看到大宅的盛衰起落，如同水注入池中又流洩而空。我看不到的是維克多在艾咪更衣間裡看著展示櫃，打開它，然後拿出一只根付；我不確定他在艾咪更衣時會坐在哪裡跟她說話，而安娜在旁忙進忙出；我不知道他們到底談了什麼。西塞羅？還是帽子？

我看到他每天早晨上班前重新整理思緒，用手摩挲自己的臉孔。維克多走到環城大道，右轉，先轉入蘇格蘭街，然後左轉到他工作的地方。此時他已經有了一名隨員叫法蘭茲。法蘭茲坐在外面辦公室的書桌前，讓維克多可以安心地埋首閱讀。當維克多以美麗的字跡做著歷史筆記，多虧了外頭這些職員正確地製作出銀行的表格。他是一名中年猶太男子，愛著他年輕而美麗的妻子。

阿德勒學會找不到有關維克多的八卦消息。

我想著十八歲的艾咪，她剛把展示櫃放進玻璃大宅面向環城大道的角落房間；我記得班雅明曾描述十九世紀待在室內的女性。「女性被室內的裝潢擺設給重重包圍了，」他寫道，「看起來就像個羅盤盒，羅盤與附隨的配件被牢牢鑲在可摺疊的紫色天鵝絨盒子裡。」

18 很久很久以前

伊弗魯西大院的孩子有奶媽與保姆照顧。奶媽是維也納人，而保姆是英國人。由於保姆是英國人，特別安排了英式早餐，而且總是麥片粥與土司。中午是豐盛的午餐加布丁；然後是下午茶，搭配麵包、奶油、果醬和小蛋糕；之後是晚餐，搭配牛奶與燉水果，「讓她們的生活保持規律」。

遇上特別的日子，孩子必須參加艾咪的家庭聚會。伊莉莎白與吉瑟拉穿著筆挺有飾帶的細洋布服裝，伊吉看起來胖嘟嘟的，可憐的他必須穿著黑色天鵝絨的小王子套裝，裝飾著愛爾蘭花領。吉瑟拉有著明亮湛藍的雙眼，特別受到來訪貴婦的喜愛。當維克多一家拜訪查爾斯．伊弗魯西，查爾斯也說吉瑟拉像是雷諾瓦畫中的吉普賽女郎。吉瑟拉長得漂亮，但她母親艾咪卻（不小心）讓她的肖像沾上了紅色粉筆，喜愛攝影的艾伯特．羅特希爾德男爵（Albert Rothschild）於是要求帶她到他的工作室拍照。孩子每天都在英國保姆的陪伴下，由馬車接送到普拉特公園散步，那裡的空氣不像環城大道那麼烏煙瘴氣。一名男僕也會跟著去，走在孩子後面，穿著淡黃褐色長大衣，頭戴大禮帽，帽子上還鑲著伊弗魯西家的徽章。

孩子有兩個固定時間可以見到他們的母親：晚餐前的換裝，以及星期日早上。星期日早上十點半，英國保姆與女家庭教師會去英國教堂晨禱，而母親會來到幼兒房。伊莉莎白在簡短的回憶錄裡寫道：「兩個小時的神聖星期日早晨……母親快速地梳妝打扮，穿上簡單的黑裙，當然，裙襬及地，上身穿了一件綠色男式女襯衫，筆挺的白色高領與白袖口，頭髮高高盤起，看起來美麗而優雅。她的外表可愛，而且身上散發著一股香氣……」

他們帶著茶色封面的厚重圖畫書：杜拉克（Edmund Dulac）的《仲夏夜之夢》、《睡美人》，以及最好看的《美女與野獸》和當中的可怕人物。每年耶誕節，在英國的外祖母會從倫敦訂購朗格（Andrew Lang）的新童話書給孩子：灰皮、紫羅蘭皮、深紅皮、褐皮、橙皮、橄欖皮與玫瑰皮童書。一本書可以讓他們看上一年。每個孩子都有自己喜歡的故事：〈白狼〉、〈花島女

吉瑟拉與伊莉莎白，一九〇六年

王〉、〈終於找到恐懼的男孩〉、〈撿拾花朵的後果〉、〈跛行的狐狸〉、〈街頭音樂家〉。

在大聲朗讀下，朗格童話裡的故事不用半小時就能唸完，每個故事開頭都是「很久很久以前」。有些故事提到森林邊緣的小屋，這些森林像極了科維徹什的樺樹與松樹林。有些故事提到了白狼，就像獵場看守人在房子附近射殺的那匹狼；那是某個初秋早晨的事，看守人在馬棚前的空地向孩子展示了他的成果。或者就像榭伊大宅門口那尊青銅狼頭，每次他們經過時都會去撫摸它的口鼻。

這些故事充滿了奇異的相遇，例如耍鳥人的帽子與手臂上停著一群雀鳥——就像你在環城大道人民花園大門外看到的，孩子們圍著耍鳥人觀看表演一樣。或者是圍繞著小販。《乞丐》（*Schnorrer*）裡提到，一名小販把籃子掛在自己的黑大衣上，籃子裡放著鈕扣、鉛筆與明信片，他站在門口，面朝著法蘭岑環城大道。父親提醒孩子，看到這種人還是要有禮貌。

許多故事提到公主身穿華服，頭戴小冠冕，前往參加舞會，就跟艾咪一樣。許多故事也提到神奇的宮殿，裡面有一間跳舞大廳，就像伊弗魯西大院的一樓一樣。耶誕節時，那裡總是點滿了蠟燭，滿室生輝。所有的故事最後都以「劇終」及母親的吻做結，往後一整個星期就沒有故事可以聽了。艾咪很會說故事，伊吉說。

孩子能夠看到艾咪的另一個機會，是她梳妝打扮準備外出之際，這時孩子可以進入她的更衣間。

艾咪平時穿日常便服接待或拜訪朋友，然而如果要在家中舉辦晚宴，或出門聽歌劇、參加宴會或舞會，那麼艾咪就會好好打扮一番。此時所有的禮服都會擺在躺椅上，艾咪與安娜會仔細討論該穿哪一件出門。維克多在走廊一端收藏了奧維德與塔西佗的作品，還有那幅畫，〈蕾妲與天鵝〉。在走廊的另一端，艾咪會如數家珍地告訴你，她母親每一季換穿的衣物，衣服的長度，衣物重量與裙襬對儀態的影響，晚上披的肩巾質料，例如平紋細布、絹布與薄紗之間的差異。她熟知巴黎與維也納的流行時尚，懂得巧妙地搭配兩者。她尤其了解帽子：覲見皇帝時，她戴了一頂繫著大飾帶的天鵝絨帽子；無邊皮草帽飾以鴕鳥羽毛，適合搭配直統的緊身洋裝，外搭黑色皮草；此外還有最適合猶太貴婦參加小型慈善舞會時戴的帽子。帽緣的繡球花絕對可以吸引人們的目光。艾咪從科維徹什寄明信片給母親，提到她戴了一頂深色馬卡特帽：「維克多今天獵到一頭雄鹿。妳的感冒好點了嗎？妳喜歡我最近的藝術照嗎？」

艾咪更衣時，安娜會為她梳理頭髮，穿戴束腹，把數不清的鉤扣一一扣好。她會來回奔走為艾咪換上不同的手套、圍巾與帽子，讓她在三面鏡前細細端詳。

而在艾咪反覆試穿衣服時，孩子們也獲准進入房間把玩根付。鑰匙在黑色漆器展示櫃的鎖孔裡轉個幾下，櫃門就能開啟。

19 舊城的典型

更衣間裡，孩子各自選了自己喜愛的根付，然後在淺黃色地毯上把玩。吉瑟拉喜愛日本舞者，它手裡拿著扇子，緊貼著和服。伊吉喜歡的狼，深色四肢緊緊蜷曲起來，側面布滿淡色記號，雙眼閃著微光，仰天長嘯。他也喜愛捆好的引火柴，以及俯在碗上睡著的乞丐，露出光禿的頭頂。還有一條乾魚，魚鱗與魚眼清晰可見，一隻小老鼠站在上頭宣示此魚成了牠的囊中物；老鼠的眼睛是鑲嵌的黑玉。一名瘋癲的老頭露出瘦骨嶙峋的背部與凸出的雙眼，一邊啃魚，另一隻手還拿著章魚。伊莉莎白跟吉瑟拉與伊吉相反，她喜歡面具，她喜歡這些茫然出神的臉孔。

你可以排列這些雕刻，無論象牙製還是木刻，把全部十四隻老鼠排成長長一列，三隻老虎、乞丐、孩子、面具、貝殼、水果。

你可以依照顏色排列，從深褐色的枸杞到閃爍微光的象牙鹿；或者是依照尺寸大小。最小的是一隻鑲著黑眼咬住自己尾巴的老鼠，只比為了慶祝皇帝登基十六週年發行的洋紅色郵票略大一點。

或者，你可以將根付全部混在一起，這樣你的姊妹就無法找到那名穿和服的舞者。或者你可以讓所有的老虎將母狗與小狗團團圍住，母狗必須突圍，而牠也真的做到了。或者你可以找到一名女性在木澡盆裡洗澡，或找到更引人入勝的物件，表面上看起來像是一個貽貝殼，等你打開貝殼，才發現赤身裸體的一男一女。或者你可以用男孩被鐘罩住的根付來嚇唬你弟弟，鐘罩外還有巫蛇用長長的黑髮纏繞整座鐘罩。

你對你母親講述這些根付的故事，而她選擇了其中一個，並且開始對你講述這枚根付的故事。她選擇了孩子與面具的根付。她很善於說故事。

這裡的根付這麼多，你從未認真算過到底有幾個，也搞不清楚是不是每個都看過。而在這個內側裝著鏡面的展示櫃，根付持續向遠端延伸，永無止盡。它們是一個完整的世界，一個完整的扮演空間。直到時間到了，你必須把根付歸還原位，直到媽咪已經打扮好，選了自己喜歡的扇子與圍巾，然後她會給你一個睡前吻，你必須馬上把根付放回去。

根付擺回展示櫃裡，準備抽刀的武士站在最前面擔任護衛，鎖孔裡的鑰匙一轉，櫃子隨之上鎖。安娜重新整理一次圍在艾咪脖子上的皮草披肩與袖子上的垂飾。保姆會過來帶你們回幼兒房。

在維也納的房間，根付是用來賞玩的東西，但在別處卻被正經八百地看待。歐洲各地都在蒐集根付，最早蒐集根付的收藏家開始將藏品聚集起來，在德魯歐大樓拍賣。在巴黎擁有多間畫廊（「新藝術商店」是其一）的賓格，他努力撮合讓根付流入最想得到的人手裡。他是這方面的專家，寫了不少藏品介紹，這些藏品包括了已故的布爾提（擁有一百四十枚根付）、已故的龔固爾（一百四十枚根付），以及已故的加里（兩百枚根付）。

第一部以德文寫作的根付史於一九〇五年在萊比錫出版，附有插圖及保養維護及展示的建議。最好的做法是完全不要展示，把根付放在櫃子裡鎖起來，偶爾才拿出來賞玩。但作者哀怨地說，我們一定會有志同道合的朋友，特別是那些願意跟我們一起談論藝術好幾個小時的朋友。因此在歐洲，想把根付好好收藏起來是不可能的。如果你希望欣賞根付，你應該買個淺玻璃櫃，在裡面放兩排根付，櫃子後方底板最好是鏡面或綠色天鵝絨布。布洛克豪斯先生（Albert Brockhaus）在他那本大部頭的權威著作中提出不少批評，艾咪雖然沒讀過這本書，但她在臨環城大道的更衣間裡擺放展示櫃，卻無意間符合了他的指示。布洛克豪斯表示：

最好將根付放在玻璃櫃，避免暴露在塵土中，因為塵土會留在根付的孔隙，使浮雕容易損壞或失卻光澤，也讓雕刻品的魅力大減。當根付跟其他小飾品一起擺放在壁爐架，很可能會被粗心的傭人碰壞或掃落地面。有時就連客人到家裡來，這些小東西也可能夾帶在女士衣服的褶痕裡，被帶到不知名的地方。某天晚上，我有一枚根付在偶然間被一名女士給帶了回家，她穿過幾條街之後突然發現身上帶著這枚根付，於是趕緊送回來給我。

根付最安全的地方莫過於展示櫃。在大宅裡，艾咪絕不容許僕人粗心大意。曾有女僕因為讓托盤上的鮮奶油壺灑了出來而被她痛罵一頓。在沙龍，如果僕人表現得像糟糕的丑角，那麼後果就是捲鋪蓋走人。在更衣間，其他僕人只能拂拭家具的灰塵，只有安娜能為孩子打開展示櫃，不過在此之前，她必須先幫女主人把衣服一件件拿出來陳列才行。

根付不再是沙龍生活的一部分，也不再是機智遊戲的一環，不會再有人評論這些雕刻的品質，或批評上面的綠鏽已經褪色。這些根付與日本再無連繫，從它們身上也看不出日本主義的影子，人們不再有興趣對它們做出藝評。這些根付成了不折不扣的玩具，成了貨真價實的小古董。當孩子拿起根付，這些東西似乎不是那麼的小。在這裡，在這個更衣間，根付成為艾咪私密生活的一部分。在這裡，艾咪在安娜的協助下褪去衣物，又在安娜的協助下為下一場約會穿搭衣物，無論對象是維克多、朋友還是愛人——這個空間成了觀賞根付的門檻。

根付放在更衣間越久，孩子越常把玩根付，越讓艾咪覺得根付屬於私人的物品，不應拿出來展示。她最親密的朋友瑪麗安（Marianne Gutmann）也擁有一些根付——說得更明確一點，她擁有十一枚，但她將這些東西收藏在鄉村的別墅。艾咪與瑪麗安笑著談起根付，她們不可能向以色列文化協會委員會的女士們解釋，這些數量龐大、罕見且吸引人的異國雕刻到底是什麼。對於這些衣服上繫著深色緞帶的女士來說，她們聚集在一起是為了讓來自加利西亞猶太城鎮的女孩找到正當的工作，至於這些異國雕刻，她們自然不知從何說起。

時序來到四月，我回到大宅邸。從艾咪更衣間的窗戶看出去，近處是光禿的椴樹枝條，遠方是沃蒂夫教堂。順著魏寧格街望去，第五個街角轉彎就是佛洛伊德博士的家，貝爾格街十九號。佛洛伊德在這裡記錄艾咪已故的姨婆安娜．馮．里本（Anna von Lieben）的病況，又稱「卡西莉．M（Cacilie M.）病例」。她患有「歇斯底里的精神疾病，否定一切」，有嚴重的顏面疼痛與記憶喪失的問題。安娜被送到佛洛伊德這裡，「因為沒有人知道怎麼治療她」。她接受佛洛伊德的治療長達五年，她滔滔不絕地說著，佛洛伊德只好鼓勵她從事寫作：她是他的女老師，是他在歇斯底里研究上的教授。

當佛洛伊德寫作時，身後擺放著各種古代文物。紫檀木、桃花心木與畢德麥雅（Biedermeier）風格的展示櫃，加上木架與玻璃架，以及伊特拉斯坎鏡子、埃及聖甲蟲、木乃伊像與羅馬死亡面具，此外還繚繞著雪茄的煙霧。當我開始思索這個特殊主題——亦即，世紀末的展示櫃——我才發現佛洛伊德書桌上擺的原來是根付，一個是壽司，另一個則是獅子。

我的時間管理可說一塌糊塗。我花了一週時間閱讀洛斯（Adolf Loos）的文章，裡面提到日本風格是「揚棄對稱」，以及日本風格如何讓物體與人物變得平面：他們「描繪花朵的同時也壓扁了花朵」。我發現洛斯曾負責設計一九〇〇年的分離派展覽，當中包括了大量日本工藝品的展示。我想，維也納似乎永遠離不開日本。

之後，我覺得自己還需要仔細看看克勞斯的作品。我在古書店買了一本《火炬》，為的是看看封面的顏色。表面熾烈的紅色就跟任何一本稱為《火炬》的諷刺雜誌一樣，然而我擔心經過了九十年，表面的紅色早已褪盡。

我希望根付是一把開啟維也納思想生命的鑰匙。我擔心再這樣下去，我會像卡索邦（Casaubon）一樣，一輩子都在從事餖飣考證的工作。我知道維也納的知識分子喜歡令人困惑的事物，對他們來說，專注地觀察一件東西可以為他們帶來莫大的快樂。每晚當孩子們趁著艾咪換衣服打開展示櫃，洛斯也煩惱著鹽罐的設計，克勞斯看著報紙廣告及《新報》社論的詞彙左思右想，佛洛伊德則因為病人無意間說出的某句話而眼睛一亮。然而，洛斯的設計顯然不合艾咪的口味，她也對克林姆（一頭有禮貌的熊）與馬勒（嘈雜的聲音）多所挑剔，而且從未在維也納工坊買過東西（東西品質很差）。我的祖母在回憶錄裡提到，艾咪「從未帶我們去看展覽」。

我知道在一九一〇年這些小東西是非常「新穎」的事物，而艾咪是極為典型的維也納人。她對根付有何想法？她並未蒐集根付，也未增添根付。當然，在艾咪的世界裡，還有其他事物更吸引她的注意，更令她願意追尋。更衣間裡有小古董，有邁森的茶杯與茶碟，有俄羅斯銀器，壁爐架上擺著孔雀石，但這些對伊弗魯西家族來說只是業餘玩賞之物，是圓潤鶺鴒般的小天使發出的背景聲響，完全不同於嬸嬸碧翠絲・伊弗魯西—羅特希爾德委託的東西——她曾讓法貝熱（Fabergé）為她在費拉岬的別墅製作時鐘。

然而，艾咪喜愛故事，而根付是輕薄短小的象牙故事。艾咪現年三十歲，二十年前她還在環城大道另一頭聆聽母親朗讀童話故事，如今她讀著《新自由報》下方版面的專欄文章。

分隔線以上是新聞版面，有來自布達佩斯的新聞，也有市長魯格博士（素有「維也納的上帝」稱號）最新聲明。分隔線之下是專欄文章，每天都有吸引人的內容，不是談論歌劇或輕歌劇，就是提到某棟即將被拆除的建築，或是對維也納舊城庶民風情的回憶：索佛爾太太，她是市場的果販；阿達拜先生，一個愛說閒話的傢伙，在波坦金城裡扮演著微不足道的角色。這些專欄文章每天呈現溫和而自我陶醉的調調，如金銀絲細工般纏繞糾結，如德梅爾的蛋糕般香甜。赫茨爾撰寫專欄文章時提到，專欄作家「因為自戀而喪失了判斷自己與他人的標準」——這點不難看出。他們的文章寫得完美而充滿幽默感，又帶有宣傳意味，他們浮光掠影地觸及維也納。用班雅明的話說，他們「將經驗與煽情的毒素混淆後，注入讀者的靜脈中……專欄作家幹的就是這檔事。他們筆下的城市令居民感到陌生。」專欄作家將維也納這座城市塑造成一個完美而充滿情感的虛構物。

我認為根付是維也納的一部分，它就像日本專欄文章那樣傳達了前往日本遊歷之人以抒情哀歌描繪的日本性格。希臘裔英國記者赫恩（Patrick Lafcadio Hearn，即小泉八雲）在《陌生日本的一瞥》（*Glimpse of Unfamiliar Japan*）、《佛國的落穗》（*Gleanings in Buddha-Fields*）與《陰影》（*Shadowings*）中對此做了描述。他的每篇短文都充滿詩意的召喚：「一大清早小販扯開喉嚨喊著：『蘿蔔！蕪菁！』他不僅賣蘿蔔，還叫賣一些奇怪的蔬菜。『引火柴！賣引火柴！』一名婦女悲戚地叫嚷著用來點燃炭火的細木柴。」

在艾咪更衣間的展示櫃裡，製桶者被圈在完成一半的桶子內、以深色栗木刻成的街頭鬥毆者滿身大汗跟對手交纏翻滾、袍服凌亂的老僧喝得酩酊大醉、打掃地板的女僕與拿著竹筐的捕鼠人，每個根付都象徵了舊江戶的典型，就像人們每天閱讀《新自由報》專欄一樣，可以看到維也納舊城的典型。

當這些根付靜靜躺在艾咪更衣間的綠色天鵝絨架，它們就像專欄文章一樣做著維也納喜歡做的事，亦即，訴說著自己的故事。

置身於這座充滿粉紅色調的大宅，這位美麗而難以討好的貴婦人望著窗外的蘇格蘭街，然後跟孩子講起破舊馬車的老車夫、賣花人與大學生的故事。根付如今成了孩子童年的一部分，成為孩子世界的一環。這個世界是由他們可觸摸與不可觸摸的事物所構成。有些事物是他們的，而且永遠屬於他們所有；有些事物雖然是他們的，卻必須在兄弟姊妹之間輪流傳遞。

孩子不被允許進入銀器室，因為那裡是男僕擦拭銀器的地方。如果僕役正忙著準備餐點與擺設餐具，那麼孩子們也不許進入餐廳。擺在銀托盤上的父親的玻璃杯，孩子們也不許碰觸，父親總是用這個杯子喝俄羅斯紅茶——這原本是祖父的杯子。大宅裡有太多東西是祖父留下的，但這個杯子尤其特別。當父親的書籍從法蘭克福、倫敦與巴黎送過來時，會用牛皮紙包好並捆得緊緊的，這些包裹全放在圖書室的桌上。孩子們也不許觸摸放在桌上的那把銀製的拆信刀。之後，父親會將包裹上的郵票送給孩子們蒐集。

在這個世界上，有些聲音是孩子能聽見，大人卻渾然不覺的。當姑婆來訪，孩子必須乖乖坐著不動，此時他們聽見沙龍裡綠黃相間的時鐘（上面有一條美人魚）每秒滴答作響。他們可以聽見庭院裡馬兒被牽出馬廄的腳步聲，這表示他們可以到公園遊玩。然而，一旦庭院上方的玻璃屋頂傳來雨滴的敲擊聲，就表示他們得待在家裡。

孩子嗅到的氣味構成了他們世界的一部分：圖書室裡父親雪茄的煙味、母親的味道，午餐時僕役端著加蓋的炸小牛肉片行經幼兒房的香味。當他們躡手躡腳躲進餐廳掛毯後面，會聞到一股苔蘚味。溜冰後的熱巧克力味——有時艾咪會親自為孩子們準備：巧克力盛放在瓷盤裡，將巧克力掰成錢幣大小的碎片，放進銀製平底鍋，以小火烹煮使其融化。然後在巧克力呈藍綠色時加入溫牛奶與糖，加以攪拌。

有些事物孩子看得一清二楚，透過透鏡一切顯得清楚分明。有些事物看起來永遠模糊不清：當他們在走廊上追逐嬉戲（走廊似乎是孩子們永遠不會駐足停留的地方），他們依稀看見一幅幅畫作閃爍的金光，以及一張張大理石桌的輪廓。如果你繞著庭院迴廊跑上一圈，你會經過十八道門。

根付從巴黎莫羅的世界來到維也納杜拉克童書的世界。根付建立了自己的回聲，它們是週日早晨的故事來源，是《一千零一夜》的一部分，是航海家辛巴達的遊記，是《魯拜集》（*Rubiyt of Omar Khayym*）。根付被鎖在更衣間門後的展示櫃裡。更衣間位於走廊旁，得從庭院爬上一段漫長的樓梯才能抵達。從庭院到門房，中間隔著一道橡木雙扇門。環城大道旁的大宅有如童話裡的城堡，也宛如《一千零一夜》裡的情節。

20 維也納，萬歲！柏林，萬歲！

二十世紀已經過了十四年，伊莉莎白也已經十四歲，這名嚴肅的年輕女孩終於可以跟成年人共進晚餐。這些人是「有頭有臉的人物、高級文官、教授與高階陸軍軍官」，伊莉莎白聽他們討論政治，但父母囑咐她，除非有人跟她說話，否則絕不能主動開口。每天早上她陪父親一起走到銀行。她在自己的臥室打造圖書室：每本書都用鉛筆寫上端正的雙重E，還編上號碼。

吉瑟拉是個美麗的十歲小女孩，她愛穿漂亮衣服。伊吉是個九歲男孩，體型稍微胖了點，他自己也知道；伊吉不擅數學，但非常喜歡畫畫。

夏天來臨時，孩子與艾咪一起到了科維徹什。她訂製了新衣服，黑色百褶裙搭配短上衣。她要穿著這身服裝，騎著最喜愛的棗紅馬康特拉出遊。

一九一四年六月二十八日星期日，哈布斯堡帝國皇太子斐迪南大公（Archduke Franz Ferdinand）在塞拉耶佛被一名年輕的塞爾維亞民族主義者刺殺身亡。星期四的《新自由報》表示，「這場政治事件的結果受到大幅渲染」。

星期六，伊莉莎白寫了一張明信片到維也納：

一九一四年七月四日

最親愛的爸爸

謝謝你幫我安排下個學期的授課老師。今天早上天氣暖和，所以我們到湖裡游泳，不過現在似乎變冷了點，而且好像要下雨了。我跟格爾蒂、伊娃與威托德到了皮岑，但我不是很喜歡那個地方。托尼有九隻幼犬，有一隻死了，我們拿牛奶餵其他八隻。吉瑟拉很喜歡她的新衣服。給你一千個吻。

你的伊莉莎白

七月五日星期日，德皇承諾德國將協助奧國對抗塞爾維亞，吉瑟拉與伊吉在科維徹什寄了河邊風景明信片給父親：「親愛的爸爸，我的衣服很合身。天氣很熱，我們每天游泳。一切安好。愛你吻你的吉瑟拉與伊吉。」

七月六日星期一，天氣轉冷，他們沒有游泳。「我今天畫了一朵花。愛你與給你一堆吻的吉瑟拉。」

七月十八日星期六，艾咪與孩子回到維也納。七月二十日星期一，英國大使邦森爵士（Bunsen）向白廳報告，俄國駐維也納大使請了兩個星期的假。同日，伊弗魯西家離開維也納前往

科維徹什的湖泊，人們在此游泳休憩。

瑞士，去度他們的「長假」。

俄羅斯的帝國旗幟仍飄揚於船屋之上。維克多擔心兒子長大必須到俄國服兵役，於是向沙皇請願，希望變更他的公民身分。這一年，維克多成為皇帝約瑟夫的臣民。約瑟夫現年八十四歲，他是奧地利皇帝，匈牙利與波希米亞國王，倫巴底與威尼斯國王，達爾馬西亞、克羅埃西亞、斯拉沃尼亞、加利西亞、羅朵梅里亞與伊里利亞國王，托斯卡尼大公，耶路撒冷國王與奧什維茨公爵。

七月二十八日，奧地利向塞爾維亞宣戰。七月二十九日皇帝宣布：「我相信人民會圍繞在我的寶座旁團結一致，忠心不二，共度這場最艱辛的挑戰。我相信我的人民已做好準備，要為祖國的榮耀、尊嚴與權力而犧牲。」八月一日，德國向俄國宣戰。三日，德國向法國宣戰，次日入侵中立國比利時。接著就是連鎖反應：各國盟約啟動，英國向德國宣戰。八月六日，奧國向俄國宣戰。

維也納以各種語言向帝國全境下達動員令。火車遭到徵用。朱爾斯與芳妮家的年輕男僕全都得入伍當兵——這些人俐落的手腳不曾打破瓷器，而且善於在湖上划船。伊弗魯西家族身陷錯誤的國家。

艾咪到蘇黎世向奧國總領事特歐菲爾・馮・耶格（Theophil von Jger）尋求協助，此人也是她的情人之一。艾咪希望耶格能幫助他們一家人回到維也納。要發的電報很多，奶媽、女僕與皮箱也需要安排。k&k 鐵路公司向來分秒不差，跟西班牙宮廷儀式一樣準確，也跟每天早晨十點半固定經過幼兒房窗前的維也納城市儀隊一樣準時，但是今天火車班班客滿，行李太多，火車時刻表突然間失去了用處。

戰爭是殘酷的。法國、奧國與德國的親戚，俄國的公民，英國的嬸嬸，無論他們之間的關係多麼密切，無論多麼眷戀故土，無論對國家多麼不屑一顧，戰爭都毫不留情地將他們劃歸為不同陣營。分居各國的家族成員因為戰火的突然爆發而置身於敵我陣營。舅舅皮普斯被徵召入伍，穿著羔羊皮領軍服的他顯得格外英挺，他即將與自己的法國及英國親戚作戰。

在維也納，民眾熱情地支持戰爭，一掃過去對國家的冷漠與麻木。英國大使提到，「奧國所有民眾與報章雜誌都叫囂著要可恨的塞爾維亞人付出代價。」作家也加入了這場大戲。托瑪斯・曼寫下〈戰時的思想〉；詩人里爾克在《五首頌歌》中讚頌戰神的復活；霍夫曼史塔在《新自由報》發表了愛國詩。

史尼茨勒不同意。他在八月五日寫道：「世界大戰。世界的毀滅。卡爾・克勞斯只能期望皇帝能為『世界帶來好的結束』。」

維也納陷入狂歡。年輕人帽子插上鮮花，三兩成群結伴接受徵召；軍樂隊在公園裡演奏。維也納的猶太社群歡欣鼓舞。奧地利以色列聯盟在七月與八月發行的月刊中慷慨陳詞：「在此危險關頭，我們終於成為真正的奧國國民……為了感謝皇帝讓我們獲得自由，我們將奉獻子女的鮮血與財物；我們要向國家證明，我們跟其他人一樣是忠誠的奧國國民……當這場戰爭結束，在歷經所有恐怖之後，再也不會有反猶太運動……我們可以主張充分的平等。」德國將讓所有猶太人獲得自由。

維克多有不同的想法：這是一場自殺式的災難。他為大院裡的家具套上防塵布，給了僕役住宿與膳食費，打發他們返鄉。他讓家人到美泉宮附近的一個朋友古斯塔夫．斯普林格家暫住，然後又讓他們到巴德伊舍附近的親戚家避難，他自己則住進沙河飯店，與他的歷史書一起度過難熬的戰爭時期。維克多還有銀行要經營，在與法國（伊弗魯西公司，拱廊街八號，巴黎）、英國（伊弗魯西公司，國王街，倫敦）及俄國（伊弗魯西，彼得格勒）開戰的狀況下，許多事務變得棘手。

「這個帝國是自做自受，」約瑟夫．羅特的小說《拉德斯基進行曲》裡的伯爵說道：

皇帝一說晚安，我們就會粉身碎骨。巴爾幹比我強大得多。巴爾幹各民族將會建立他們自己的骯髒小國，就連猶太人也將在巴勒斯坦擁立他們的國王。維也納瀰漫著民主派的汗臭味，我站在環城大道上都覺得臭不可聞……在城堡劇院，他們上演猶太人的庸俗作品，他們把某個匈牙利馬桶製造商捧成貴族。我告訴諸位，除非我們開槍射擊，否則一切都完了。我必須說，我們無法置身事外。

秋天，維也納出現許多宣告。戰爭已迫在眉睫，皇帝向帝國的孩子發表談話。報紙上刊登〈萬民愛戴的法蘭茲．約瑟夫皇帝陛下寫給戰時孩子的一封信〉一文：「孩子們，你們是我子民的珍寶，我要為你們的未來祈福千遍。」

六個星期後，維克多知道這場戰爭短期內不會結束，於是離開沙河飯店。艾咪與孩子也從巴德伊舍返家。防塵布從家具上取下，幼兒房窗外的大街上演許多活動。抗爭的學生——穆齊爾在日記裡提到「咖啡館裡歌聲之難聽」與行軍士兵及軍樂隊的嘈雜聲，使艾咪考慮把孩子換到較安靜的房間，但最終做罷。這棟房子不是設計來供家庭居住，她說：「住在這裡就像玻璃櫥窗裡的展示品，與其這樣還不如住街上，都是因為你父親把房子設計成這樣。」

學生每星期更換一首歌曲。一開始他們唱〈塞爾維亞人必須死！〉然後是俄國人去死：〈一發子彈一個俄國人！〉。然後是法國人。每個星期學生就會推陳出新，使出不同的花樣。艾咪當然擔心戰爭，但她更擔心學生的吼叫對孩子造成影響。現在他們都在音樂室的小桌上用餐，這間房間面向著蘇格蘭街，稍微安靜一點。

伊吉上的是蘇格蘭中學。他告訴我，這是本篤會在街角開設的一所「非常好的學校」，是維也納「最好的兩所學校」之一。牆上匾額列出許多著名的詩人校友，足以證明學校的顯赫。儘管老師都是兄弟會的人，但許多學生仍是猶太人。學校特別重視經典課程，但仍然教授數學、代數、微積分、歷史與地理。語言也是學科之一。艾咪的三個孩子不用學語言，他們向來用英語與法語和母親溝通，用德語與父親交談。不過他們只會說一點零碎的俄語，至於意第緒語則一竅不通。孩子被要求走出家門後只能說德語。在維也納，所有聽起來像外國商店的名稱，全叫人搬梯子上去把招牌蓋了起來。

蘇格蘭中學不收女學生。吉瑟拉在家由家庭女教師指導，她們上課的房間就在艾咪的更衣間旁。伊莉莎白與維克多商量之後，吉瑟拉有了私人家庭教師。艾咪反對這種做法，她對於這種不適當與複雜的安排感到生氣，伊吉甚至聽到她在沙龍裡吼叫著砸碎東西，很可能是瓷器。伊莉莎白亦步亦趨跟上與她同齡的男孩在蘇格蘭中學的課程，而她也獲得准許每天下午可以到學校實驗室，由學校老師為她上課。她知道如果她想上大學，必須通過中學的畢業考。伊莉莎白十歲起就下定決心要離開這個房間，離開這間鋪滿黃色地毯的課室，穿越法蘭岑環城大道，到對街的大學講堂。從家中上課的房間到大學教室其實只有兩百碼距離，但對一名女孩來說猶如千里之遙。這一年，大學裡有九千多名學生，只有一百二十名是女性。從伊莉莎白的房間無法看到大學演講廳。我試過。但你可以看到窗戶，並想像裡面階梯式的座位與教授倚著講桌講課的樣子。他正在對你說話。在夢裡，你勤做筆記。

伊吉心不甘情不願地去蘇格蘭中學上學。你可以在三分鐘之內跑到學校，不過我沒有實際揹書包跑過。在一張一九一四年拍攝的課堂照片中，當時他們三年級：三十名身穿灰色天鵝絨西裝、打領帶或著水手服的男孩坐在桌前上課。開啟的兩扇窗可以從五層樓的高度俯瞰中庭。有個調皮鬼故意做鬼臉，老師身穿修士袍，面無表情站在教室後方。照片背面是所有人的簽名——都是些大家族的姓氏，格奧格、弗里茨、奧托、馬克斯、奧斯卡與恩斯特。伊吉也留下漂亮的草寫字體：伊格納斯．馮．伊弗魯西。

教室後方的牆上掛了一張黑板，潦草寫著幾何學證明。今天他們學習如何計算圓錐體的表面積。伊吉每天都有家庭作業，他討厭這些作業。他不擅長代數與微積分，而且討厭數學。七十年後伊吉還記得每個老師的姓名，以及他們如何徒勞無功地教導他。

他回家時一邊走著，一邊哼著學校教的詩歌：

維也納，萬歲！柏林，萬歲！
只要十四天，
我們就能拿下聖彼得堡！

還有比這更粗魯的詩歌。維克多聽了這些詩歌心裡很不是滋味，他喜愛聖彼得堡，而且在俄國出生。當然，他現在是奧地利公民，而且更喜愛維也納。

對伊吉來說，戰爭意味著玩起扮演士兵的遊戲。他們的親戚琵慈—瑪麗—路易絲．馮．莫特西茨基（Piz-Marie-Louise von Motesiczky）尤其擅長。在大院角落有一處僕人專用的樓梯，平常收藏在假門後方，這個螺旋狀階梯尚稱寬敞，一百三十六階直通屋頂。把門朝自己的方向拉開，你會發現你就站在女像柱與柱頭的葉飾之上，可以眺望整個維也納。從順時鐘方向看過去，首先是維也納大學，然後是沃蒂夫教堂、聖史蒂芬大教堂，接著是歌劇院的塔樓與圓頂、城堡劇院、市政廳，最後繞回大學。你可以跟別人比賽看誰敢匍匐爬到胸牆邊，隔著玻璃窺探中庭，或是對著法蘭岑環城大道或蘇格蘭街上熙來攘往、身形渺小的行人射擊。你可以丟櫻桃核、紙團或擤過鼻涕的衛生紙，而正下方剛好是一家咖啡館，它的遮陽篷成了最吸引人的目標。穿著黑圍裙的服務生抬起頭破口大罵，你必須趕緊躲起來。

你可以爬到隔壁的里本家大院，有更多親戚住在這裡。

或者，你可以扮演間諜，順著樓梯下到地窖——筒形拱頂的地道讓你一路穿過維也納，直抵美泉宮，或者直通國會大樓。或者，你可以進入你聽說過的祕道，據說環城大道的書報攤底下都有暗門可以直通四通八達的地下通道，那是傳說中的「地道人」生活的地方。這些鬼鬼祟祟不見蹤影的人，仰賴著掉進人行道排水孔柵欄的硬幣維生。

戰時，家族必須做出犧牲。一九一五年，舅舅皮普斯在柏林的德軍司令部擔任奧國聯絡官，他曾為里爾克爭取到一份文書工作，使他得以遠離前線。維克多已經五十四歲了，免服兵役。在大院裡除了年事已高的管家約瑟夫，其他男僕都上了戰場，只剩一小群女僕、一名廚子與安娜。安娜在伊弗魯西家已經工作了十五年，她了解每個人的需要，也有辦法安撫每個人。安娜清楚家裡發生的每件事。當妳結束午餐會返家更衣，什麼事都瞞不了她。

這段時間家裡安靜了許多。維克多以前會邀請僕役的朋友，請他們抽空在星期日中午前來享用豐盛的菜餚，現在這幅景象已不復見——僕役的餐廳空空蕩蕩。馬車夫不在了，也沒有拉車的馬匹。如果你想到普拉特公園，你必須在蘇格蘭街的候車亭搭乘出租馬車，甚至是路面電車。沒有「宴會」了，說得精確點，宴會少多了，而且變得大不相同。你沒有機會穿著跳舞的禮服，但你仍然可以外出用餐或去聽歌劇。回憶錄中，伊莉莎白寫道，「媽媽只是跟人喝茶，或是打橋牌。」德梅爾依然製作蛋糕，但你最好不要在家庭宴會時鋪張地擺出大量糕點。

艾咪每晚還是盛裝打扮，她認為維持傳統的規矩十分重要。休斯特先生無法再像過去一樣每年到巴黎為女男爵採購禮服。但是安娜了解艾咪的需求，她盡心管理艾咪的衣物，孜孜不倦閱讀最新時尚雜誌，為艾咪修改衣物，盡可能跟上流行的款式。有一張艾咪在那年春天拍的照片：她身穿一襲長黑色禮服，頭上戴著黑色熊皮平頂筒狀女帽，腰間纏著一串珍珠，要不是照片後方的日期很清楚，你不會相信此時維也納正處於戰時。我不知道這是不是上一季的服裝，不過我也不可能找到答案。

晚上，跟往常一樣，吉瑟拉與伊吉會到更衣間與艾咪說話。艾咪允許他們打開展示櫃。就算你是一名十歲女孩或八歲男孩，恐怕也不會坐在地毯上把玩根付，這麼做似乎太過幼稚。但如果你那天過得不太順利，或者在學校裡被格奧格修士責罵，那麼你還是會忍不住把手伸進玻璃櫃深處，拿出一綑引火物或一群小狗。

大街上有許多人，不少是猶太人，光是加利西亞來的難民就有十萬人，俄軍無情地將他們逐出家園。有些人被收容在軍營，那裡有現成的生活設施，但不適合家庭居住。許多人最後來到利奧波德城，生活在極差的環境裡。許多人淪為乞丐，他們不是賣明信片與緞帶的小販，他們沒東西可賣。以色列文化協會發起各項捐款賑濟活動。

同化的猶太人對這些新來者感到憂心：他們看來相當粗鄙；他們的言談舉止、穿著打扮、習尚風俗都跟有教養的維也納人格格不入。有人擔心這些人是否會阻礙猶太人的同化。「東方猶太人的日子過得很辛苦，但他們來到維也納只會更辛苦，」約瑟夫．羅特提到這些猶太人時說：「沒有人願意幫助他們。他們的親戚或與他們信仰同一宗教的人，這些人在第一區裡安穩坐在書桌前伸直了腿，這些人已經是『本地人』。他們不想與東方猶太人有任何瓜葛，根本不願搭理他們。」我想這或許是更早之前來到維也納的人對於新近來到維也納的人所產生的焦慮吧。他們仍處於過渡階段。

街頭變得不同。環城大道原是供人散步、讓人偶然相遇的地方。在朗特曼咖啡館愜意地喝咖啡，除了呼朋引伴，也是理想的約會場所。人群在環城大道和緩而舒適地流動。

但維也納現在似乎有兩種速度。一種是行軍士兵的步伐，以及孩子在路旁賽跑，另一種則是靜靜站著不動。你可以看到民眾在商店外排隊購買食物、香菸與報紙。排隊的現象引發眾人議論，警方提到，不同時期民眾排隊購買的物品也不同。一九一四年秋，民眾排隊購買麵粉與麵包。一九一五年初，他們買的是牛奶與馬鈴薯。一九一五年秋，是油。一九一六年三月，咖啡。到了下個月，糖。再下個月，蛋。一九一六年七月，肥皂。接下來，所有東西都需要排隊購買。這座城市得了硬化症。

在維也納，物品的流通也在變化。傳聞有人囤積居奇，有錢人的房間堆滿了一箱箱糧食，也有人說「咖啡廳」趁機哄抬價格。在戰時，只有販賣糧食、牟取暴利或身為農民才能過得比較好，為了買到糧食，你必須支付越來越高的價格。人們開始變賣家產換取現金。據說有農夫穿著維也納資產階級的燕尾服，他們的妻子則穿著絲質禮服，農舍裡擺著鋼琴、瓷器、小古董與土耳其地毯。就連鋼琴老師也追隨新學生從維也納來到了農村。

公園變得不同。維護與打掃的人少了，負責清洗環城大道對面公園小徑的男人也消失無蹤。公園的小徑原本就容易蒙塵，如今塵土積得更厚了。

伊莉莎白即將滿十六歲。她現在可以將自己的書用摩洛哥羊皮革裝訂，外層覆上大理石花紋的封皮，如同維克多將書收藏到自己書房時所做的那樣。這是一種象徵轉變的儀式，代表她閱讀的書籍是值得認真對待的事物，而不再是簡單的童書。她與父親的書會分開裝訂——這些要放到父親書房，那些要放到妳的書房，然後再放在一起。舅舅皮普斯從柏林返家探視時交代伊莉莎白一項工作：他希望伊莉莎白幫他謄寫他的朋友、也是劇場負責人馬克斯·萊因哈寄來的信。

吉瑟拉十一歲，她開始在晨間起居室上繪畫課。她非常會畫畫。伊吉九歲，他不被允許進入晨間起居室。他認得帝國軍的制服（步兵穿著淺藍色褲子，波士尼亞士兵頭上戴著血紅色的土耳其氈帽），並且在他的皮革製、用紫色絲帶繫著的小筆記本上簡單描繪這些軍人穿的短上衣色彩。在更衣室，放著根付的展示櫃似乎已遭遺忘，艾咪稱伊吉是她的小小服裝顧問。

伊吉開始畫起服飾，但他不讓任何人知道。

伊吉在馬尼拉紙製成的八開本小冊子裡寫故事，冊子的封面是一艘船。時間是一九一六年二月。

漁夫傑克。故事撰寫者：伊格納斯·伊弗魯西。

這本小書要獻給最親愛的媽咪。

前言：我知道這則故事並不完美，但有個地方我做得還不錯，至少我自己這麼覺得：我清楚描述了故事裡的人物。

傑克與他的人生。傑克的短暫人生並非一直是名漁夫，他成為漁夫是在他父親去世後的事。

三月，以色列文化協會寫了一封公開信給維也納的猶太人：「猶太同胞們！我們的父親、兄弟與兒子為了盡到職責，在光榮的軍中成為勇敢的士兵，在戰場上拋頭顱灑熱血。基於同樣職責，我們待在後方的同胞也應該樂於犧牲，將財產奉獻給祖國的祭壇。我們應以愛國的赤誠來回應祖國的召喚！」維也納的猶太人因此購買了五十萬克朗的戰債。

隨便一點風吹草動就謠言四起似乎是戰時的特色，克勞斯說：「你能拿謠言怎樣？我對此感到憂心。維也納不斷流傳著各種說法，就連奧地利流言四起這件事本身也成了一項傳聞。大家口耳相傳，但沒人能說出個所以然。」

四月，在維也納，烏榭什科戰役中生還的士兵出現在維也納劇院的舞臺，他們要重演這場戰役。克勞斯感到不悅，他反對為了供人觀賞而簡化真實事件，也抨擊為戰爭增添戲劇性。最大的問題在於，不同領域的界線不僅變得模糊，還出現了混淆。戰時的維也納，所有事情都被混為一談。

這表示，許多孩子會來觀看這場戲。劇場的包廂是個極佳的觀賞地點。

五月十一日，伊莉莎白與表哥一起聆聽華格納的歌劇《名歌手》。她在自己的綠色小本子寫下「神聖的德國藝術」這句話，她用這個本子來記錄觀賞過的音樂會與戲劇。她的愛國熱情使她在德國這個字下方加了一道底線。

七月，維克多帶孩子去普拉特公園參觀維也納戰

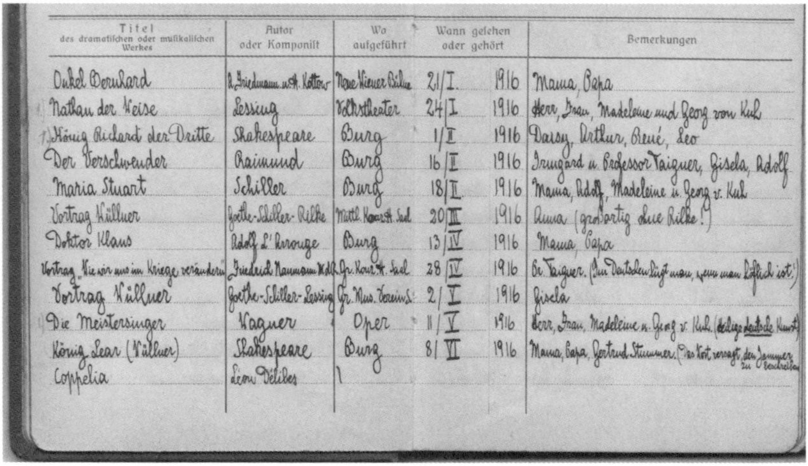

Titel des dramatischen oder musikalischen Werkes	Autor oder Komponist	Wo aufgeführt	Wann gesehen oder gehört		Bemerkungen
Onkel Bernhard	R. Friedmann u. A. Kottow	Neue Wiener Bühne	21/I.	1916	Mama, Papa
Nathan der Weise	Lessing	Volkstheater	24/I	1916	Herr, Frau, Madeleine und Georg von Kuh
König Richard der Dritte	Shakespeare	Burg	1/II	1916	Daisy, Arthur, René, Leo
Der Verschwender	Raimund	Burg	16/II	1916	Irmgard u. Professor Taigner, Gisela, Adolf
Maria Stuart	Schiller	Burg	18/II	1916	Mama, Adolf, Madeleine u. Georg v. Kuh
Vortrag Wüllner	Goethe-Schiller-Rilke	Mittl. Konzert. Saal	20/III	1916	Anna (großartig die Rilke!)
Doktor Klaus	Adolf L'Arronge	Burg	13/IV	1916	Mama, Papa
Vortrag „Wie wir uns im Kriege verändern"	Friedrich Naumann Wdh.	Gr. Konz. H. Saal	28/IV	1916	Dr. Taigner. (Im Deutschen lügt man, wenn man höflich ist.)
Vortrag Wüllner	Goethe-Schiller-Lessing	Gr. Mus. Vereins S.	2/V	1916	Gisela
Die Meistersinger	Wagner	Oper	11/V	1916	Herr, Frau, Madeleine u. Georg v. Kuh. (heilige deutsche Kunst)
König Lear (Wüllner)	Shakespeare	Burg	8/VI	1916	Mama, Papa, Gertrud Stummer. (Das Wort versagt, den Jammer zu beschreiben)
Coppelia	Léon Délibes	"			

伊莉莎白的歌劇與戲劇筆記，一九一六年

爭展覽會。這項活動的目的，是讓後方民眾能留意戰爭的相關訊息：除了提升民心士氣，同時也能募款。其中最精采的是狗的展示會，由軍方的杜賓犬擔綱表演。此外還有無數的展覽會場，孩子可以看到擄獲的大炮與武器。此外還有戰地山區的全景模型，讓人們想像前線將士奮戰的場景。在失去肢體的士兵舉辦的音樂會中，有低音號手裝上義肢上場表演。當你離開時，旁邊有個香菸室，你可以捐贈一點菸草給這些士兵。

這裡首次出現了實際大小的壕溝。克勞斯尖刻地指出，這是「以極度寫實的方式來呈現壕溝的生活」。

八月八日，待在科維徹什的伊莉莎白拿到了一本深綠色詩集，那是她外祖母艾芙琳娜的作品，這本書在一九〇七年於維也納首次出版。艾芙琳娜在書中的題詞寫著：「這些老詩歌已逐漸從我的記憶中消逝。然而，只要你們對這些詩歌感同身受，那麼這些詩歌的生命也就得到了延續。」

維克多繼續在銀行工作，戰時這是份吃力不討好的工作，因為絕大多數幹練的年輕人都已經上了戰場。他對國家的資助不遺餘力，他買進大量政府戰爭債券，而且持續購入。雖然古特曼與維也納俱樂部裡的朋友都勸他學他們一樣把錢運到瑞士，但維克多不這麼做——這是不愛國的表現。晚餐時，維克多以手拂面，從額頭直抵下巴，他說，每到危機時刻，總會有人尋求投機的可能。

維克多回到家後，花了更多時間在工作室。他引用雨果的話：「書房是信仰的行動。」他取得的書籍越來越少，聖彼得堡、巴黎、倫敦、佛羅倫斯的書籍都已無法取得。他對柏林新書商寄來的書籍品質感到失望。誰知道他在書房裡讀些什麼，也許他只是在裡頭抽雪茄？有時他會要求僕人直接將晚餐送進他書房。維克多與艾咪之間的關係不太和睦，孩子越來越常聽到艾咪拉高了音量說話。

戰爭爆發前，每年夏天在天井屋頂上都會有一場需要動用到梯子、水桶與拖把的活動。由於現在家中已無男僕，天井上的玻璃已經兩年沒有清理，透過玻璃屋頂照射下來的光線也越來越灰暗。

界線越來越不清楚。身為小孩子，你的愛國心既明確又模糊。在街上與學校，你聽到有人說「英國人令人羨慕，法國渴望復仇，俄國人貪得無饜。」你能去的地方逐月遞減，因為你的家族網絡遭到干預。雖然可以收到信件，但你不能會見你的英國或法國親戚，也不可能像過去一樣四處旅行。

夏天，維克多一家無法前往位於琉森湖畔的山間別墅，他們只好到科維徹什度長假，這表示他們可以吃得好一點。他們有烤兔肉、野味肉派與餃子可吃，還可以趁熱蘸上剛打的鮮奶油。九月有一場打獵大會，休假的表哥離開前線，不再射擊敵人，而是回到後方射擊鷓鴣。

十月二十六日，首相卡爾・馮・史圖爾格於克恩特納大街的邁塞爾與夏登飯店餐廳遭到刺殺。民眾只對兩件事感興趣。首先，刺殺者是激進的社會主義者弗里茨・阿德勒，他是社會主義黨領袖維克多・阿德勒（Viktor Adler）的兒子。其次，他吃的午餐菜色是蘑菇湯，水煮牛肉搭配蕪菁泥與布丁。他喝了一杯氣泡酒。還有一件事特別令孩子興奮，那就是他們在初夏才跟父母在這家餐廳吃過巧克力蛋糕，裡面有杏仁與櫻桃內餡。

一九一六年十一月二十一日，法蘭茲・約瑟夫一世去世。

所有報紙都加上黑色框線：吾皇駕崩，法蘭茲・約瑟夫皇帝去世！有幾份報紙刊登了皇帝的肖像版畫，畫中的皇帝露出那充滿不信任的特有神情。《新自由報》停刊了小品文專欄。《維也納報》做出了充分回應，以整版空白來發布訃聞。所有週刊都跟著這麼做，只有《炸彈》週刊例外，它刊出一張照片，一名躺在床上的女孩被一名紳士驚動了。

法蘭茲・約瑟夫活了八十六歲，早在一八四八年就登基為帝。冬日裡龐大的送葬隊伍穿過維也納，街道兩旁站滿士兵，約瑟夫的棺木置於靈車中，由八匹黑色駿馬拉行。靈車兩側隨行著年邁、胸前掛滿勳章的大公爵與帝國衛兵代表。跟在靈車後面的是年輕的新皇卡爾與妻子齊塔，齊塔穿著及地的罩紗。兩人之間是四歲的兒子奧托，穿著白衣，繫著黑腰帶。葬禮在主教座堂舉行，保加利亞、巴伐利亞、撒克遜與符騰堡諸王均參與典禮，此外出席的還有五十名大公與女大公，四十名親王與公主。之後，送葬隊伍迂迴走到霍夫堡王宮附近的新市場的嘉布遣會教堂，他們的終點是皇室陵寢。這裡有一齣進入教堂的戲碼——衛兵敲門三次並且遭拒兩次，然後法蘭茲・約瑟夫葬在妻子伊莉莎白與許久之前自殺身亡的長子魯道夫當中。

維克多帶孩子到克恩特納大街轉角的邁塞爾與夏登飯店，他們一邊吃著美味蛋糕，一邊透過二樓窗戶觀看送葬隊伍。那是嚴寒的一天。

維克多記得三十七年前馬卡特展示會中繽紛的帽子羽飾；四十六年前，他的父親被授予貴族頭銜。一個世代前，法蘭茲・約瑟夫開闢了環城大道、沃蒂夫教堂、國會大樓、歌劇院、市政廳、城堡劇院。

孩子們想到皇帝過去參與的遊行，他們在維也納與巴德伊舍好幾次看到坐在馬車裡的皇帝。他們記得皇帝與他的伴侶施拉特夫人坐在馬車裡，施拉特夫人舉起戴著手套的右手輕輕向他們揮手致意。他們記得在拜訪了可怕的姨婆安娜．馮．赫岑萊德（他們稱她巫婆）之後，家裡一直反覆說的笑話：當你平安躲開或規避她的問題，你必須比其他人早一步複述皇帝說過的諺語——「平安是福」。

十二月初，在更衣室有一場嚴肅的活動。伊莉莎白首次可以選擇她想穿的衣服風格。在此之前，她已經有許多為她量身訂作的衣服，但這是第一次她可以自己做決定。喜愛服飾的艾咪、吉瑟拉與伊吉都非常期待這一刻的來臨，照顧孩子長大的安娜也是。更衣室的梳妝臺上放著一本布料樣本，伊莉莎白選定蜘蛛網狀的圖案做為上衣的花樣。

伊吉極為驚恐。七十年後他在東京提到，當伊莉莎白說明她想要的花色時，大家啞口無言：「她完全沒有品味可言。」

一九一七年一月十七日頒布新詔令，牟取暴利者的姓名將刊登在報紙與居住地的公布欄，有些人希望以這種方式扼止物價高漲。用來形容牟取暴利者的詞彙很多，但慢慢地被抹除：囤積居奇者、放高利貸者、東方猶太人、加利西亞人、猶太人。

三月，卡爾皇帝宣布十一月二十一日是學校的新假日，要紀念法蘭茲．約瑟夫去世以及他的登基。

四月，艾咪到美泉宮參加一場宴會，這是婦女委員會舉辦的活動，希望為戰死者的遺孀做點事。我不太清楚這個聚會最後做了什麼，但會後留下一張金碧輝煌的照片：國家舞會大廳裡，一百名身穿華麗服飾的女性在洛可可式灰泥裝飾與鏡子下，頭上戴的帽子構成了巨大的弧形。

五月，維也納有一場展覽，展出十八萬個玩具兵。整個夏天，維也納不斷營造一股英雄氣氛，而一整年下來，報紙經常多出空白的欄位，因為新聞檢查人員刪除了資訊或評論。

艾咪的更衣室，也就是放著根付的房間，與維克多的更衣室之間的走廊似乎越來越長。有時艾咪到了一點鐘仍未出現在餐桌旁，女僕只好把她的餐具收拾掉，而每個人都假裝沒注意到這件事。有時到了八點鐘，又得再收一次餐具。

糧食問題越來越大。兩年來民眾一直排隊領麵包、牛奶與馬鈴薯，現在連甘藍菜、李子與啤酒也要排隊領取。家庭主婦不得不運用想像力。克勞斯形容一名有效率的條頓妻子的模樣：「今天我們都沒餓著……桌上有各式菜餚。我們有用興登堡可可奶油湯塊煮成的湯，用撇藍的球莖冒充的偽兔肉，以及用石蠟做的馬鈴薯煎餅……」

錢幣變了。戰爭爆發前鑄造的是金克朗或銀克朗，經過三年戰爭，全換成了銅克朗。今年夏天又變成鐵克朗。

卡爾皇帝在猶太人報紙獲得熱烈擁戴。《布洛赫週刊》表示，猶太人「不只是帝國最忠誠的支持者，也是唯一無條件的奧地利人。」

一九一七年夏天，伊莉莎白與她最好的朋友芳妮待在老歐瑟湖女男爵歐本海默的鄉村別墅。芳妮‧洛文斯坦小時候在歐洲住過，她跟伊莉莎白一樣會講多國語言。她們同樣十七歲，而且熱愛詩文，持續地寫作詩歌。令她們大感興奮的是，詩人霍夫曼史塔與作曲家理查・史特勞斯也待在這裡，連同霍夫曼史塔的兩個兒子。其他賓客則包括歷史學家約瑟夫・雷德里希。伊莉莎白在六十年後寫道：「他在我們心中留下不好的印象，因為他預言奧國與德國即將戰敗，而芳妮與我仍相信政府公報的說法，認為我們必將獲得勝利。」

十月，《帝國郵報》宣稱國際上出現反對奧匈帝國的陰謀，而列寧、克倫斯基與諾斯克里夫勳爵都是猶太人。美國總統威爾遜也受到猶太人的影響。

十一月二十一日，先皇逝世週年紀念，所有學校放假一天。

一九一八年春，生活變得十分艱困。如同克勞斯在《火炬》中說的，艾咪這位「上流社會令人目眩的核心人物」變得比以往更為耀眼。她有了新戀人，是騎兵團裡的年輕伯爵。這名年輕伯爵是家族朋友的兒子，也是科維徹什的常客，他總是帶著自己的馬前來。此人相貌堂堂，與艾咪的年齡差距遠比艾咪和維克多來得少。

春天，一本供帝國學童閱讀的作品出版，書名叫《我們的皇帝與皇后》。書中描述了法蘭茲・約瑟夫葬禮中的新皇帝與他的妻子及兒子。「這對顯赫的父母安排由母親牽著長子出現，這樣的景象神奇地建立起統治的夫妻與民眾之間的紐帶關係：母親溫柔的動作擄獲了全帝國民眾的心。」

四月十八日，伊莉莎白與艾咪到城堡劇院觀賞《哈姆雷特》，由俊俏的亞歷山大・莫伊西飾演哈姆雷特。「我這輩子還沒看過令人如此印象深刻的演出」，伊莉莎白在她的綠色筆記本寫道。艾咪三十八歲，而且懷有兩個月身孕。

就在這年春天，家族傳來了好消息。艾咪的兩個妹妹訂婚了。二十七歲的格爾蒂將嫁給提波爾，他是匈牙利貴族，擁有冗長的家族姓氏：圖羅奇．德．阿爾索—克羅斯德格與圖羅奇—岑特—米哈里。二十五歲的伊娃將嫁給傑諾，他的姓氏不像前者那麼驚人：魏斯．馮．魏斯霍斯登斯坦侯爵。

六月出現罷工潮。現在，麵粉的配給一天只有三十五公克，大概只能裝滿一個咖啡杯。許多麵包車遭到婦女與孩童的埋伏搶奪。七月停止發放牛奶，只有哺乳的母親與長期臥病在床的人才能配給牛奶，儘管如此，也不是每個人都拿得到。許多維也納人只能到城外的農田搜尋馬鈴薯維生。政府討論攜帶帆布背包的問題：城市居民是否可以攜帶帆布背包？如果是，那麼是否可以在火車站搜查他們的帆布背包？

中庭有老鼠出沒。這些可不是鑲著琥珀眼睛的象牙老鼠。

反猶太人示威遊行越來越多。六月十六日，德意志人民大會在維也納召開，宣誓向皇帝效忠，並且重新確認泛德意志民族團結的目標。一名發言者對於問題提出解決的方法：以集體屠殺來治療國家的傷口。

六月十八日，警察廳長詢問維克多是否同意讓警力進駐大宅中庭。中庭停放著車輛，因為缺乏汽油而棄置不用。為防不測，警察將駐守在大院，但不致於驚擾到伊弗魯西一家。維克多同意了。

開小差的人變多了。哈布斯堡軍隊投降的人數比作戰的人數多，兩百二十萬士兵淪為戰俘——這是英國的十七倍。

六月二十八日，伊莉莎白收到蘇格蘭中學的期末成績單。七科「特優」：宗教學、德文、拉丁文、希臘文、史地、哲學與物理學；一科數學「優等」。七月二日，她獲得大學入學許可，上面蓋了老皇帝的頭像，印在上面「他」字被畫掉，以藍墨水寫上了「她」。

天氣炎熱。艾咪已經懷孕五個月，她必須忍受頭上的豔陽。懷裡的胎兒當然備受疼愛與珍視，但也帶來了困擾與不便。

八月，在科維徹什，只有兩名老人照料花園，長廊上的玫瑰看起來相當蓬亂。九月二十二日，吉瑟拉、伊莉莎白與格爾蒂阿姨到歌劇院觀賞《費德里奧》。二十五日，他們到城堡劇院觀賞《希爾德布朗德》，伊莉莎白發現大公也在觀眾席。巴西對奧國宣戰。十月十八日，捷克人攻占布拉格，拒絕承認哈布斯堡王朝的統治，宣布獨立。十月二十九日，奧國向義大利要求停戰。十一月二日晚間十點有消息傳出，一群兇暴的義大利戰俘已從維也納城外的戰俘營逃出，現在正往維也納蜂擁而來。十點十五分，消息變得更為清晰——有一萬到一萬三千名義大利戰俘，俄國戰俘也加入行列。傳令員開始在環城大道的咖啡廳逐一命令警察回總部報到，許多人確實返回總部。兩名警察對著那些離開歌劇院的人吼叫，要他們趕快返家緊閉門窗。十一點，警察首長與軍方商議防衛維也納的事宜。午夜，內政大臣宣布消息過於誇大不實，而到了黎明，政府坦承這又是一起謠傳。

十一月三日，奧匈帝國瓦解。次日，奧國與協約國簽署停戰協定。伊莉莎白與表哥弗里茨·馮·里本到城堡劇院觀賞《安提戈涅》。十一月九日，德皇威廉退位。十一月十二日，奧皇卡爾流亡瑞士，奧地利成為共和國。一整天大院前方都有大批群眾經過，他們手持紅色旗幟聚集在國會大樓前。

十一月十九日，艾咪產下一子。

金髮碧眼的他被命名為魯道夫．約瑟夫。正當哈布斯堡帝國土崩瓦解之際，為男嬰取這個名字，未免太令人感傷。

養育嬰孩著實艱難，流行性感冒到處肆虐，而且沒有牛奶可以哺育。艾咪病倒了：自從伊吉出生到現在已經過了十二年，而她生第一胎也是十八年前的事了，況且戰時懷孕更是辛苦。維克多五十八歲，他很驚訝自己又成了父親。這名小男孩的誕生引發了錯綜複雜的猜測與驚訝，包括層出不窮的謠傳。令伊莉莎白感到羞辱的是，她發現多數人都以為孩子是她生的。畢竟她已經十八歲，而她母親與外祖母都很早生子。傳言四起，但伊弗魯西家照常度日。

伊莉莎白對這段時期的回憶文字不多，但她提到了心裡的不安：「我不太記得詳情，只知道家裡充滿焦慮與恐懼。」

但「與此同時」，她也寫下最終勝利的一句話：「我已經在大學註冊入學。」她逃離了大宅邸，從環城大道的這一邊到了另一邊。

21 完全回到原點

一九一八年，維也納度過特別寒冷的冬天，沙龍角落的白瓷火爐是屋內唯一日夜有火的地方。其餘的房間如餐廳、書房、臥室與存放根付的更衣室，都冷得要命。乙炔燈散發出有毒的氣味。這年冬天，到處可見維也納人去樹林裡砍取柴火。《新自由報》報導：「每戶人家的窗子僅透出最微弱的光線，整座城市隱沒在黑暗之中。」此時魯道夫才出生不滿兩星期。難以想像的是，沒有咖啡，「只有混著甘草液的肉汁可吃，其味道實在無以名狀。如果你可以習慣揮之不去的錫罐味，那麼倒是有茶可喝。當然，你沒有牛奶或檸檬汁可以添加。」維克多不喝這種東西。

當我試著想像戰敗後數個星期以來的家庭生活，我看到街上四散的紙屑。維也納一直相當整潔，而現在到處都是海報與告示、傳單與抗議文宣。伊吉記得戰前在普拉特公園的碎石路上走著，不小心讓冰淇淋筒的包裝紙掉在地上，還會遭來保姆與路過戴著肩章的人責罵。現在他必須在這座驚魂未定、吵鬧而飽受驚嚇的城市瓦礫中，試圖找出一條乾淨的路。廣告亭和頂著小塔樓的十英尺高圓柱成了憤怒維也納人張貼信件的地方，他們喊話的對象是維也納的基督徒居民、市民同胞，以及參與這場鬥爭的兄弟姊妹。而這些冗長的議論，很快就被撕毀移除。維也納充滿了焦慮與怒吼。

艾咪與她的新生兒正努力撐過出生後的幾個星期，但她與魯道夫的身體卻越來越孱弱。英國經濟學家貝佛里吉（William Beveridge）於奧國戰敗後六個星期來到維也納，提到「母親為了讓孩子度過新生的一年，做出了種種英雄式努力，卻只是毀了自己的健康，最終孩子的性命也無法挽回。」有人提議讓艾咪與魯道夫離開維也納到科維徹什，連吉瑟拉與伊吉也一起帶去，但汽車沒有油料，火車班次也一團糟。於是她們待在大宅邸一處邊緣而較安靜的房間裡，背對著環城大道。

戰爭開始時，伊弗魯西大宅邸顯得十分暴露，私人民宅四周環繞著公共空間。現在，和平似乎比戰爭更令人驚恐：不知是誰與誰在爭鬥，也不知是否將爆發革命。復員的士兵與戰俘回到維也納，帶來俄國革命與柏林工人抗爭的第一手資訊。夜裡有許多「自由的槍聲」，零星的槍響。新的奧地利旗幟是紅白紅相間的顏色，但想聚眾滋事的年輕人把中間的白色撕掉，將兩片紅色縫成一面紅旗。

被派任到帝國各地的官員在帝國瓦解後無處可去，只能返回維也納，回來後才發現他們不斷往上呈報的帝國各部會官署早已關門。街上有許多顫抖的人——他們在前線受到槍林彈雨的震撼與創傷而抖個不停；遭到截肢的人，胸前還別著動章。上尉與少校也在街上賣起木頭玩具。就在這個時期，印有皇室花押字的亞麻布大量流入民間；皇帝的馬鞍與挽具出現在市場上；傳聞保安部隊闖入皇宮地窖，大口暢飲哈布斯堡王室的酒藏。

人口將近兩百萬的維也納從擁有五千兩百萬臣民的帝國首都，一下子退縮為僅有六百萬民眾的小國首府，它當然無法承受如此劇烈的變動。許多人懷疑奧地利是否能以獨立國家的方式存活。

存活不只是經濟上，也是心理上的。奧地利似乎還無法面對國家消亡的現實。「迦太基式的和平」——苛刻而帶有懲罰性地被明文規定在一九一九年的〈聖日耳曼昂雷條約〉中，意味著帝國的解體。條約批准匈牙利、捷克斯洛伐克、波蘭、南斯拉夫及斯洛文尼亞人、克羅埃西亞人與塞爾維亞人的國家獨立。伊斯特里亞脫離。特里亞斯德脫離。數座達爾馬提亞島嶼被割讓出去，奧匈帝國變成奧地利，一個長五百英里的國家。和約規定了懲罰性的賠償內容，軍隊縮編為三萬名志願役，講得難聽點，維也納成了一個身體萎縮的水腦症患者。

許多事物都變了，包括名稱與住址。在時代精神下，所有帝國頭銜都要廢除，名字裡不能再使用 von（貴族姓氏），不能再有騎士、男爵、伯爵、侯爵、公爵等頭銜。郵局與鐵路局員工原本都能在職稱前加上 k&k（帝國的與皇室的），現在這些做法也被廢止。當然，這裡是奧地利，一個極為重視頭銜的國家，帝國的頭銜不能使用，其他的頭銜便增加了。你可能一文不名，但你可以自稱講師、教授、樞密官、督學、商學士、校長。或者是講師女士、教授女士。

街道也變了。伊弗魯西家的住址不再是維也納第一區法蘭岑環城大道（以哈布斯堡皇帝的名字命名）二十四號，而是維也納第一區十一月十二日環城大道（脫離哈布斯堡王朝的那一天）二十四號。艾咪抱怨這種改名的做法有點像法國人，搞不好到最後改名為共和國街。

任何事都可能發生。克朗的價值貶值得如此嚴重，以致於人們猜測新政府很可能會賣掉皇室收藏的藝術品，以購買糧食賑濟饑餓的維也納人。美泉宮「將賣給外國財團，改建成宮殿式賭場」。植物園將被「夷平，然後建造公寓」。

隨著經濟崩潰，「世界各地喧嘩的人群聚集在維也納，他們購買銀行、工廠、珠寶、地毯、藝術品或房地產，而猶太人當然不會錯過這場盛事。外國剝削者、騙子與偽造者湧入維也納，成群的害人精也尾隨進城。」這是一九二五年默片《悲傷的街道》（*Die Freudlose Gasse*）的背景。夜裡，汽車車頭燈掃過肉販店外的人龍。「等了一整晚，許多人只能空手而回。」長著鷹鉤鼻的「國際投機者」陰謀摧毀一家礦石公司的股價，而喪偶的公務員（還能找到更令人同情的典型維也納人嗎？）卻用退休金買進這家公司的股票，結果落得血本無歸。公務員的女兒（葛麗塔．嘉寶〔Greta Garbo〕飾演）兩眼無神，因饑餓而昏倒，最後不得不到夜總會上班。解救她的是一名英俊的紅十字會官員，一名紳士，罐頭食品的運送人。

戰後數年，反猶太主義在維也納越來越獲得支持。當然，你可以聽到抗議的回音，群眾叫喊著要把「東方猶太人的黑死病」驅逐出去，而伊吉還記得他們總是嘲笑這些群眾，正如他們嘲笑穿著自豪軍服的年輕群眾與穿著阿爾卑斯山農婦、農夫服裝的奧地利人一樣。這類遊行越來越多。

特別令人感到恐怖的是發生在大學階梯的一場暴動，死灰復燃的泛德意志學生兄弟會與猶太人及社會主義學生起了衝突。伊吉記得自己與吉瑟拉被人發現從沙龍窗戶看著這場血腥的打鬥，父親突然生氣地對他們吼道：「不要讓他們發現你們正在看他們。」印象中，父親從未大吼過。

在「猶太人滾出奧地利阿爾卑斯山」的口號下，德奧阿爾卑斯山俱樂部驅逐了所有猶太成員，這個俱樂部提供了使用數百間山區小屋的機會，你可以在小屋過夜，用火爐煮咖啡。

與許多同齡的年輕人一樣，伊吉與吉瑟拉在夏初到山區健行。他們搭乘火車到格蒙登，然後揹著背包，拿著手杖，攜帶睡袋、巧克力與用褐色紙包著的咖啡與糖。你可以從農家取得牛奶、麵包捲與新月狀的黃色乳酪。能從城市解脫是一件令人振奮的事。伊吉對我說，有一次他與吉瑟拉的朋友一同去健行，沒有察覺天色已晚而受困在阿爾卑斯山上。天氣很冷，他們看到在一間木屋裡，大學生圍著火爐快樂地喧鬧著，他們要求我們拿出會員證，否則就待在外面，因為猶太人會汙染山上的空氣。

伊吉說，我們倒是不介意，最後我們摸黑在下方谷地找到一間穀倉，但我們的朋友弗朗齊有會員證，所以他可以待在木屋裡。後來我們都沒有再提起這件事。

你可以不談論反猶太主義，但無法不聽到反猶太主義。在維也納，政治人物能說什麼，似乎還存在著歧見。一九二二年一份作品的出版帶來了考驗，這是小說家與煽動者貝陶爾（Hugo Bettauer）的作品《沒有猶太人的城市》（*The City Without Jews*）。在這部令人不安的小說裡，貝陶爾講述受戰後貧窮折磨的維也納與煽動家興起的故事。這名煽動家是卡爾．魯格博士的翻版，名叫卡爾．史維特菲格博士，他用簡單的方式籠絡民心：「看看今日弱小的奧地利。報章雜誌全掌握在誰的手裡，輿論又是誰操控的？猶太人！誰從不幸的一九一四年以來就不斷累積驚人的財富？猶太人！誰控制了龐大的金錢流通，誰坐在大銀行的董事長桌子後面，誰是實際上所有產業的頭子？猶太人！誰擁有我們的劇院？猶太人……」聯邦總理有個簡單的解決方式：將所有猶太人趕出奧地利。所有人，包括非猶太人與猶太人通婚生下的孩子，全都依序送上火車運到國外。想祕密留在維也納的猶太人，將予以處死。「下午一點鐘，汽笛聲顯示最後一班運送猶太人的火車已經啟程，六點鐘，所有教堂的鐘聲齊鳴，宣布奧地利已無猶太人。」

這篇小說描寫痛苦的家庭離散，絕望的火車站場景，一節節封閉車廂載著猶太人離開，場景令人不寒而慄，也對比出猶太人離開後的維也納不再光鮮亮麗，反成為蒙塵的粗鄙落後之地。沒有劇院，沒有報紙，沒有小道消息，沒有時尚，沒有金錢，直到維也納終於邀請猶太人回來，景況才有所改變。

一九二五年，貝陶爾遭到一名年輕的納粹黨成員暗殺，奧地利國社黨領袖為兇手辯護，使得國社黨在分崩離析的維也納政壇爭取到聲望。那年夏天，八十名年輕納粹黨份子攻擊一家熱鬧的餐廳，大喊「猶太人滾出去！」

這段時期的悲慘，有部分是通貨膨脹所造成的。據說如果一大早走過位於銀行街的奧匈銀行，你會聽到印鈔機不斷印鈔票的聲音，此時你拿到的鈔票上面的油墨恐怕還沒乾呢！有些銀行家認為，或許我們應該換掉目前的貨幣，重新再來。先令於是受到討論。

「整個冬日，面額歸零的消息如雪花般從天而降。數十萬，數百萬，每一片雪花，上千片雪花，都在你手裡化為烏有。」維也納小說家褚威格（Stefan Zweig）在一九一九年的小說《郵局女孩》（*The Post-Office Girl*）中寫道：「金錢在你睡覺時融化消失，在你穿上鞋子（鞋根都已裂開）再次趕赴市場前飛逝無蹤；你從未停止移動，但總是慢了一步。生活成了數學，又是加法，又是乘法，數字與數目的狂暴旋風，漩渦一把將你最後的財產捲入無底的黑色真空之中……。」

維克多看著自己的無底洞：蘇格蘭街辦公室的保險箱放著成堆契據、債券與股票，這些都成了廢紙。身為戰敗國的百姓，維克多在倫敦與巴黎的資產、建立了四十多年的帳戶、城市裡的辦公大樓，以及持有另一家伊弗魯西公司的股份，全被協約國基於戰後懲罰性和約予以充公。在布爾什維克的大火中，俄國的財富——存放在聖彼得堡的黃金、巴庫油田的股票、奧德薩的鐵路、銀行與財產，全部化為烏有。這不只是可觀的金錢損失，歷經數代的攢積都因此徹底被消滅了。

從較私人的角度來說，一九一五年戰火方殷，朱爾斯．伊弗魯西（查爾斯的哥哥與伊弗魯西山間別墅的所有人）去世。由於交戰國的關係，朱爾斯原本承諾讓維克多繼承財產，此時只能改由法國的親戚繼承。於是帝國風格的家具沒了，莫內畫的河畔柳樹也拱手讓人。「可憐的媽媽，」伊莉莎白寫道：「在瑞士度過的許多夜晚，如今只成追憶。」

一九一四年，也就是在戰前，維克多擁有兩千五百萬克朗，在維也納各地擁有數棟房子、伊弗魯西大宅邸、「一百件歷史悠久的畫作」，此外每年還有數十萬克朗的收入，相當於今日的四億美元。現在即使他將大宅其中兩層租出去，五萬克朗的租金也無法解決入不敷出的問題。他當初決定不把錢匯到國外，顯然是一場災難。一九一七年，這位愛國的奧地利公民把大筆金錢投入於戰債，最後血本無歸。

維克多於一九二一年三月六日與八日與老朋友金融家魯道夫．古特曼會面，承認自己的情況嚴峻。「在維也納證券交易所，伊弗魯西家族向來信譽良好。」四月四日，古特曼在給另一名德國銀行家席佩爾先生（Herr Siepel）的信上這麼寫著。伊弗魯西銀行的營運狀況良好，它在巴爾幹半島的經營可以成為有用的商業夥伴。古特曼家參與銀行經營，他花了兩千五百萬克朗購入股份，柏林銀行（德意志銀行前身）隨後跟進，買進七千五百萬克朗。維克多現在只擁有家族銀行的一半股份。

德意志銀行的檔案庫裡存放著成堆的這類文件，銀行仔細地跟維克多商討持股比例與各項報告，來回數次。不過，透過馬尼拉紙製成的遮板，你仍可聽見維克多的聲音微弱而猶豫，他疲憊不堪，連子音都翻攪著。家族事業「完全回到原點」。

這種失落感，這種未能保住祖產的打擊，使得維克多受創至深。他是繼承人，這是他繼承的遺產，而他卻失去這些遺產。他世界的每個部分接連吹熄燈號——他在奧德薩、聖彼得堡、巴黎與倫敦的人生已然終了，只剩維也納，他只能守著環城大道上患了水腦症的大宅邸。

艾咪、孩子與小魯道夫並非真的陷入貧困。他們不需要變賣家產來換取糧食與燃料，但他們擁有的只剩這座大宅裡的東西。根付依然收藏在更衣室的漆櫃，安娜每次到更衣室梳妝臺上更換花朵，總不忘為它們撢去塵埃。牆上依然掛著高布林花毯及荷蘭十八世紀前大師的畫作。法國家具光亮如昔，時鐘上緊發條，燈芯也經適當修剪。塞夫爾餐具依然收藏在銀器室旁的中式櫥櫃，一套套放在用亞麻布蓋住的架上。鍍金的餐具上印著雙重E，而那艘意氣風發揚帆前進的小船也安穩停泊在櫃內。庭院裡還停了一輛汽車。但大宅裡所有物體的生命似乎變得欠缺活力，這個世界經受了一場天翻地覆，一切物品變得異常沉重。所有東西都必須保留下來，甚至應該受到珍視，儘管在此之前它們不過是背景的裝飾，是忙碌社交生活中無人正眼瞧過的虛矯外貌。原本沒人在意的數量與大小，現在似乎都要精確地加以計算與測量。

也許是因為失去太多，才會覺得眼前事物更加珍貴而完整，這是懷舊情緒使然。我開始認為保留事物與失去事物兩者並非截然二分。你保留了這只銀製的鼻菸盒，那是在一場決鬥中擔任助手得到的。你保留某個愛人送的手鐲。維克多與艾咪保留了所有東西，所有財物，所有將抽屜塞得滿滿的物品，以及牆上掛得滿滿的畫作，但他們卻看不到未來的可能性。這是這個家逐漸沒落的原因。

維也納被懷舊情緒牢牢糾纏，再怎麼厚重的橡木門都無法阻擋這股情緒入侵家門。

22 你必須改變你的人生

伊莉莎白念大學的第一個學期一團混亂。維也納大學的財政狀況吃緊，因而分別向奧地利與維也納當局尋求協助：「如果無法盡快撥款，維也納大學將不可避免淪落到如同一間中學的程度。教師領不到足以填飽肚子的薪水……圖書館也無法運作。」一名客座教授評論，教授的年收入不但不足以為自己購置西裝與內衣，也無法為妻兒購買衣物。一九一九年一月，由於沒有燃料供演講廳使用，只好停課。然而，這樣的背景下卻產生了具煽動性的學術氣候，而且一反常態成為活躍的研究時期：此時出現了奧地利（或維也納）學派經濟學、理論物理學與哲學、法學、精神分析學（佛洛伊德與阿德勒）、歷史學與藝術史。每個學派都代表了非凡的學術研究，以及激烈的學術對立。

伊莉莎白選擇攻讀哲學、法學與經濟學。某個意義上來說，這是非常猶太人的選擇：在學院裡，這三門學科都有許多猶太人選修。法學院有三分之一的學生是猶太人。在維也納，成為律師意味著成為一名知識分子，而伊莉莎白正是如此，一名樸素、熱切、專注的十八歲知識分子，穿著白色雙縐綢襯衫，脖子繫著黑色蝴蝶領結——這使得伊莉莎白與她那情緒不穩定的母親有著絕對的區隔。同時也讓她與大宅裡慢慢復甦的家庭生活、幼兒房、還在襁褓中的吵鬧弟弟，以及緊張不安的氣氛漸行漸遠。

伊莉莎白選擇投入眾人敬畏的經濟學家米塞斯（Ludwig von Mises）門下，後者在大學裡有古典自由主義先生的稱號。米塞斯是一名年輕的經濟學家，因強調社會主義國家難以存在而聞名於世。在維也納街頭也許可以看到共產主義者，但米塞斯致力尋找經濟論據以證明共產主義是錯的。他開了小型專題討論課程，指導學生寫論文。一九一八年十一月二十六日，也就是魯道夫出生後的一個星期，伊莉莎白首次發表文章〈卡爾維的利率理論〉。米塞斯的學生對於專題討論的嚴格記憶猶新，著名的自由市場經濟學派便發端於此。我讀過伊莉莎白學生時期的論文：〈通貨膨脹與黃金短缺〉（十五頁，手寫的斜體字，字體很小）、〈資本〉（三十二頁，字體跟前文相同）、〈約翰·亨利·紐曼〉（三十八頁）。

伊莉莎白的熱情主要投注在詩文之上。她把自己寫的詩作寄給外祖母與朋友芳妮·洛文斯坦。芳妮此時在一家當代藝廊工作，負責販售席勒的作品。

伊莉莎白與芳妮都喜歡里爾克（Rainer Maria Rilke）的抒情詩。他的作品令她們陶醉不已，她們可以背誦里爾克的兩卷《新詩集》（*Neue Gedichte*），而且往往坐立不安地等待下一部詩集的出版。里爾克曾在巴黎擔任羅丹的助理，戰爭結束後，這兩名女孩帶著里爾克寫的談論羅丹的書籍前往巴黎羅丹博物館，向這名雕刻家致敬。伊莉莎白在書緣用鉛筆草草寫下內心的興奮之情。

里爾克是當時的激進詩人。他在「事物詩」中結合了直接的表達與強烈的感官知覺描述。「『事物』是明確的，『藝術事物』必須更明確，排除所有的偶然，去除所有的曖昧與模糊……」里爾克寫道。他的詩充滿頓悟，捕捉事物展現生命的一刻——舞者開始展現舞姿之時，宛如火柴劃出火花的瞬間，或者是夏日天氣變化的時刻，心情的轉折彷彿明明看到的是自己的朋友，卻有首次謀面的感覺。

里爾克的詩充滿危險，「藝術就是一個人陷入危險的結果，或經歷一段逼近盡頭的過程，沒有人能再往前一步。」他興奮的說，藝術家就是如此。你搖搖晃晃走在人生邊緣，就像一隻天鵝在「急欲下水」之前，「就被洪流輕輕地捲入」。

「你必須改變你的人生，」里爾克在詩作〈古老的阿波羅軀幹雕像〉中寫道。還會有別的指示比這句話更令人振奮嗎？

直到伊莉莎白死後（她活了九十二歲），我才了解里爾克對她有多麼重要。我知道一些信件，但它們是咕噥之語，掩蓋了光彩。某個冬日午後，我站在伊弗魯西大宅邸中庭手持豎琴的阿波羅雕像前努力回想里爾克的詩句，大理石的光澤如同「肉食動物的毛皮」，我知道我必須找出這些書信。

伊莉莎白的舅舅曾經給她一本介紹里爾克的作品。里爾克在戰爭期間受困於德國，皮普斯幫過他的忙。現在，他寫信邀請里爾克來科維徹什一聚：「這個家永遠歡迎你。如果你能『不拘禮』，那麼我們會特別開心。」而皮普斯也徵得里爾克的同意，讓他疼愛的外甥女寫詩寄給他。一九二一年夏天，伊莉莎白緊張地寫詩寄給里爾克，隨信附上韻文劇《米開朗基羅》，並且問他是否有這個榮幸將這部作品獻給他。不過直到隔年春天里爾克都沒有回信，因為他正忙於完成《杜英諾悲歌》。爾後他回了五張信紙的信，兩人開始書信往來，一個是維也納的二十歲女學生，一個是瑞士的五十歲詩人。

通信一開始就是拒絕。里爾克拒絕伊莉莎白將韻文劇獻給他。最好的做法是讓詩集出版，那麼這本書「將代表妳與我的永恆連繫……我很榮幸能擔任妳的『處女作』的導師，前提是不要提我的名字。」但里爾克說，「我對妳寫的東西很感興趣。」他們通信了五年，里爾克寫了十二封長信，六十張信紙零星點綴了他近期的詩作與翻譯，許多韻文作品也附上溫暖的獻詞。

如果你站在圖書館裡看過里爾克全集，整排書的長度約有一碼，其中絕大多數是書信，套用貝里曼（John Berryman）深具洞察力的話來說，這些書信絕大多數寫給「有身分地位、但心情沮喪的貴婦人」。伊莉莎白是個寫詩的年輕女男

伊莉莎白·伊弗魯西博士，詩人與律師，一九二二年

爵，在里爾克眾多的通信者當中，伊莉莎白的身分並不特出。但里爾克是個偉大的書信作家，這些文字尤其優美的信件，告誡的、抒情的、有趣的與投入的，見證了他所謂的「以文會友」。這些信從未被翻譯，直到最近才由英格蘭一名研究里爾克的學者予以謄寫。我把我的陶罐挪到一旁，在桌上擺滿這些信件影本。我花了兩個星期的時間愉快地與一名德國博士生一起翻譯這些迂迴、押韻的句子。

里爾克翻譯他的朋友法國詩人梵樂希（Paul Valry）的作品，他提到梵樂希的「三緘其口」，有好幾年時間完全不寫詩文。里爾克把他剛完成的翻譯放入信封。他提到巴黎，以及普魯斯特最近去世的消息對他的影響，他想起在巴黎時擔任羅丹的秘書，他想回巴黎重新學習。伊莉莎白讀過普魯斯特的作品嗎？她應該讀過。

里爾克非常關心伊莉莎白在維也納的狀況。伊莉莎白在大學同時攻讀法律與詩，這種對比令他感興趣：

> 親愛的朋友，老話一句，我不擔心妳的藝術才能，我認為妳有很高的能力……即使我無法預見擁有法學博士學位的妳將來會走上哪一條路，但我認為妳的兩個職業之間的巨大對比，所帶來的影響是正面的；心靈生活越豐富，妳就越能獲得靈感。靈感無法預期，它總是由內部激發而生。

里爾克閱讀伊莉莎白最近的詩作，〈一月的晚上〉、〈羅馬的夜晚〉與〈伊底帕斯王〉：「這三首詩都很好，不過我覺得〈伊底帕斯王〉更勝其他兩首。」在這首詩中，她描寫國王離開城市流亡，他的雙手掩面，披風裹住身軀，「其他人回到宮殿，燈火一盞接著一盞熄滅。」伊莉莎白與父親相處得夠久了，對父親的《埃涅阿斯紀》極為熟悉，對於流亡，她早已孕生出強烈的情感。

伊莉莎白課餘時會閱讀文學，但里爾克建議她「去看看風信子的藍。去看看春天！」他還提供伊莉莎白的詩與翻譯一些明確的建議；畢竟，「能幫助花草生長的園丁不能光靠鼓勵與關心，也要修剪與鏟土；因此批評是必要的！」他與伊莉莎白分享在完成一部大作之後心中的感受：你會覺得輕飄飄的，然而這當中隱含著危險，里爾克寫道，「彷彿你會飄走似的。」

在這些信裡，里爾克的文字變得抒情：

> 我相信，在維也納，當迎面的風不再刺骨，你將感覺到春的降臨。城市開始感受事物的蠢蠢欲動，光線逐漸明亮，陰暗處悄悄變軟，窗戶閃爍微光——城市緩緩而羞澀地露出本來的面目……在我的經驗裡，只有巴黎與（天真來看）莫斯科吸取春天的本質成為自己的一部分，彷彿城市本身也是自然的地貌……

他最後寫著：「暫時先談到這裡吧！感謝妳信中傳達的溫暖與友誼。祝一切安好！摯友里爾克敬上。」

想像收到里爾克的信是什麼感覺。想像信件拿進大宅的早餐室，妳看到從瑞士寄來的信封有里爾克往右傾斜打圈的字跡，妳父親坐在餐桌一端，打開從柏林送來的米黃色圖書目錄，妳母親坐在另一端讀著報紙的小品文，妳弟弟妹妹在一旁小聲爭論著。想像撕開信封，發現里爾克寄給妳一首〈致奧菲斯的十四行詩〉與抄寫的梵樂希詩作。「我彷彿置身仙境。我不敢相信我能擁有這些東西！」當晚，伊莉莎白在緊靠窗戶面向環城大道的書桌前回信給里爾克。

里爾克與伊莉莎白計畫見面。「希望不要只是匆匆見上一面，最好是能有充裕的時間好好談談，」他寫道。但他們無法在維也納見面，之後在巴黎又因為伊莉莎白記錯時間而不得不在里爾克抵達前離開。我找到他們的電報。蒙特厄洛里烏斯飯店的里爾克，於十一點十五分致電巴黎拉伯雷街三號伊莉莎白．伊弗魯西小姐（回電費已付），伊莉莎白在四十分鐘後回電，之後里爾克又於隔天早上回電。

里爾克後來生病無法旅行，在療養院待了一段時間養病，然後在死前兩個星期寄出最後一封信。里爾克的遺孀從瑞士將伊莉莎白寄給里爾克的信全數寄還給伊莉莎白，伊莉莎白把自己寄出的信與收到的信放在同個信封裡。仔細標記，放進某個抽屜，之後又換到另一個抽屜。此後，伊莉莎白終其一生從未再翻動這些信件。

為了送禮「給親愛的外甥女伊莉莎白」，皮普斯舅舅特別找人將她的韻文劇《米開朗基羅》謄抄在羊皮紙上，並且加以裝飾，宛如中世紀的祈禱書，然後用綠色硬棉布裝訂起來。這是為了呼應里爾克的早期作品《時禱書》，這本書每個詩節的第一個字母都染了洋紅色。我父親記得他有這本書，他找了出來，並且帶到我的工作室。現在這本書就擺在我的書桌上。我打開書本，上有里爾克的題詞，然後是伊莉莎白的詩。我覺得這本書相當好，這是一首描述雕刻家製作事物的詩——純然的里爾克風格。

伊莉莎白八十歲時，我十四歲，我開始把我寫的詩寄給她，她總是細心批評，並建議我應該去讀什麼書。我總是讀詩。我曾經熱烈單戀著書店的女孩，每個星期六下午我會帶著零用錢去買Faber出版社的袖珍本詩集。我的口袋裡總是塞著一本詩集。

伊莉莎白的批評很直接。她討厭多愁善感，痛恨「情感的不精確」。她認為如果不按詩的格律走，那麼就算營造出詩的結構也沒有意義。因此，我為書店深髮色女孩寫的十四行詩是無意義的。但她批評最多的，還是詩的不明確，因為我倉促地表現情感而模糊了真實。

伊莉莎白過世之後，我繼承了她的詩集，數量還不少。她為這些書籍標了序號，里爾克的《時禱書》是二十六號，里爾克論羅丹的作品是二十八號，史蒂芬．格奧格（Stefan George）是雙E三十六號，她外祖母的詩集是六十三號與六十四號。我請父親到大學圖書館，館內收藏了伊莉莎白的一些書籍，我想知道她是什麼時候讀這些書，但當我工作到深夜，仔細查閱伊莉莎白的法文詩集、十二卷普魯斯特作品、里爾克早期作品、書緣的評論、幾段被遺忘的抒情詩、一封遺失的信件時，我不得不停止這項工作。我記得貝婁（Saul Bellow）筆下的赫索格，在晚上從書本中抖出鈔票來，那原本是他用來當書籤的東西。

當我真的找到東西時，我還真希望我沒找到。我發現伊莉莎白所謄寫里爾克的詩就在日誌裡某一頁的背面，日期是七月六日星期日，黑色與紅色看起來就像彌撒書。在里爾克的《曆時大事記》（*Ephemeriden*）中，有一頁標記著半透明的龍膽草；維也納一名潘維茨先生的住址寫在梵樂希的《魅惑》（*Charmes*）之中；科維徹什的客廳照片夾在《在斯萬家那邊》裡。我覺得自己像賣書的人一樣，判斷一本書的封面，標出註解，評估可能的價值。這不只冒犯了她的閱讀，這種說法聽起來有點奇怪與不適當，也有點像陳腔濫調。我把真實的相遇變成了乾燥花。

我記得伊莉莎白對物品、根付與瓷器的世界興趣不大，正如她討厭為了早上該穿什麼衣服而煩心。她的房間裡有一面巨大的書牆，只有一個狹窄的白色架子，相應地放置小巧的中國赤陶土燒製的狗兒與三個加蓋的罐子。她支持我燒製陶器，在我嘗試建造自己的第一座窯爐時，她慷慨地開了一張支票給我，但當她聽到我想靠燒製陶器為生，卻輕輕笑了出來。伊莉莎白喜愛的是詩，事物的世界，具體明確而且活生生，可以抒發情感。她應該會討厭我把她的書當成寶一樣地供著。

在維也納，在伊弗魯西大宅邸，三間房間並排著。一邊是伊莉莎白的房間，彷彿書房一般，她在裡面坐下來寫詩與文章，寫信給作詩的外祖母艾芙琳娜，給芳妮，給里爾克。另一邊是維克多的書房。中間是艾咪的更衣室，裡面放著大鏡子，梳妝臺上擺著科維徹什的花束，以及根付的展示櫃。展示櫃開啟的次數越來越少。

對艾咪來說這是一段艱苦的歲月。她四十出頭，孩子正值需要照顧卻又想跟父母保持距離的年紀。他們各自用不同的方式擔心自己的母親，而他們也不再像小時候那樣利用母親更衣的時候跟她說話，聊聊自己最近做了什麼。幼兒房裡的小男孩已經夠讓人手忙腳亂。艾咪帶孩子上歌劇院，因為那裡可以遠離爭吵與煩憂：一九二二年五月二十八日，帶伊吉去看《唐懷瑟》（*Tannhäusr*）；一九二三年九月二十一日，帶吉瑟拉去看《托斯卡》（*Tosca*）；十二月，帶全家去看《蝙蝠》（*Die Fledermaus*）。

在這段艱苦時期，維也納似乎沒有太多機會讓人好好打扮。安娜還是跟以前一樣忙碌——貴婦的貼身女僕似乎沒有不忙的道理，但更衣室已不再是生活的重心。它總是靜悄悄的。

我想著更衣室的景象，想起里爾克寫的，「令人震顫的靜止，就像在展示櫃裡一樣。」

23 黃金國 5-0050

年紀最大的三個孩子離開了維也納。

伊莉莎白，詩人，她是最早離開的。伊莉莎白在一九二四年獲得法律博士學位，也是維也納大學最早獲博士學位的女性之一。然後，她取得洛克斐勒獎學金，負笈美國——她離開了。祖母令人敬畏、聰明而專注，她曾為一本德國期刊撰寫關於美國建築與理想主義的文章，提到摩天大樓的熱切與激情如何與當代哲學互相契合。返國後，她又到巴黎攻讀政治學。伊莉莎白愛上一名在維也納認識的荷蘭人，他最近才跟伊莉莎白的親戚離婚，那段婚姻留下了一個小男孩。

美麗的吉瑟拉第二個離開家。她嫁得不錯，對象是一名可愛、出身富有猶太家族的西班牙銀行家阿爾弗瑞多（Alfredo Bauer）。這對夫妻在維也納猶太會堂舉辦婚禮，世俗的伊弗魯西家感到困惑，他們不知該怎麼做，連坐哪裡和站哪裡都搞不清楚。這對年輕夫妻舉辦了宴會，地點就在大宅的金色大舞廳，賓客在伊格納斯勝利的天花板下盡情跳舞。吉瑟拉穿著長羊毛衫，銀色的腰帶低繫在印花裙上，深色的黑白服飾搭配著一串深色的珍珠項鍊，毫不費力地展現時尚感。她笑容滿面，而蓄鬍的阿爾弗瑞多英俊挺拔；這對夫婦在一九二五年搬到馬德里。

當時伊莉莎白寄了一張便條給年輕的荷蘭人亨德里克．德瓦爾（Hendrik de Waal），提到她得知這個星期五他會途經巴黎，不知兩人能否見上一面？如果他有空打電話，就撥戈布里烏斯 12-85。亨克（亨德里克的暱稱）身材高大，一頭淺色細髮，上等灰色西裝帶有極淡的深灰色條紋，他戴著單片眼睛，抽著俄國雪茄。他成長於阿姆斯特丹的王子運河，是咖啡與可可進口商的獨子。他遊遍各地，會拉小提琴，充滿魅力且詼諧風趣。亨克也寫詩。我不知道我祖母過去是否被這樣的男子求過婚。祖母當時二十七歲，頭髮往後梳，在腦後紮了結實的髮髻，戴著圓形的黑色眼鏡，與她的女男爵博士身分很相稱。但我知道祖母深愛著亨克。

我在維也納阿德勒學會檔案裡發現他們的結婚公告。這份公告印製得相當精美，上面寫著伊莉莎白．馮．伊弗魯西與亨德里克．德瓦爾結婚。維克多與艾咪的名字出現在一個角落，德瓦爾的父母則在另一個角落。我的祖父母——一個屬於荷蘭改革教會，另一個是猶太教，在巴黎聖公會教堂舉行婚禮。

伊莉莎白與亨克在巴黎第十六區的斯彭提尼街買了一間公寓，購置了最新的裝飾藝術風格家具，盧爾曼（Ruhlmann）的扶手椅與地毯，還有令人耳目一新的現代風格金屬燈與維也納工坊閃閃發亮的玻璃器皿。他們掛了許多梵谷畫作的複製品，而且在客廳短暫展示過席勒的風景畫，這是他們在維也納芳妮的藝廊買下的。這棟公寓有兩張照片我很喜歡，你可以感覺到這對夫妻在布置新房時有多麼快樂，這是一種添構全新物品的喜悅，與繼承舊東西大不相同。沒有鍍金，沒有年輕女孩畫像，也沒有荷蘭的五斗櫃。

這對夫妻與亨克的兒子羅伯特，以及他們生下的兩個小男孩都住這棟公寓。兩個小男孩，一個是我的父親維克多——跟我祖父維克多一樣，繼承了俄羅斯父祖的名字塔夏；一個是我的叔叔康斯坦特（Constant Hendrik）。他們每天都到布洛涅森林玩耍。當一切順利，家裡請了女家庭教師、廚子與女僕，甚至還有司機。伊莉莎白為《費加洛報》寫詩與文章，而且精進她的荷蘭文。

有時候碰到下雨天，伊莉莎白會帶孩子們到杜樂麗花園旁的朱德波姆美術館（gallery of the Jeu de Paume，現稱「國立網球場現代美術館」）。這裡有一間長而明亮的房間，裡面放的全是伯伯查爾斯的收藏，包括馬奈、竇加與莫內的作品，這是芬妮與丈夫西奧多·萊納赫為紀念查爾斯而捐給美術館的。伊莉莎白在巴黎雖然有親戚，但查爾斯那個世代已經過去，他們留下了許多物品給自己生前居住的國家。萊納赫家族留下模仿希臘神廟外觀興建的美麗建築——克里洛斯別墅給法國，而伯婆碧翠絲·伊弗魯西—羅特希爾德把位於費拉岬的粉紅玫瑰別墅遺贈給法蘭西學院。卡蒙多家族捐出了收藏品，卡恩·丹佛家族也捐出在巴黎市郊的城堡。從最初一批猶太家族在黃金蒙梭街建立宅邸以來至今已過了七十年光陰，而他們願意在死後把財產捐給這個慷慨的國家。

從宗教信仰來看，這是一段耐人尋味的婚姻。亨克成長於一個嚴謹的家庭，他們的黑色西裝與服飾看起來極為陰沉，卻改信成門諾會信徒。伊莉莎白對於自己猶太身分充滿信心，但在閱讀了基督教的神祕主義作品後也談起改信的事。不是為了結婚，也不是為了跟鄰居相處和睦，他們並未改信天主教（我不太確定一個住在維也納沃蒂夫教堂對面的猶太女孩是否會做這種事），而是投奔了英格蘭教會。他們到巴黎聖公會教堂舉行婚禮。

當盎格魯巴伐利亞貿易公司經營不順，亨克喪失了大筆金錢，也賠掉了別人的財產。尤其他讓琵慈的財產化為烏有，這位伊莉莎白的狂野親戚與童年好友已經成為頗有前景的印象派畫家，在法蘭克福過著波希米亞式的生活。失去一大筆錢財如同一場夢魘，女僕與司機必須走人，而家具只能放在巴黎的儲藏庫。後續還有複雜冗長的討論。

亨克與岳父維克多一樣不善理財，但兩者狀況不太一樣，亨克能讓數字起舞。我父親提到亨克如何檢視三個欄位，取走一個欄位，並微笑說出（正確的）總和。他以為面對金錢也能如法炮製，他以為一切都會如他所想的進行，市場會如此運轉，船隻會準時靠岸，而財富會喀嚓一聲進入財庫，就像他纖細的珠皮菸盒一樣。其實，他只是對自己的能力存有幻想。

我了解維克多從不相信自己能控制數字欄。我後來才想到，當伊莉莎白發現自己嫁的男人幾乎跟自己父親一樣不善理財時，不知內心做何感想。

伊吉從蘇格蘭中學畢業，他是第三個離家的孩子。我有一張他的高中畢業照，一開始還找不出他在哪，突然看到後排有個穿雙排扣西裝的大塊頭，那就是伊吉。他像個股市經紀人一樣打著領結，口袋塞著手帕，這名年輕人練習怎麼站才適切，怎麼擺姿勢才具有說服力。舉例來說，把一隻手插在口袋裡？或者兩隻手都插在口袋才好看？甚至，這招更可愛——把一隻手放在背心裡，擺出俱樂部會員的動作。

為了慶祝高中畢業，他跟童年好友古德曼開車從維也納前往巴黎。他們開著豪華巨大 Hispano-Suiza 名車行經北義大利與里維耶拉，展開漫長的旅途。在某個寒冷明亮的隘口，三個年輕人坐在車子後座，車篷已經降下，他們裹著風衣，護目鏡往上拉到駕駛帽上。他們的行李堆放在前面，司機隨侍在側。車子的引擎蓋消失在照片左方，行李箱消失在照片右方，整部車子好像處在一個微妙的平衡點，在兩個深淵間搖晃。

如果你是一名學者，那麼有伊莉莎白這麼個姊姊會是一件很難受的事，但伊吉不是嗜書之人。這段日子家中的經濟不像過去那麼拮据，艾咪，正值優雅的四十五歲，又開始添購衣物。但伊吉也不能無所事事，每天都跑到電影院看戲。維克多與艾咪對他的未來瞭然於心，伊吉必須到銀行工作，每天早上跟著父親往右轉再往左轉，坐在辦公桌前，在小船乘風破浪的盾形家徽底下努力做事——「我們無可挑剔，你可以信賴。」家族事業從約阿希姆到伊格納斯到里昂，然後到維克多與朱爾斯，現在傳承到伊吉的身上。畢竟伊吉是整個伊弗魯西大家族唯一的年輕男性，魯道夫此時只是個不知人間疾苦的七歲孩子。

儘管伊吉對數字不擅長，但他父母還是計畫讓他到科隆大學攻讀財務金融，這樣方便舅舅皮普斯（已再婚，對象是迷人的電影女星）就近照顧他。伊吉用一輛小車代步做為獨立自主的開始，車裡的他看來相當開心。伊吉熬過了試煉——整整三年的德國課程，並開始在法蘭克福一家銀行上班。幾年後，他在一封信裡冷淡地說：「在這裡，我有機會熟悉銀行的各項業務。」

他對這幾年的事絕口不提，只跟我說，在經濟大恐慌時代，猶太銀行家待在德國是「不智的」。當時正是納粹逐漸得勢的時代，希特勒的得票數不斷增加，而衝鋒隊人數暴漲到四十萬人，街頭鬥毆成了城市生活的一部分。一九三三年一月三十日，希特勒被任命為總理，一個月後國會大樓大火，數千人遭到預防性拘留。最大的新拘留營就位於巴伐利亞的達豪。

一九三三年七月，伊吉照理應該回到維也納的銀行工作。

待在德國似乎不是那麼「聰明」，但奧國當時的情況也不太理想。維也納充滿了騷動。奧國總理多爾夫斯（Engelbert Dollfuss）面對納粹與日俱增的壓力，竟然懸置了憲法。警察與抗議群眾激烈衝突，有段時間維克多甚至無法到銀行上班，只能焦急地待在書房等著晚報送來。

伊吉沒有出現。他跑掉了。跑掉的原因可以列成一大張清單，從銀行開始——門房總是對著他笑——歸根究柢還是跟維也納脫不了關係。令他想逃的其實是這個家：爸爸、老廚子克拉拉與她拿手的小牛肉派配馬鈴薯沙拉、安娜把他的襯衫燙得筆挺、一塵不染、在他房裡等候已久的畢德麥雅床鋪與熟悉的更衣間長廊，還有在六點必定翻摺妥當的床罩。

伊吉跑到巴黎，在一家「第三級時尚服飾店」工作，學習製作茶會衣裳。他每晚待在工作室學習剪裁，感受剪刀在波浪起伏的綠色閃綢上滑動。他住在朋友的公寓，每天只睡四小時，然後喝杯咖啡就回去繼續繪圖。十五分鐘吃午餐、喝咖啡，然後馬上工作。

他很窮。他學會如何讓衣服常保整潔的祕訣，以及如何為袖口摺邊。維也納的父母沒說什麼，還匯了一點零用錢給他。雖然維克多得向朋友說明伊吉不願到銀行工作，在面子上可能掛不住，或許當人們問起伊吉在巴黎做些什麼，他只能含糊其詞，但我猜測維克多內心其實是同情兒子的，維克多肯定知道該逃而不逃會有什麼下場，正如艾咪肯定知道該留而不留下的感受。

此時伊吉二十八歲。跟艾咪一樣，服飾是他的天職。不知有多少個夜晚，他在更衣間把玩根付，安娜幫著母親更衣，她們熨平衣物，比對袖口或脖子的蕾絲細節。與吉瑟拉一起玩著服飾遊戲，一整箱舊衣服就堆在遠處角落的儲藏室。在沙龍的拼花地板上仔細翻閱過期的《維也納時裝》（*Wiener Mode*），伊吉可以告訴你某件軍服的褲子跟另一件褲子在剪裁上有什麼差別，以及要怎麼穿搭斜紋的縐紗。現在，他終於發現自己沒有想像的那麼優秀，但總歸是發現了。

然後經歷九個月的磨練，他又跑掉了。這回他跑到紐約，追求男孩與時尚。這是一段完美的三位一體節奏，即使到了晚年，他仍微笑著描述這段前往紐約的航程，那是洗禮般的橫渡，從一種生活過渡到另一種生活，一段航向自己的旅程。

當我第一次來東京，他花了半天要幫我打扮得好看點，我當時還不知道伊吉有這些經歷。濕熱的六月置身於伊吉的公寓，我的旅行帶來的嚴肅、滔滔不絕與塵土還沒褪盡，第一次了解到重要的不是衣物，而是衣物「如何」跟你搭配。伊吉與次郎（他朋友，與他住在相通的公寓）帶我到銀座的三越百貨，我們買了些合適的衣服，包括夏天穿的亞麻外套和幾件有領襯衫。我的牛仔褲與無袖襯衫被他們的管家中野太太收走，拿回來時，所有衣物都已縫邊，摺好的衣物在袖口以別針固定，所有鈕扣縫補得整整齊齊。這是我生平頭一遭碰見這種事，恐怕也是最後一遭。

過了很長一段時間，我再到東京，次郎給了我一張小卡片：「里奧．伊弗魯西男爵宣布與桃樂絲．庫朵兒公司合作，原莫里諾，巴黎」。地址是第五大道六九五號，電話是黃金國 5-0050。看起來相當合適。時尚對伊吉來說就是一座黃金國，他捨棄伊格納斯之名換成了里奧，但保留了男爵的頭銜。

桃樂絲．庫朵兒公司（Dorothy Couteaur Inc）——這個名字取自納博科夫（Nabokov）以嘲弄的語氣故意拖長「女裝設計」（couture）一詞的發音，伊吉為它設計了「自由搖擺外衣」，「時髦的米色縐織女裝縫上斜紋的褶襉，米色縐織外套上有褐色的燕子圖案。」伊吉大部分是為「時髦的美國女性設計精緻服裝」，而我發現有人提到「加州首次出現時髦的婦女飾品，包括腰帶、皮包、陶製的珠寶與粉盒。」這若非反映了他的財務困境，就是刻意顯現出他的巧思。在一九三七年三月十一日的《女裝日報》（*Women's Wear Daily*）中：「有一種重要的晚禮服結合了有趣的織物。這套衣服顯然受到希臘的影響，使用的是平針織的珍珠母緞布，外套是鮮紅的薄綢，縫上細褶做出表面裝飾。披巾也可以做為外套的腰帶，顯示可以穿成開襟外衣的樣子。」

「結合了有趣的織物」是個誇獎的說法。我一直看著插圖，想了解「穿成開襟外衣的樣子」是什麼意思。

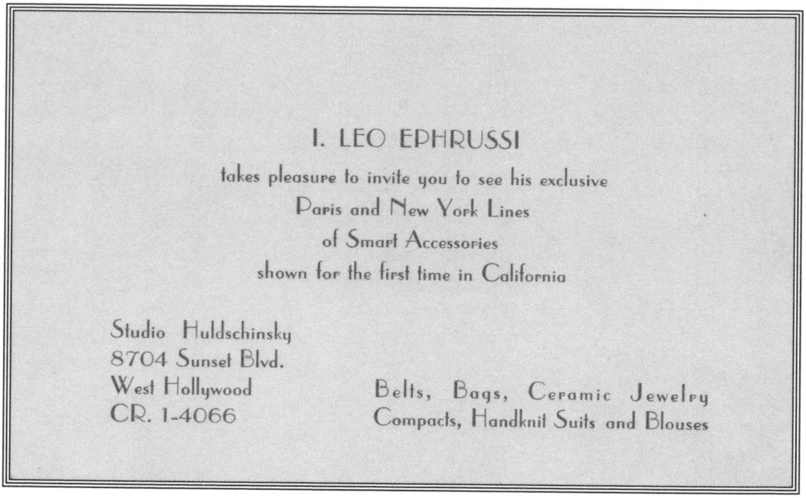
I. LEO EPHRUSSI
takes pleasure to invite you to see his exclusive
Paris and New York Lines
of Smart Accessories
shown for the first time in California

Studio Huldschinsky
8704 Sunset Blvd.
West Hollywood
CR. 1-4066

Belts, Bags, Ceramic Jewelry
Compacts, Handknit Suits and Blouses

伊吉的邀請函，一九三六年

直到我發現他的度假服設計是根據美國海軍信號旗而來，才了解伊吉從設計中得到多少樂趣。女孩身上的短褲、短裙在壯健黝黑的水兵拉動下沿著索具冉冉上升，這些密碼告訴我們：女孩穿的衣服花色表示：「我需要跟你有個人交流」、「你現在一路暢通了」、「我著火了」與「我再也受不了了」。

紐約到處都是逃出歐洲的貧窮俄國人、奧國人與德國人，伊吉也是其中之一。從維也納匯來的微薄零用錢很快就花光了，他在設計上賺的錢也少得可憐，但伊吉是個樂天的人，他找到他的第一個至愛：羅賓・柯提斯（Robin Curtis），一名古董交易商，略微年輕、苗條、皮膚白皙。在他們位於上東區的公寓（與羅賓的姊妹合住）裡有張家庭照，兩個男人穿著細條紋西裝，伊吉坐在椅子的扶手上。他們身後的壁爐架上掛了彼此的家庭照。在另外一張照片裡，他們在沙灘上追逐嬉戲，旁邊散置著大行李箱，地點在墨西哥，在加州，他們就像夫妻一樣。

伊吉真的擺脫了過去。

伊莉莎白不同意搬回維也納。當財務實在過於窘迫（客戶不再搭理亨克，承諾也未實現，之類的），她便帶著男孩們到義大利提洛歐伯波珍過農村生活。村子到了大擺宴席的日子，有五音不全的鼓樂隊助興，還有翠綠的草地。這裡風景美麗，空氣對孩子的健康極有益處。最重要的是，這裡非常便宜，不像巴黎生活那樣有許多花費。孩子曾短暫在當地學校上學，但不久她就決定親自教導他們。亨克留在巴黎與倫敦，試圖挽回貿易公司的損失。「當他來看我們的時候，」我父親回憶，「我們被囑咐要非常非常安靜，因為他非常非常疲倦。」

有時伊莉莎白會帶著孩子回維也納看看外祖父母及舅舅魯道夫，現在他已經是個青少年了。司機載著維克多與他的外孫出遊，他們坐在長型黑色轎車的後座。

艾咪的身體狀況不佳，她的心臟有問題，而且開始服用藥物。她最近的幾張照片感覺老了不少，步入中年的確讓人心驚。但她依然美麗，身穿黑色披風、白色衣領，帽子斜別在泛白的鬢髮上，一隻手搭著我父親，另一手搭在我舅舅肩膀上。安娜肯定將她照顧得很好，而她還是有力氣談戀愛。

艾咪說她還沒準備好當外祖母，但她寄給我父親一系列的安徒生童話明信片：〈養豬人〉、〈公主與豌豆〉。數十張明信片上寫著簡短的訊息，每星期寄一張，從未間斷，每張都簽著「給你一千個吻，你的外祖母」。艾咪還是忍不住要講故事。

魯道夫在家裡成長，一年年過去，沒有姊姊與哥哥的陪伴。此時的他高大英俊，在一張照片中，他穿著馬褲與陸軍長大衣站在大宅沙龍門前吹奏薩克斯風，美麗的音色肯定在空蕩蕩的房間裡不斷迴響。

一九三四年七月，伊莉莎白與男孩們在維也納大宅邸待了十四天，這幾個星期奧地利親衛隊發動了一場政變，總理多爾夫斯在辦公室裡被刺身亡，預示著納粹暴亂將起。政變在傷亡慘重下鎮壓成功，新任總理舒什尼格（Kurt Schuschnigg）誓言防止內戰發生。我父親記得他在大宅的幼兒房醒來，跑到窗邊看到救火車一邊打鈴一邊在環城大道上疾馳著。我試著給他多一點提示（納粹示威？武裝警察？危機？）但他似乎什麼也想不起來。對他來說，對一九三四年維也納的記憶就只有消防車而已。

維克多無法再佯裝成銀行家。或許正因如此，也或許是他的副手史坦豪瑟先生（Steinhausser）太優秀，銀行的業績越來越好。維克多還是每天到銀行上班，而且一整天待在那裡研究從萊比錫與海德堡寄來的一大本印刷繁密的目錄。他蒐集古版書，而他的熱情（尤其在奧匈帝國瓦解之後）則集中在羅馬史上。這些書放置在能俯瞰蘇格蘭街的高層書架，架上有小門鎖上，鑰匙繫在他的錶鏈上。古版的拉丁史似乎是相當深奧難懂的知識，而且非常昂貴，但他就是鍾情於帝國。

維克多與艾咪假日時會結伴前往科維徹什，但自從艾咪的雙親死後，這裡就變得沒落蕭條。馬廄只剩兩匹馬，看守獵場的人也變少了，週末不再舉辦狩獵。艾咪沿河岸走向河灣，經過柳樹旁，享受微風的吹拂，然後在晚餐前回程，一如過去她與孩子散步的路線。只不過現在她的心臟不好，腳步極為緩慢。游泳的湖泊乏人問津，湖岸邊長滿蘆葦，發出窸窣的聲響。

伊弗魯西家的孩子分散各地。伊莉莎白仍住在阿爾卑斯山，但已經搬到瑞士的阿斯科納，她有空時就會帶著孩子回到維也納。安娜總為他們忙進忙出。伊吉現在在好萊塢設計度假休閒服。而吉瑟拉與她的家庭則因為西班牙內戰的關係，必須離開馬德里搬到墨西哥。

一九三八年，艾咪五十八歲，還是相當美麗。她脖子上掛的珍珠項鍊垂到腰際。維也納成了充斥著混亂的地方，但大宅邸生活彷彿完全靜止，有八名僕人負責讓這片靜態保持完美。一切照舊，雖然餐桌還是固定在下午一點與晚上八點擺上餐具，卻已不見魯道夫的身影。她說，他離開了，不待在這兒了。

維克多七十八歲，看起來跟他父親一模一樣，也像極了他堂哥查爾斯在訃聞上的肖像。我想到老年的斯萬，他一切的特徵都被放大了：伊弗魯西家的鼻子最為明顯。我看著維克多的照片，鬍子修剪整齊就像我父親現在的樣子，我不禁懷疑還要多久我就會長得跟他們一樣。

維克多十分焦慮，每天閱讀好幾份報紙，他的確有理由焦慮。數年來，德國國社黨持續給壓力，同時暗中金錢援助奧國國社黨。現在，希特勒要求奧國總理舒什尼格釋放牢裡的納粹黨成員，讓他們參與政府。舒什尼格順從了。壓力不斷累積，而他受夠了！他決定在三月十三日舉辦公民投票，決定奧地利是否獨立於納粹德國。

三月十日星期四，維克多前往克恩特納環城大道的維也納俱樂部，與他的猶太朋友共進午餐（走出大院，左轉，靠左走上五百碼距離），一整個下午，他們在煙霧瀰漫下熱議接下來會發生什麼事。然而，歷史並不站在維克多這一邊。

第三部

維也納、科維徹什、頓布里吉威爾斯、
維也納，一九三八年到一九四七年

24 「群眾行進的理想地點」

一九三八年三月十日，民眾對公民投票寄予厚望。前一天晚上奧國總理在茵斯布魯克發表響亮的演說，召喚古老的提洛英雄：「各位——關鍵時刻到了！」那是個明亮清澈的晴朗冬日，每個地方都有卡車在散發傳單，海報上戲劇性地畫著投「同意」票。「與舒什尼格一起追求自由的奧地利！」祖國陣線的白色十字被畫在建物牆上與人行道。群眾走上街頭，青年團體高唱「舒什尼格萬歲！自由萬歲！」及「誓死支持紅白紅！」廣播不斷播送舒什尼格的演說。以色列文化協會捐出巨額的五十萬先令（相當於八萬美元）協助支持宣傳：這場公民投票是維也納猶太人的堡壘。

十一日星期五清晨，維也納警察首長叫醒舒什尼格，告訴他德國邊界有軍隊調動，鐵路交通已經停頓。又是個陽光普照的明亮早晨，這是奧地利的最後一天，是柏林發出最後通牒之日，維也納當局努力嘗試希望獲得倫敦、巴黎或羅馬方面的協助，以反抗德國的要求：總理辭職下臺，由親希特勒的部長阿圖爾·馮·賽斯—因夸特（Artur von Seyss-Inquart）接任。

三月十一日，以色列文化協會追加三十萬先令支持舒什尼格的選戰，此時有謠傳已經有德國部隊越過邊界。又有人說，公民投票可能延期。

收音機——巨大的英國製褐色收音機——令人印象深刻，上有圓盤標示著各國首都的名稱。這臺收音機放在書房，維克多與艾咪一整個下午都待在房內聆聽各種消息，連魯道夫也加入了。四點半，安娜端茶給維克多，瓷盤上除了玻璃杯，還有一片檸檬與糖；艾咪喝的是英國茶，小而藍的邁森瓷罐旁邊放著心臟病藥丸。魯道夫喝的是咖啡，十九歲的他性格固執。安娜把托盤放在堆滿書籍的書桌上。晚上七點，維也納廣播電臺透露公民投票延期，幾分鐘後又宣布內閣總辭，只有支持納粹的賽斯－因夸特留任內政部長。

七點五十分，舒什尼格廣播：「奧地利的男女同胞！這一天，我們面鄰著嚴肅而決定性的處境……德國政府向聯邦總統提出最後通牒，要求他選擇德國政府提供的人選擔任總理一職……否則德軍將立刻越過邊界……即使在這個神聖時刻，我們仍不願流血，我們已經下令軍隊，假使入侵已經開始，那麼往後的幾個小時都不要抵抗，等候進一步命令。所以在這裡我要向奧國人民道別，並寄予衷心的期許：願上帝保佑奧地利。」然後開始演奏奧地利國歌〈上帝保佑〉。

彷彿有人打開了開關，街上開始出現噪音，蘇格蘭街迴盪著聲響，民眾大喊「一個民族，一個國家，一個元首」與「希特勒萬歲，勝利萬歲」，接著高呼「消滅猶太人！殺死猶太人！」

褐衫軍如洪水湧入，計程車喇叭響個不停，街上出現配備武器的男子，不知何故，警察也戴起了卐字形臂章。許多卡車沿著環城大道疾馳，經過大院，經過大學，朝市政廳而去。卡車和路面電車都有卐字形標記，年輕男子與男孩攀在電車外邊叫邊揮手。

某人熄掉了書房燈光，彷彿黑暗可以讓這些人完全消失，但噪音還是傳進了大宅，傳進房間，傳進心坎裡。有人在樓下的大街被揍。他們接下來要做什麼？你還能繼續假裝什麼事都沒發生嗎？

有些朋友收拾行李走上街頭，穿過如漩渦般打轉的狂喜維也納市民來到西站。開往布拉格的夜行列車於十一點十五分發車，但才到九點，整個車站已經擠滿了人。穿著制服的男子衝進車廂，把人一個個拉下來。

到了十一點十五分，納粹旗幟已經懸掛在各政府大樓的陽臺欄杆。午夜十二點半，總統米克拉斯（Miklas）屈服，承認內閣。一點八分，一名克勞斯納少校在陽臺上「情感激昂地宣布，就在這個歡慶時刻，奧地利自由了，奧地利由國社黨主政。」

捷克邊界的人龍和車龍排成長長一列，廣播播放巴登魏萊勒（Badenweiler）與霍芬弗里德貝爾格（Hofenfriedberger）兩首德軍進行曲，到處散布著標語。此時第一家猶太商店被砸。

就在第一夜，街頭的聲音演變成在伊弗魯西中庭咆哮，在牆壁與屋頂間迴盪，然後是踩著樓梯的腳步聲沿著三十三級淺階梯來到公寓二樓。

有人用力揮拳敲門，有人倚靠在門鈴上，八到十個人穿著制服，有些人別著卐字形臂章，有些人瞧著像是認識的人，有些人還只是男孩。此時是凌晨一點，沒有人入睡，每個人都著裝整齊。維克多與艾咪與魯道夫被逼到了書房。

第一晚，他們蜂擁著衝進公寓。中庭的喊叫聲此起彼落，有人發現沙龍裡有成套法國家具與瓷器。艾咪的衣櫥被洗劫時，某人發出了笑聲。有人敲壞了鋼琴幾根琴鍵的音調。有些人在工作室拉出抽屜，搞亂書桌，把角落架上的對開本書籍推落在地。他們進入書房把地球儀從架上拔下來。這個令人吃驚的失序混亂與橫掃一切其實還不能算是搶掠，只能算是舒展筋骨、折折指關節與鬆弛肌肉。走道上的人在檢查、張望、探索，並且搞清楚房裡還有什麼。

他們拿走餐廳裡由微醺的農牧之神舉起的銀製燭臺、壁爐架上以孔雀石雕刻的小動物、銀製的菸盒、維克多工作室書桌裡鈔票夾上的錢。沙龍裡的小俄羅斯鐘鑲著粉紅琺瑯瓷與黃金，每個鐘頭都會報時。以及書房的大鐘，柱子上支撐著黃金圓頂。

過去幾年來，他們總是經過這棟公寓，但只能瞥見窗戶，或利用看門人開門讓小型出租馬車進出的機會，來一窺中庭的樣貌。終於他們現在得以入內。這就是猶太人生活的方式，猶太人是這樣用我們的錢——一個房間接一個房間，裡頭塞滿東西、財富。這些只是紀念品，稍微地重新分配——而這只是開始。

他們抵達的最後一扇門是位於角落的艾咪更衣間，這間房裡有展示根付的玻璃櫃，他們把艾咪用來當成梳妝臺的書桌裡的東西全拿了出來：小鏡子、瓷器與銀盒，以及從科維徹什草地上摘下、被安娜插進瓶裡的花；他們最後把書桌拖到走廊上。

他們把艾咪、維克多與魯道夫抵在牆邊，三個人抬起書桌越過欄杆扔下樓，書桌砸在中庭石板引發一陣碎裂的聲響，木頭、金箔與鑲嵌細工被摔成碎片。這張書桌——巴黎的芳妮與朱爾斯送的結婚禮物——花了好一番工夫才被推下去，撼動了玻璃屋頂。碎裂的抽屜使得書信散落在整個中庭。

你以為你擁有我們，你他媽的外國「屎」。你他媽的下個就輪到你，你混帳東西，你「他媽的」猶太人。這是「野蠻的」、未被批准的雅利安化，不需要批准。

東西碎裂的聲音是一種長久等待的獎賞；這晚充斥著獎賞，這一刻可是等了非常久。這晚是祖父母向孫子女講述的故事，是猶太人終於在一夜間為自己所做的一切負責，為自己從窮人奪走一切而負責的故事；是街道如何清理乾淨，光明如何照耀黑暗的故事。因為這一切與污穢有關，與猶太人從他們惡臭的茅舍帶到帝國城市的汙染有關，與他們如何奪走我們的東西有關。

在維也納各處，房子大門被打破，孩子躲在父母身後、床底下、碗櫃裡，以及任何可以遠離喧鬧的地方，他們的父兄被逮捕與毆打，被拖上卡車，母姊遭受虐待。在維也納各處，民眾自行追討屬於自己的東西，把這種行為當成權利。

問題不是你無法入睡，是你無法上床睡覺。當這些人走了，這些男人與男孩終於走了，他們宣稱還會回來，你知道他們是認真的。艾咪戴著她的珍珠項鍊，而他們將項鍊拿走。他們拿走她的戒指。有人故意停下來大剌剌地在你腳上吐口水。他們大聲喧嘩地下了樓，出了中庭。有人踢了殘破的物品幾腳，有人走上環城大道，外套底下的手臂還挾著一座大鐘。

下雪了。

三月十三日星期日是充滿陰霾的黎明，原本應該舉行自由的、德意志的、獨立的、社會的、基督教的與統一的奧地利公民投票，此時卻看到居民趴著刷洗維也納街道。孩子與老人、環城大道上賣報的男子、正統派、自由派、虔信派與激進派、知道歌德且相信「教養」的老人、小提琴教師與她母親，他們四周圍繞著親衛隊、蓋世太保、納粹黨員、警員，以及與他們相處好些年的街坊鄰居。他們被嘲弄、吐口水、痛罵、挨揍、受傷。清洗掉舒什尼格公民投票的標語，讓維也納重獲整潔，讓維也納做好準備。我們感謝元首，他為猶太人創造了工作。

在一張照片裡，身穿閃耀夾克的年輕人，正監督著一名跪在地上用肥皂水擦地的中年婦女，他把褲腳捲起以免被水濺濕。這一切都是為了骯髒與清潔。

大宅遭到破壞。那天早上，我的外曾祖母與外曾祖父靜靜坐在書房，安娜從地板上撿起親戚的相片，清掃破碎的瓷器與鑲嵌細工，擺正相片，試著清潔地毯，試著把被打開的大門關上。

一整天德國空軍低飛過維也納上空，維克多與艾咪不知道該怎麼辦，他們不知該去哪裡。星期日早上，第一批德國軍隊越過邊境，受到群眾獻花歡迎，故事是希特勒返鄉探望母親的墓地。

一整天進行大規模搜捕——凡支持前政黨、有聲望的新聞工作者、金融家、公僕與猶太人都被逮捕，舒什尼格被獨自關押。當晚，納粹黨員發起火炬遊行繞行全城，酒吧裡人們大聲歌唱〈德意志高於一切〉，希特勒花了六小時才從林茲來到維也納；之所以花了那麼久，是因為群眾太熱烈的緣故。

三月十四日星期一，希特勒抵達維也納：「……在夜晚的陰影籠罩維也納前，全城無風，旗幟毫無動靜，僵硬地慶祝著節日。但偉大時刻終於成真，統一德意志民族的元首進入奧地利首都。」

維也納樞機主教下令奧地利全國敲鐘，位於伊弗魯西大宅邸對面的沃蒂夫教堂在下午發出鐘聲，「國防軍」走在環城大道的噪音讓大宅晃動。大道兩旁紛紛掛出字旗與印有卐字的舊奧地利國旗。孩子們爬到椴樹上。書店窗戶已經貼上顯示新歐洲的地圖：一個團結的德意志民族，從亞爾薩斯—洛林延伸到蘇臺德地區，從波羅的海延伸到提洛；地圖上有一半是德國領土。

三月十五日星期二，群眾一早經過蘇格蘭街、伊弗魯西大宅邸，沿環城大道朝英雄廣場前進。位於霍夫堡皇宮外圍的巨大廣場上，二十萬人擠上街頭。他們緊抓著雕像、樹枝與欄杆不放，還有些人跑到陽臺欄杆上。十一點鐘，希特勒走上陽臺，他的演說幾乎難以聽清，當演說快要結束，噪音使他無法順利說完最後的結語。你可以在蘇格蘭街聽到他的演說：「在這個時刻，我可以向德意志人民宣布，我這一生最偉大的成就是成為德意志民族與德意志帝國的元首與總理，我可以在歷史面前宣布，我的故鄉將成為德意志帝國的一部分。」「這種對希特勒抵達的狂熱場景實在難以形容。」《新巴塞爾報》

一九三八年三月十四日，維也納。
從國會大樓與歌劇院往伊弗魯西大宅邸望去的環城大道景象。

（*Neue Basler Zeitung*）寫道。

環城大道是為此準備的，充斥著大量群眾、情感、閱兵以及制服。一九〇八年，還是學生的希特勒計畫興建兩座巨大拱門，讓英雄廣場趨於完整，成為建築界的巔峰：「一個群眾行進的理想地點」。很久以前希特勒看過哈布斯堡王朝的帝國盛會，如今環城大道再度擁有「一千零一夜的魅力」，但某人在你眼前變化成恐怖之物的故事，卻在你說錯話之後失去了控制。

下午一點半，希特勒檢閱士兵與卡車，這是一場大規模閱兵，四百架飛機從維也納上空飛過，政府宣布將舉辦另一場具有正當性的公民投票。「你是否承認希特勒是我們的元首，以及一九三八年三月十三日生效的德奧合併？」在淺粉紅色的選票上有個大圓圈代表「是」，小圓圈代表「否」。為了鼓勵維也納市民好好思考投票的意義，路面電車懸掛了紅色彩旗，聖史蒂芬大教堂垂掛紅布，而利奧波德城，也就是舊猶太區，則被納粹旗幟給淹沒。這場「適當的」公民投票，猶太人沒有投票權。

恐怖的事發生了。有人被抓出來遊街示眾，送上卡車運走。數千名活動分子、猶太人、麻煩製造者被送往達豪。最初的幾天，已經離開維也納的朋友傳來訊息，絕望的電話中提到有人遭到逮捕。艾咪的親戚法朗克與米奇．沃斯特（Mitzi Wooster）已經離開，他們最好的朋友古特曼一家人也於十三日離開。羅特希爾德家族已經不在了。伯恩哈特．阿爾特曼（Bernhardt Altmann）是維克多的同事，也是經常到維克多家參加晚宴的朋友，他也走了。要捨棄一切走出家門，並不是件容易的事。

有時可以靠著金錢讓人從警局脫身。維克多幫助兩個親戚越過邊界前往捷克斯洛伐克，但他與艾咪卻無法做出決定。朋友要他們快走，但維克多決定留下，他無法離開這間屋子，這是他父親與祖父留下的屋子。他無法離開銀行。他無法扔下書房不管。

其他人離開了大宅。誰想跟猶太人有瓜葛？只有三名僕人留下：廚師與安娜，確保男爵與女男爵仍有咖啡可喝，還有門房基爾希納先生，他在門旁有個小房間，沒有其他家人。

隨著越來越多德國軍事人員出現，以及穿著軍服的人站在每個街角，維也納整個變了樣。現在，貨幣改成帝國馬克，猶太商店被塗上「猶太人」字樣，光顧的客人也會遭到關切。由猶太四兄弟開設的希夫曼百貨公司在衝鋒隊聚眾的威嚇下門可羅雀。

有些人消失了，有些人的消息越來越難打聽。三月十六日星期三，皮普斯的老朋友，作家也貢．弗里德爾看到衝鋒隊員抵達自家門前，向門房詢問他的住處，遂從自宅窗戶一躍而下。三、四月有一百六十名猶太人自殺。猶太人被劇場與管弦樂團排除在外，擔任國家與市府公務員的猶太人遭到解雇，一百八十三名老師失去工作，猶太律師與檢察官全數遭到解職。

這個時期彷彿野性的釋放，自行奪取猶太人的財產，以及猶太人在街頭隨機遭毆打逐漸轉變成更嚴酷的事物——顯然背後有人計畫一切，有人下達命令。三月十八日星期五，年輕的親衛隊中尉阿道夫．艾希曼（Adolf Eichmann）抵達維也納已經兩天，他親自率隊到塞騰斯特騰街的以色列文化協會沒收與舒什尼格公民投票相關的資料，之後查扣協會的圖書館與檔案。艾希曼想為籌設中的研究所蒐集最佳的猶太與希伯來資料，以探討所謂的猶太問題。

對於維也納的猶太人，當局顯然有計畫。三月三十一日，猶太人組織被宣布為非法。英國小教堂的牧師為猶太人施洗，因為改信比較有機會逃走。教堂外大排長龍，牧師於是簡化程序，盡可能在十分鐘之內完成洗禮，以協助這群絕望的民眾。

四月九日，希特勒回到維也納，他的車隊經過市區行走在環城大道。正午，戈貝爾在市政廳陽臺（市政廳所在地已改名「阿道夫．希特勒廣場」）宣布公民投票結果：「我宣布，這一天大德意志帝國成立」：百分之九十九點七五贊成德奧合併。

四月二十三日，宣布抵制猶太商店。同日，蓋世太保來到伊弗魯西大宅邸。

25「千載難逢的好機會」

要怎麼描寫這個時期？我閱讀回憶錄、穆齊爾的日記，看著那天的群眾照片，第二天、第三天……我讀維也納報紙。星期二，赫曼斯基麵包店推出雅利安麵包。星期三，猶太律師不許執業。星期四，非雅利安人不許參加黑紅足球球會。星期五，戈貝爾發放免費的收音機。雅利安刮鬍刀片隆重上市。

我有維克多已經蓋印的護照，以及家族成員字跡顫抖的書信，我把這些文件放在長書桌上反覆閱讀，希望它們能說明當時情況，以及維克多與艾咪待在環城大宅邸的感受。但我知道我無法在倫敦、在圖書館裡獲得些許的體會，於是我回到維也納，回到大宅。

我站在二樓陽臺。我帶回一枚根付，三顆淺褐色的栗子與一隻象牙雕製的小小蟲子，我發現自己一直擔心口袋裡的根付在無意間掉落，三不五時地翻動它。我緊抓著欄杆往下看著大理石地板，想著艾咪梳妝臺掉下去的樣子，我想著根付完好如初擺在玻璃展示櫃。

我聽到一群生意人從環城大道進入大宅，準備到辦公室開會，他們談笑風生，連帶地從大街傳進屋內的輕微回音。這些聲音讓我想起伊吉，他說老門房基爾希納先生平日負責開關伊弗魯西大宅邸的大門，他總是用誇張的鞠躬逗孩子開心，而在納粹到來的那天，他刻意出門，任由大門敞開。

六名蓋世太保穿著整齊的制服進入大宅。

剛開始他們相當禮貌，他們接到命令搜索公寓，因為他們有理由相信猶太人伊弗魯西支持舒什尼格的選舉活動。

搜索。搜索意味著這些事：所有抽屜被亂翻，櫥櫃的東西被拿出來，每個裝飾品都得好好檢查。你知道這間房子放了多少東西？這麼多房間有多少抽屜？蓋世太保井井有條地處理，他們不急，也不「粗野」。沙龍小桌子的抽屜被翻個徹底，紙張散落地面。書房被拆解開，古版書目錄被一一翻過尋找證據，書信也逐一檢視。義大利櫃子的每個抽屜都仔細檢查過。書架上的書全都要檢查，然後扔在地上。他們連亞麻衣櫥也要檢查。牆上的畫被拿下，架子也不放過。餐廳的掛毯——以前孩子很喜歡躲在後頭——現在從牆上被扯了下來。

在搜索過公寓的二十四個房間、廚房與僕人餐廳後，蓋世太保要求交出保險箱、銀餐具室與堆疊著碗盤的瓷器室鑰匙。他們還需要角落儲藏室的鑰匙，這裡存放著帽盒、大皮箱，條板箱裡有孩子的玩具、育兒書，以及陳舊的安德魯．朗格童話故事。他們需要維克多更衣間櫃子的鑰匙，裡頭放了艾咪、父親、以前的家教威塞爾先生——那位好普魯士人，那位教他德國價值、要他閱讀席勒的先生——寫給他的信。他們拿走維克多銀行辦公室的鑰匙。

所有的事物，凡與家族有關的事物所構成的世界——奧德薩與聖彼得堡、瑞士、法國南部、巴黎、科維徹什、倫敦的假日，一切家族足跡與擁有的東西都逐一翻遍並且記錄下來。每件東西、每件事都有嫌疑。維也納的每個猶太家庭都被徹底地搜索過。

漫長搜索的之後還要進行粗略的訊問，猶太人維克多．伊弗魯西被指控捐獻五千先令給舒什尼格從事選舉，使得他成了國家的敵人。他與魯道夫被捕。

艾咪被允許使用房子後頭的兩個房間。這兩間房很小，天花板很高，而且非常陰暗，門上不透明的小窗隱約透進一點中庭的光。她不能使用主樓梯，不能使用原來的房間。她沒有僕人。此時的她只擁有自己身上的衣服。

我不知道維克多與魯道夫被帶往何處，我找不到記錄。我從未問過伊莉莎白或伊吉這件事。

他們可能被帶往梅特羅波飯店，這家飯店已被徵用為蓋世太保總部。當時有不少用來關押大量猶太人的處所，當然這些猶太人一定遭到拷打。他們也不被允許刮鬍子或洗澡，因此外表想必十分狼狽。之所以這麼做，是為了侮辱那些看起來不像猶太人的猶太人。這種剝奪自尊的過程、拿走你的錶鏈、鞋子或皮帶，讓你不得不用一隻手拉住自己的褲子，回歸到你在猶太城鎮生活的樣子。剝去外衣，讓你恢復最核心的本質——到處遊蕩，蓬頭垢面，背負著自己的物品。你看起來就像《先鋒報》（*Die Strmer*）裡的漫畫人物，這個史特萊徹（Streicher）辦的小報現在也在維也納街頭販售。他們拿走你閱讀用的眼鏡。

有三天時間，維克多父子被囚禁在維也納的某處。蓋世太保需要簽名，如果你不在表格上簽字，就等著被送往達豪。維克多簽字讓出大宅與大宅裡所有物品，以及在維也納的其他地產，家族百年來勤勉累積的財產就此失去。然後，他們被允許回到大宅，從大門穿過中庭，從角落僕人的樓梯走上二樓，到他們僅剩的兩個房間——這就是他們現在的家。

四月二十七日，維也納第一區卡爾．魯格博士環城大道十四號，也就是前伊弗魯西大宅邸，已完全雅利安化。它是最早被雅利安化的建築物之一。

當我站在他們僅剩的兩間房外，位於中庭的另一邊的更衣間與書房似乎變得遙不可及。我想這就是流亡的開始，看似近在眼前的家已是咫尺天涯。

大宅邸已不再是他們的財產，房裡穿著軍服與西裝的人來來往往，清點物品，造冊，然後運走。安娜也在裡頭，他們命令她協助裝箱，說她應該為自己服侍猶太人感到羞恥。

不只藝術品和小古董，桌上與壁爐架上的鍍金物品還包括所有衣物、艾咪冬天穿的外套、條板箱裡的瓷器、燈、一綑雨傘與手杖，全都沒收充公。數十年來陸陸續續被搬進屋子、放置在抽屜、箱子、展示櫃與大皮箱裡的東西、結婚禮物、生日禮物與紀念品，都被運出屋外。這是個奇異的時刻，收藏品、房子與家族此時完全遭到拆解。這也是斷裂的時刻，富麗堂皇的事物被拿走，珍視的家庭物品成為與己無關的東西。

為了估計猶太人藝術品的價值，財產交易局任命估價官員加快從屋裡運走繪畫、書籍、家具與物品的速度。博物館派來的專家負責評估那些物品的價值。德奧合併後的幾星期，博物館與美術館忙著評估作品與書信，進行造冊，處理起源真假，並對每幅畫、每件家具和「物品」排定價值順序。因為每件東西都有競逐的價值層次。

當我讀到這些文件，我想到巴黎的查爾斯。這名業餘藝術家熱情而勤勉地追尋，他的清單、研究生涯與四處遊蕩拼湊出各種知識，包括他喜愛的畫家、他的漆器與他的根付。

一九三八年春的維也納，大概是藝術史家最受重用的時期，他們的看法受到當局極大的重視。此外，德奧合併使得猶太人失去公職，也成為他們尋求公職的大好機會。合併兩天之後，原本負責保管獎牌的弗里茨・德沃夏克（Fritz Dworschak）居然搖身一變成了藝術史博物館館長。他說：「在許多領域，大量藝術工作的重新分配，這是千載難逢的好機會。」

他說得對。絕大多數藝術品被出售或拍賣成為政府的收入來源，有些物品則用以物易物的方式交易，有些物品贈送元首，做為在他出生地林茲設立的博物館的收藏品，有些則送往國立博物館收藏。柏林當局密切監視這些藝術品的流向。「元首在取得這些物品之後，親自計畫這些物品的使用方式。他打算將這些藝術品分配給奧地利幾座小城鎮來處理。」有些畫作、書籍與家具則成為納粹高層的收藏。

伊弗魯西大宅邸正進行著評估。在這座收藏稀世珍寶的屋子裡，所有東西都攤在燈光下接受檢視，這就是收藏者做的事。在玻璃屋頂中庭的灰色光線下，這個猶太家庭的所有物品都要仔細評估。

蓋世太保尖刻地批評這些收藏反映的品味，但也提到伊弗魯西收藏的畫作有三十幅「值得博物館收藏」。三名十八世紀前的大師作品直接送到藝術史博物館的「畫廊」，一名十八世紀前的大師作品賣給交易商，兩件赤陶與三幅畫賣給收藏家，十件以一萬先令的代價賣給了米夏埃爾廣場的交易商。

不符官方目的的藝術品送往藝術史博物館與自然史博物館收藏，而其他「不適合」的物件則送到「動產部」，由其他組織選擇收藏。

維也納最好的畫作在拍照後，黏貼在十本以皮革裝訂的大畫冊裡，運到柏林供希特勒觀賞。

在一封由參考室寄出的信件中（首字母已無法辨識）：一九三八年十月十三日來自柏林的 RK 19694 B，上面提到「德國元首於一九三八年八月十日寄出信件，於一九三八年九月二十六日收到七份存貨目錄，包括在奧地利沒收與扣押的財產與物品，還有十本相簿與目錄，並附存貨清單與證明。」除了「猶太人古德曼的宅邸與林園」、「哈布斯堡與洛特林根家族的七處地產及家族財產」，以及奧托·哈布斯堡的四處別墅與一座宅邸，還有在維也納扣押的藝術品，包括：「維克多·伊弗魯西的 57、71、81-87、116-118 與 120-122 號……沒收的物品則送到各官署：奧地利、親衛隊領袖、納粹黨員、武裝部隊、生命之源（按：白種人優生學計畫）與其他。」

正當希特勒仔細觀看相簿，並從中挑選自己想要的畫，以及沒收與扣押的差異受到討論的時候，維克多的書房已被清得精光：他的歷史書、希臘與拉丁詩歌（如奧維德、維吉爾與塔西佗）、英國、德國與法國小說、以摩洛哥皮革裝訂、上有多雷繪製、令孩子驚恐的插圖的但丁作品，以及字典與地圖集、查爾斯從巴黎寄來的書，還有古版書。從奧德薩與維也納購買的書，倫敦與蘇黎世的書商寄來的書，他一輩子閱讀的書，都從書架上被取下分門別類裝進條板箱，用釘子釘牢後沿著樓梯運到中庭，搬到卡車上。有人（首字母無法辨識）潦草地簽過名後，卡車穿過橡木門，開上環城大道，消失了蹤影。

有個特殊組織特別針對猶太人的藏書進行收購。當我查閱一九三五年維也納俱樂部（當時會長是維克多・伊弗魯西）的會員名冊，發現他的朋友中有十一個人的書房被清得一乾二淨。

有些書籍被運到國家圖書館，由館員與學者篩檢後分散出去。跟藝術史家一樣，這個時期的圖書館員與學者異常忙錄，有些書籍留在維也納，有些運往柏林，有些則注定成為計畫在林茲設立的「元首圖書館」藏書，還有些進駐了希特勒的私人圖書館，有些指定由阿爾弗雷德・羅森堡中心（Alfred Rosenberg's Centre）收藏。羅森堡這位早期納粹主義的意識形態學者是德國的重要人物，「當前世界革命的本質在於喚起種族意識，」羅森堡大言不慚的表示：「對德國來說，猶太問題只有在最後一個猶太人離開大德意志生存空間時，才能獲得解決。」這些夸夸其談的書籍賣出數十萬冊，受歡迎的程度僅次於《我的奮鬥》。而他辦公室的主要業務竟是沒收法國、比利時與荷蘭的「無主猶太財產」。

這種事不斷在維也納各地發生。有時猶太人被迫賣掉家產，以換取離開的機會，有時他們不由分說拿走猶太人的財產，有時奪取過程伴隨著暴力或免不了曖昧的官方語言：一份需要簽字的文件，承認罪行，或承認涉入反政府的活動。文書工作多如牛毛：古特曼的收藏品清單一頁接一頁永遠翻不完，蓋世太保拿走瑪麗安的十一件根付，包括男孩玩耍、狗、猴子與烏龜，這些她都曾展示給艾咪看。

這些人要遠離原本生活的地方多久？維也納的拍賣公司多羅特姆（Dorotheum）一件接一件拍賣，每天都有被扣押的物品需要拍賣。每天這些事物都能找到人願意以更便宜的價格買下它們，或有收藏家願意購入以增益收藏。阿爾特曼的收藏品一共花了五天才拍完，從一九三八年六月十七日星期五下午三點開始拍賣有西敏報時系統的英國老爺鐘（它只賣了三十帝國馬克），該拍賣公司每天固定拍出兩百五十件物品，相當驚人。

這就是猶太人財產被清理的方式。在奧地利，物品的處理顯然相當仔細。每個銀製燭臺都必須秤重，每根叉子與湯匙必須計算數量，每個展示櫃必須打開，每個瓷器雕像基座上的記號必須加以記錄。學界也對十八世紀前的大師作品打了問號；一幅畫作的各個面向將會受到正確地衡量，而當這項工作進行時，這些物品原來的主人肋骨卻被打斷，甚至被打得滿地找牙。

猶太人比他們擁有的物品還不如。這是個嘗試，嘗試適當地照顧物品、關心物品，給它們一個適當的德國住所。這是個嘗試，嘗試運作一個沒有猶太人的社會。維也納再度成為「世界末日的實驗站」。

維克多與魯道夫出獄三天後，蓋世太保把伊弗魯西家的公寓交給洪水與山崩防治局使用，臥房成了辦公室，大宅裡寬廣的一樓大廳——伊格納斯以黃金、大理石與彩繪天花板裝飾的房間——也交給羅森堡局（Office of Alfred Rosenberg）使用。羅森堡是元首的全權代表，負責國社黨思想與意識形態的教育與灌輸。

我想像著瘦小但穿著體面的羅森堡，倚靠在伊格納斯沙龍的巨大布爾桌前俯瞰環城大道，文件成堆擺放在他面前。他的局處負責協調第三帝國的思想方向，而需要投入的工作很多：考古學家、文學家、學者都需要他的出版許可。四月，椴樹開春以來首次長出葉子。從羅森堡面前的三扇窗望出去，越過新綠的樹冠可以看到維也納大學飄揚著卍字旗，而沃蒂大教堂前也豎起了新旗桿，上面飄揚著同樣的旗幟。

羅森堡被安排在這處新的維也納辦公室工作，他的頭上是伊格納斯仔細校對過的讚美詩，讚頌猶太人在錫安的光榮——儘管伊格納斯這輩子一直是同化政策的信仰者；這首讚美詩是一幅以斯帖被加冕為以色列王后的宏偉金色圖畫。在他頭上左邊是錫安的敵人遭到摧毀的畫作，然而此時錫安街已經沒有猶太人。

四月二十五日，維也納大學重新舉辦開學典禮，學生們穿著皮短褲站在通往主要入口的階梯兩側，迎接指導員約瑟夫．布爾克爾（Joseph Brckel）的到來。大學施行了配額制度，只有百分之二的學生是猶太人。從現在起，猶太學生必須經過允許才能入學；一百九十七名醫學院學生中，有一百五十三人遭到退學。

四月二十六日，赫爾曼．戈林（Hermann Gring）開始進行「財產移轉」運動，凡資產超過五千帝國馬克的猶太人必須向當局報備，否則將遭逮捕。

第二天早上，蓋世太保來到了伊弗魯西銀行。他們花了三天時間檢查銀行記錄，根據才剛出爐三十六個小時的新法令，生意要先提供給雅利安股東，而且要給予折扣。維克多二十八年的同事史坦豪瑟先生因此被問到是否想買下猶太同事的股份。此時離當初計畫舉辦的公民投票不過六個星期。

是的，史坦豪瑟在戰後訪談提到他在銀行的角色，他當然會買下股份。「他們需要現金來支付逃亡稅……他們在緊急情況下給我股份，這是最快換取現金的方法。伊弗魯西與維也納人逃亡的價格『相當合理』……總數是五十萬八千帝國馬克……當然還要加上四萬雅利安稅。」

於是，一九三八年八月十二日，伊弗魯西公司正式取消商業登記，在記錄上稱為「塗銷」，三個月後銀行改名為史坦豪瑟銀行。銀行在換了新名稱後價值重估，在新任非猶太人的管理下，該銀行的價值是原本猶太人管理時的六倍。

維也納不再存在伊弗魯西大宅邸，也不再有伊弗魯西銀行。伊弗魯西家從這座城市中完全被清除淨盡了。

這次造訪維也納，我前往被艾希曼掠奪的猶太檔案館尋找詳細的婚姻記錄。我找到維克多的名字，上面蓋的紅色官印寫著「以色列」。皇帝下令所有猶太人都必須取一個新名字，有人以同樣一個名字，為維也納的所有猶太人改了名，並在上面蓋印：男的取名「以色列」，女的取名「撒拉」。

我錯了。家族之名並未被塗銷，只是被別的東西覆寫。我終於忍不住掉下淚來。

26 「僅供單程旅行」

維克多、艾咪與魯道夫該怎麼做才能離開第三帝國的東部邊區，也就是奧地利？他們可以在各國大使館或領事館外排隊，但不管是哪個國家，結果都一樣，配額早已經滿了。英國難民、移民與貧窮猶太人已經夠多了，往後數年都不可能再接納移民，而在外館排隊也很危險，因為一旁有親衛隊、當地警察與怨恨猶太人的人正虎視眈眈看著你。人們總是擔心警察的卡車隨時開過來把你拉上去，運到達豪。

他們需要足夠金錢來支付林林總總虛構的稅收，要支付許多懲罰性的費用才能得到移民許可。他們必須擁有資產宣告書，記錄他們在一九三八年四月二十七日擁有的資產，這些文書全都收藏在猶太財產宣告局裡。他們必須宣告國內外所有資產、不動產、商業資產、儲蓄、收入、退休金、貴重物品與藝術品。然後，他們必須到財政部證明自己並未積欠遺產稅或房屋稅，接著提出所得、營業額與退休金證明。

於是，七十八歲的維克多展開了他的維也納歷史觀光之旅，他接連拜訪各處政府機關，但不是被打回票，就是不許入內，無論在哪都免不了大排長龍的命運。他必須站在桌前忍受對方厲聲質疑，任由紅色圖章決定自己的生死，他必須理解多如牛毛的稅捐、命令與議定書。德奧合併才不過六個星期，新法與書桌後的新人卻急著想引起注意，想在奧地利力求表現。這是一場災難。

艾希曼在尤金王子街已然雅利安化的羅特希爾德宅邸設立了猶太移民中央局，他努力讓組織運作得更有效率，長官對他的表現印象深刻。這個新官署顯示你可以帶著大筆財富與公民身分進去，幾小時後就能孑然一身地離境。

人們成為文件的影子，等候文件生效，等候海外書信的支持，等候某個有身分的人的保證。已經在國外的人被懇求提供幫助、金錢、親屬證明、虛構的理由或任何有頭銜的文件。

五月一日，十九歲的魯道夫獲准移民美國，朋友幫他在阿肯色州帕拉古爾德的貝提格棉花公司找到一份工作。維克多與艾咪被留在老房子，除了安娜，所有僕人都走了。這三個人不是逐漸變得靜止，應該說，他們凍結在那一段時間裡。維克多從過去從未走過的樓梯下到中庭，經過阿波羅雕像，避免讓新官員看見，也避免讓以前的房客看到。他走出大門，經過站崗的衝鋒隊衛兵，來到環城大道。他能去哪呢？

他沒辦法去咖啡館、辦公室、俱樂部和親戚家，他不可以坐在公共長凳上——沃蒂夫教堂外的公園長凳印了「禁止猶太人使用」的字樣。他無法進入沙河咖啡館，也無法進入格林史戴德爾咖啡館。他不能進入中央咖啡館，也不能進入普拉特公園或書店。他無法進入理髮店，無法穿過公園。他不能搭乘路面電車，猶太人與看來像猶太人的人會被丟下車。他無法進電影院，無法進歌劇院。就算進得去，他也聽不到由猶太人譜寫、猶太人演奏或猶太人演唱的樂曲。沒有馬勒，沒有孟德爾頌，歌劇院已經雅利安化。衝鋒隊駐紮在路面電車路線的尾端，也就是諾伊瓦德格，他們不讓猶太人在維也納森林散步。

他能去哪兒？他們如何脫身？

當每個人都想離開之際，伊莉莎白卻回來了。她擁有荷蘭護照，這面盾牌使她免於因身為猶太知識分子與不受歡迎人物而被逮捕，但她這麼做仍然有危險。她不屈不撓四處奔走。她為父母申請許可證，假冒自己是蓋世太保成員，爭取到與官員面談的機會。她找到管道支付逃亡稅，並與有關單位協商。她不受這些新立法者的語言威脅，她是律師，而且決心做好這件事。你想打官腔，我也可以跟你打官腔。

維克多的護照顯示，他正一步步朝著離開奧地利的方向去。五月十三日，「護照持有人是移民」的戳記已由拉佛格斯特博士（Raffegerst）簽字。五天後的五月十八日，「僅供單程旅行」的戳記也得到簽字。當晚，報導指出德軍往邊境移動，捷克斯洛伐克的陸軍部分動員。五月二十日，紐倫堡法在奧地利實施。這些法律在德國已經施行三年，界定了何謂猶太特質。如果你祖父母與外祖父母有三個人是猶太人，那麼你就算猶太人。你不許與非猶太人婚配，不許與非猶太人發生性行為，也不許揮舞德國國旗。你不許擁有四十五歲以下的非猶太人僕人。

安娜是個中年的非猶太人僕人，她從十四歲起就為猶太人工作，負責照顧艾咪、維克多與四個孩子的生活起居。她必須待在維也納。她必須找到新雇主。

五月二十日，維也納邊防警察署發給維克多與艾咪最後的許可證明。

五月二十一日早晨，伊莉莎白與父母走出橡木門，左轉走上環城大道，步行前往火車站。兩

維克多與艾咪，一九三八年八月十八日

人各自提了一卡皮箱。《新自由報》報導，當天氣溫是溫和的攝氏十四度。這條沿著環城大道行走的路線，他們已經走過不下上千遍。伊莉莎白留下二老在火車站，她必須返回瑞士的孩子身邊。

當維克多與艾咪抵達邊境，要越境進入捷克斯洛伐克幾乎是不可能的事，因為德軍的進犯迫在眉睫。他們遭到監禁。「監禁」指的是他們被帶下火車，在候車室站了幾個小時，過程中有人不斷打電話查核文件，然後他們被敲詐了一百五十瑞士法郎與一個皮箱之後才得以入境。當天稍晚，艾咪與維克多抵達科維徹什。

科維徹什鄰近邊境地區，這裡也成為吸引人的地方。這裡是居住在歐洲各地的朋友家人相聚的好地方，這裡有狩獵小屋，有供作家與音樂家自由住宿的住處。

一九三八年夏天，科維徹什看起來與先前沒兩樣，重要的人物與一般人物混居於此，你可以看到夏季風暴越過平原慢慢逼近，河岸柳樹在風中劇烈搖晃，玫瑰雜亂生長。八月的一張照片上，艾咪斜倚著維克多。這是我手中唯一一張兩人接觸的照片。

房子變得相當冷清，四個孩子散布各地：伊莉莎白在瑞士，吉瑟拉在墨西哥，伊吉與魯道夫在美國，而你每天等待著郵件，等待報紙，等待著。

邊境已設下檢查哨，捷克斯洛伐克仍充滿漏洞，科維徹什太過接近危險地區。同年夏天，位於捷克斯洛伐克西面的蘇臺德區出現危機：希特勒要求將德裔人口劃歸給德國管轄。崩解的可能性不斷上升，而戰爭的威脅也不斷加溫。在倫敦，張伯倫（Chamberlain）試圖扮演潤滑劑的角色，運用策略說服希特勒相信他的野心可以被滿足。

七月，一場長達九天的國際會議在埃維安召開，商討難民危機問題。包括美國等三十二個國家一起與會，卻未能通過譴責德國的決議。瑞士警察希望扼止從奧地利湧入的難民，要求德國政府做出識別，讓他們在邊境檢查哨能辨識出猶太人——這項要求獲得同意了。猶太人護照完全無效，必須送到警察局，返還時上面會蓋個J字。

九月三十日早晨，張伯倫、墨索里尼與法國總理達拉第（Edouard Daladier）與希特勒簽署〈慕尼黑協定〉，避免了戰爭。捷克斯洛伐克地圖上的淺色陰影地區於一九三八年十月一日移交德國，深色地區則進行公民投票。布拉格政府雖未出席會議，領土卻遭到割讓。這一天捷克邊界守軍離開崗哨，奧國與德國的難民被下令離開，成為猶太人遭到迫害的開端。兩天後，希特勒進入蘇臺德區接受歡呼。六日，親希特勒的斯洛伐克政府成立。新邊境離維克多的家只有二十二英里。十日，德國完成合併。

此時距離他們在維也納走上環城大道前往車站逃亡不過四個月，而現在邊境已經到處都是德國兵。

艾咪於十月十二日去世。

伊莉莎白與伊吉跟我提到這件事時，完全沒有使用「自殺」這個字眼，但他們都認為艾咪無法堅持下去，也不想繼續遷移。她在夜裡過世。艾咪服用了過量的心臟藥物，她通常把這些藥丸放在藍綠色瓷盒裡。

文件夾有她的死亡證明，摺成四等分，上面固定與蓋印了紫紅色的捷克斯洛伐克共和國五克朗戳記與後腳站立的獅子紋章。這份文件用斯洛伐克文寫著「艾咪・伊弗魯西・馮・榭伊，維克多・伊弗魯西之妻，保羅・榭伊與艾芙琳娜・蘭道爾之女，於一九三八年十月十二日去世，享年五十九歲。死因是心臟衰竭。」上面署名「弗雷德里克・斯基普薩，登記員」。死者是德國公民，這些記錄是依照德國法律記載。

我想起她的自殺，想起她不想成為德國公民，也不想在德國生活。我不禁納悶，對艾咪這麼一個美麗風趣又易怒的女性來說，一個原本能讓她享有自由的地方淪為陷阱，是否已經超過她能忍受的限度。

兩天後，伊莉莎白從電報得知她的死訊，而身在美國的伊吉與魯道夫則是三天後收到消息。艾咪被葬在科維徹什附近小村的教堂墓園，而我的外曾祖父維克多孑然一身。

我在工作室的長桌上將一九三八年之後的藍色書信一字排開，約有十八封左右，這些信在冬日時節顯得稀疏，大部分是伊莉莎白、她舅舅皮普斯與巴黎親戚間的通信，他們企圖追蹤每個人的下落，思考如何讓人獲准離開，以及建議如何找到擔保籌錢。他們如何讓維克多離開斯洛伐克？他的所有財產都已遭到扣押，而他自己則陷在鄉間動彈不得，身上的奧地利護照有效時限到一九四〇年，但奧地利已不再是獨立國家，所以這張護照也失去效力了。由於維克多已遭驅逐，他無法到德國領事館取得德國護照，於是他開始申請捷克公民身分，但此時連捷克也消失了。他擁有的只有一份文件，證明他是維也納市民，而另一份文件則顯示他於一九一四年放棄俄國公民身分，獲得奧國公民身分。但這是哈布斯堡時代的事。

十一月七日，一名年輕猶太人走進巴黎的德國大使館，槍擊德國外交官恩斯特・馮・拉特（Ernst von Rath）。十一月八日，官方宣布對猶太人進行集體懲罰，猶太孩童不許到雅利安學校就讀，猶太報紙禁止出刊。九日晚間，馮・拉特死於巴黎。希特勒決定不限制自發性的抗議，也不派警察維持秩序。

「水晶之夜」是個恐怖之夜，維也納有六百八十名猶太人自殺，二十七名猶太人遭謀殺。奧地利與德國各地的猶太會堂被焚毀，商店遭到掠奪，猶太人被毆打，集中起來被送往監獄與集中營。

這些快要碎開的航空信件越來越絕望，皮普斯從瑞士寄出的信中提到：「我的信已經成了朋友與親戚的情報交流中心，他們無法寫信給彼此……我很擔心他們，因為我得到可靠消息說，所有猶太男子遲早會被送到位於波蘭的『保留區』。」他懇求朋友為維克多說情，讓他能前往英國。伊莉莎白也寫信給英國當局：

有鑑於捷克斯洛伐克詭譎的政治變化，尤其是斯洛伐克，他目前就住在當地，他的處境已不安全。當局已經採取獨斷的反猶太人措施，不僅針對居民，也針對移民，而捷克斯洛伐克完全聽令德國支配的這件事，充分顯示在不久的將來當局會「合法」地逮捕猶太人。

一九三九年三月一日，維克多收到布拉格英國護照單位發放的簽證，「僅供單程旅行」。同日，伊莉莎白與孩子們離開瑞士。他們先搭火車到加萊，然後轉搭渡輪到多佛。三月四日，維克多抵達倫敦南部的克羅伊登機場。伊莉莎白到那裡接他，帶他到頓布里吉威爾斯（Tunbridge Wells）馬德拉公園的聖爾明飯店，亨克已經幫他們預定好房間。

維克多有一卡皮箱。他穿的西裝與伊莉莎白在維也納看見他穿去火車站的西裝是同一件。她注意到維克多的錶鏈上扣著一把鑰匙，那是大宅邸書房書箱的鑰匙，書箱裡放著他早年收藏的歷史書。

他是個移民。他的詩人與思想家故土，如今已經成為法官與劊子手的國度。

27 觸景傷情

維克多與我的祖父母、父親及叔叔住在頓布里吉威爾斯一棟出租的郊區房，屋名叫聖大衛。穿過木門沿著人字形磚鋪設的小徑旁是水蠟樹籬笆，然後就到了門廊。這是一棟堅固的房子，上有山牆，周圍有玫瑰花壇與菜園。這是一棟位於尋常的肯特郡城鎮的尋常屋子，座落於倫敦南方三十英里，安全而沉穩。

他們每星期日都會到殉教者查理國王教堂做禮拜。男孩們——分別是八歲、十歲與十四歲——則送進學校，在校長的嚴令下，沒有人敢嘲笑他們的外國口音。他們蒐集子彈破片與士兵的鈕扣，用厚紙板製作精巧的城堡與船隻。他們每週末都會到山毛櫸樹林散步。

伊莉莎白一輩子沒做過菜，這時開始學烹飪。她之前聘雇的廚子現在也住在英格蘭，寫了厚厚的信傳授伊莉莎白各種食譜，如薩爾茲堡鬆糕與炸豬排，還慎重囑咐她：「受尊敬的女士總是緩緩『傾斜』煎鍋。」

伊莉莎白擔任鄰居小孩的家教，教授拉丁文貼補家用。此外，她從事翻譯賺的錢，也足以幫三兄弟每人買一輛腳踏車（每臺八英鎊）。她嘗試寫詩，卻發現自己沒有能力創作。一九四〇年，她寫了篇短文討論蘇格拉底與納粹主義，連寫了三頁的憤怒之語，然後將文章寄給朋友，也就是在美國的哲學家艾瑞克．佛格林（Eric Voegelin）。她持續跟散布在各地的家人連繫。吉瑟拉與阿爾弗瑞多及他們的兒子住在墨西哥；魯道夫還住在阿肯色州小鎮，他寄了一份從《帕拉古爾德報》的剪報給伊莉莎白：「魯道夫．伊弗魯西，如果在他的故國奧地利，會被稱為伊弗魯西男爵。這名身材修長、容貌好看的年輕人正調整著薩克斯風的音色。」皮普斯與歐爾嘉在瑞士。格爾蒂阿姨已逃出捷克斯洛伐克，目前定居倫敦。但伊娃阿姨與傑諾姨丈卻失去連繫，上次見到他們是在科維徹什。

我祖父亨克於八月十八日到倫敦通勤上班，協助釐清荷蘭商船的位置，並推測可能的位置。

維克多坐在廚房火爐附近，那是屋裡唯一溫暖的地方。他每天追蹤《泰晤士報》的戰爭消息，每星期四閱讀《肯特報》（*Kentish Gazette*）。他讀奧維德，特別是《哀歌》（*Tristia*），這是奧維德流亡時的作品。閱讀時，他會用手遮住臉，這樣孩子就不會看見詩人對他的影響。他幾乎整天都在讀書，只有一小段時間會到布雷欽頓路上走動，然後回來小睡一會兒。偶爾他會一直走到市政廳的二手書店，駐足在高爾斯華綏（Galsworthy）、辛克萊．劉易斯（Sinclair Lewis）與威爾斯（H. G. Wells）的書架前，而老闆普拉特利先生對他特別好。

有時，孩子放學回來之後，維克多會跟他們講述埃涅阿斯返回迦太基的故事。在迦太基的牆上掛著特洛伊的圖畫，只有在這種時候，看到往日景象的埃涅阿斯才會流下淚來。觸景傷情，埃涅阿斯說道。當男孩努力做著代數題，「寫著老師交代的小作文」，記述著「修道院的瓦解，是勝利還是悲劇？」維克多坐在餐桌旁閱讀，跟埃涅阿斯一樣，他不自覺流下淚來。

維克多想念在維也納可以買到的平火柴，大小剛好可以放進背心的口袋。他想念小雪茄。他會用俄式風格的玻璃杯喝紅茶，他會放糖。有回他把家裡相當於一個星期配給量的糖都放了進去，然後開始攪拌，旁邊的人都目瞪口呆。

一九四四年二月，伊吉來到頓布里吉威爾斯令大家欣喜萬分，此時的他在美軍第七軍總部擔任情報官。他從小熟悉英語、法語與德語，因此獲得重用。兩兄弟都因為成為美國公民而受到徵召。一九四一年七月，魯道夫在維吉尼亞州入伍，一九四二年，也就是珍珠港事件之後的一個月，伊吉在加州入伍。

之後他們收到伊吉的消息，是一張一九四四年六月二十七日《泰晤士報》刊出的照片，那是盟軍登

諾曼第戰役時期的伊吉，一九四四年

陸諾曼第三個星期之後的事。照片顯示德國海軍上將與德國將領在瑟堡投降。他們穿著濕透的長大衣站在頭頂微禿的伊弗魯西上尉與柯林斯（Lawton Collins）少將面前，兩個人都傾身向前仔細聽著伊吉翻譯柯林斯少將的話。

維克多於一九四五年三月十二日去世，享年八十四歲，離維也納被俄國人解放只剩一個月，離德國最高統帥部無條件投降只差兩個月。他的死亡證明寫著「生於奧德薩，死於頓布里吉威爾斯。」我在閱讀死亡證明時又添上一筆：生活於維也納，歐洲的中心。他葬在查令，與母親墓地所在地的維琪相隔遙遠，距離更遠的是他父親與祖父位於維也納的多利亞柱式陵寢，當時他們自信滿滿認為伊弗魯西王朝可以在奧匈帝國永久傳承。再遠一點就是科維徹什。

戰爭結束不久，伊莉莎白收到舅舅提波爾寄來的長信，用德文打字。這封信是十月透過瑞士的皮普斯轉寄過來的。信紙薄得幾乎透明，但消息卻令人震驚。

> 我不想重述細節，但我必須告訴妳關於傑諾與伊娃的事。想到他們在如此絕望的狀況下死亡，就令人感到恐懼。傑諾在從科馬羅姆被送往德國時，手裡還握著證明文件，以為自己能夠回家。傑諾不想與伊娃分開，他以為他們可以在一起，但他們一到德國邊境就被迫分開，身上的好衣物也被取走。兩人在一月去世。

伊娃是猶太人，她被帶往位於特雷斯塔特的集中營，最後死於斑疹傷寒；至於不是猶太人的傑諾則被送往勞動營，因勞動過度而死。

提波爾也提到科維徹什一些鄰居的消息，他列了一長串我完全沒聽過的家族朋友與親戚姓名：薩姆、席貝爾特先生、厄爾文・史特拉瑟家族、賈諾斯・圖洛奇的遺孀，與這段時期行蹤不明的次子，他們究竟是遭放逐出境還是消失在集中營，不得而知。提波爾提到戰火造成的破壞：村落夷為平地，饑餓，通貨膨脹。鄉野看不到鹿的蹤影。科維徹什旁的莊園塔瓦諾克「已經空無一人，而且被燒得精光。每個人都走了，只剩一名年邁的女士待在塔波卡尼。我身上穿的衣服就是我僅剩的財物。」

提波爾也去了維也納的伊弗魯西大宅邸：「在維也納還保留了點東西……安娜・赫茨（馬卡特）的肖像還在，艾咪（安格里）的肖像與塔夏母親（我想也是安格里的畫）的肖像、幾件家具、花瓶等。你父親的書和我的書幾乎都不見了，但我們還是找到一些，有些是當初瓦瑟曼送的。」一些家人肖像、一些寫了題詞的書，以及家具。提波爾沒有提到大宅裡還有誰。

一九四五年十二月，伊莉莎白決定回維也納一趟，她想知道大宅還剩下什麼，以及還有誰在那兒。此外，她也想將母親的肖像拿回家。

伊莉莎白寫了一部小說來描述這段旅程，這本小說沒有出版。我想也無法出版，我看了打字稿，兩百六十一頁到處是塗改痕跡，赤裸裸的情感讓人讀起來很不舒服。小說裡伊莉莎白把自己寫成虛構的猶太教授庫諾・阿德勒，從美國返回維也納，這是他從德奧合併離開維也納之後的首次返鄉。

這是一本關於相遇的作品。她提到火車經過邊境時，一名官員要求看他的護照，他內心的反應：

正是那個聲音，那個語調觸動了庫諾·阿德勒喉頭的某處神經；不，是在咽喉下方，是氣息與養分潛入的身體深處，是無意識、無法掌控的神經，它位在腹腔的神經叢。是聲音，是口音的性質，它輕柔而粗魯，奉承又帶點粗俗，聽到耳裡如同觸摸到石頭，一顆質地粗糙而多孔的滑石，表面帶點油膩——那是奧地利的聲音。「奧地利護照局。」

這名流亡教授抵達被炸毀的車站後四處走動，試著習慣貧窮民眾的骯髒與貪婪，以及傾頹的地標。歌劇院、證交所、美術館全都毀了，聖史蒂芬大教堂只剩燒毀的空殼。教授站在伊弗魯西大宅邸外頭：

終於，他來了，來到環城大道上：右邊是自然史博物館的巍峨建築，左邊是國會大樓的斜坡道，再過去是市政廳的尖塔，在他面前是人民花園與城堡廣場的圍欄。他站在這裡，景物依舊，唯一不同的是穿過道路的路樹小徑已全部拔除，只剩幾棵毫無枝葉的樹幹矗立著。時間的錯置令頭暈目眩的他產生幻覺與妄想，然後突然間，一切又聚焦了，他是真實的，眼前的一切也是真實的，毫無疑問的事實。他確實站在這裡。只有樹木消失了，他沒有料到損壞如此輕微，剎時悲從中來。他迅速穿過馬路走進花園大門，坐在無人街道的長凳上開始哭泣。

伊莉莎白的童年經常望著屋前這片椴樹林。五月，她的臥房充滿了花香。

一九四五年十二月八日，在離家的六年半之後，她走進老家。巨大的前門從樞軸鬆脫，斜掛一旁。大宅邸現在成了美國占領軍的辦公地點：美軍總部／法律會議財產管理支局。摩托車與吉普車就停在中庭。中庭上方的玻璃屋頂粉碎，一枚炸彈落在隔壁大樓，炸毀了大宅正面及她小時候躲藏的女像柱。地板上有水坑。阿波羅還在那裡，站在基座上，拿著豎琴靜止不動。

伊莉莎白爬上三十三層階梯，這是伊弗魯西家的階梯，由此通往公寓。然後她敲敲門，一名來自維吉尼亞州、風度翩翩的中尉讓她進去。

這棟公寓已經成為一間間的辦公室，每個房間都擺放了書桌、文件櫃與速記機。清單與備忘錄用圖釘固定在牆上。在書房，一幅巨大的維也納占領區地圖懸掛在火爐上，以不同顏色標示出俄國、美國與盟軍占領區。房間裡瀰漫著香菸的煙霧、人們說話與打字機的聲音。軍官帶著她走過每間辦公室，他雖然興致勃勃且感到同情，但也有點不敢相信這裡過去竟是某個家庭住的房子。事實上，美國人的辦公室是接收納粹的辦公室而來的。

牆上掛了幾幅鑲了金框的年輕女子畫像、幾幅奧地利霧中景色的習作，以及三幅肖像畫，分別是艾咪、祖母與伯婆。最重的家具留在原地，餐桌與椅子、寫字桌、衣櫃、床、巨大的扶手椅和幾個花瓶，其他還有些零零散散的物品。父親的書桌仍在書房裡，地板還鋪著地毯，這依然是一間空房。更精確地說，是一間被清空的屋子。

儲藏室是空的，壁爐架是空的，銀器室是空的，保險櫃也是空的。鋼琴沒了，義大利櫥櫃也沒了。鑲嵌著馬賽克的小桌子不見了。書房裡，書架上沒有書，地球儀不見了，時鐘不見了，法國椅子不見了。母親的更衣間滿是灰塵。只放著一個文件櫃。

沒有書桌也沒有鏡子，有一個黑色的漆器展示櫃，裡面是空的。

這名好心的中尉發現伊莉莎白曾在紐約念書，於是自告奮勇提供協助，還跟她聊起天來。他說，慢慢來，妳可以到處看看，也許能發現什麼。我不知道能幫妳什麼忙。天氣很冷，他遞了根菸給伊莉莎白，接著提到有一名老婦人還住在這裡，可能知道更多。他揮揮手，一名下士被派去找這名老婦人。

她的名字叫安娜。

28
安娜的口袋

兩名女子，有一名年紀較大，而年輕的那位已屆中年，頭髮都已斑白。

她們在戰後再次相見，距離上次見面相隔了八年。

她們在一間老房間見面，此處現已做為辦公室使用，充斥著文件歸檔的聲音。或者，她們見面的地點是在潮濕的中庭。無論如何，我看見的這兩名婦人各有故事。

四月二十七日，德奧合併的六星期後，這天奧托．基爾希納沒有把面向環城大道的大門關好，結果讓蓋世太保進入了屋內。這是雅利安化的開始。安娜被告知不許再為猶太人工作，必須為自己的祖國工作。她要讓自己作出貢獻，她必須協助整理前任屋主的財產，將財物裝進條板箱。有許多事要做，而她應該從整理銀器室的銀器開始。

房裡到處都是條板箱，蓋世太保列了清單，一旦安娜將某件物品打包完畢，這件物品就會在清單上被劃掉。銀器之後輪到瓷器，她身旁的每個人都忙著將這座公寓化整為零給運走。就在這天，維克多與魯道夫遭逮捕，而艾咪則不許進入這棟公寓，被送往中庭另一邊的房間。

他們帶走銀器。他們帶走「你母親的珠寶、瓷器、你母親的衣服」。他們帶走安娜負責上緊發條的時鐘（書房、大廳、沙龍、女伯爵更衣間都放著時鐘，每星期上緊一次）、書房裡的書、沙龍裡可愛的瓷小丑……他們帶走所有東西。而她留意著能為艾咪與孩子留下什麼。

「我無法為你們帶走任何珍貴的物品，所以我從女伯爵更衣間偷偷拿走三到四件小東西，你們小時候玩的，還記得嗎？每次我經過更衣間就會偷偷拿幾個塞進圍裙口袋，然後將東西帶到我房間。我把它們藏在床墊裡。我花了兩星期才將這些東西從大玻璃櫃全部取出。妳應該還記得東西的總數！」

「他們完全沒發現。他們太忙了。他們忙著處理大物件——男爵的畫與保險櫃的金子、更衣間的櫥櫃、雕像、妳母親的首飾、男爵珍藏的古書。他們沒注意到還有這些小東西。」

「所以我拿了這些東西。我把它們放在床墊裡，我睡在上面。現在妳回來了，我可以把這些東西還給妳。」

一九四五年十二月，安娜將兩百六十四枚日本根付拿給伊莉莎白。

這是根付第三次易手。

從巴黎的查爾斯與路易絲，玻璃櫃擺在柔和的黃色房間，牆上懸掛著印象派畫作，到維也納的艾咪與她的孩子，這裡交織著故事、更衣、童年與喬裝改扮，而後奇妙地在安娜房間裡過夜。

過去根付到處遊走，從日本飄洋過海之後便一直遭到品頭論足：拿起來，反覆檢視，在手裡掂量，再放回去。交易商這麼做，收藏家這麼做，孩子這麼做。然而我想到當根付在安娜的圍裙口袋與抹布、線軸放在一起時，反而受到比以前更多的關注與照顧。一九三八年四月，德奧合併的興奮尚未止息，藝術史家專注於製作物品目錄，將照片黏貼到蓋世太保的文件夾，然後送往柏林；圖書館員勤勉地製作書籍清單。這些人為自己的國家保存藝術，而羅森堡則需要猶太人的各項資料來證明他的理論，也就是——猶太人帶有獸性的成分。每個人都努力做事，但沒有像安娜那麼投入和勤勉。安娜睡在根付上，對根付的照顧與尊重遠超過所有人。她從饑餓與掠奪中倖存，在大火與俄軍入侵下保全性命。

根付又小又硬，硬得難以產生缺口，硬得難以粉碎，根付就是製作來耐得住撞擊的東西。「根付必須設計成這個樣子，否則會造成使用者的麻煩。」一名導覽員這麼說。根付是往內支撐的：鹿把腿塞在身體下；製桶師傅俯臥在尚未完成的桶子裡；老鼠繞著棒子轉圈圈。或者就像那件我最喜愛的根付，和尚睡在自己的缽上，他的背與缽形成連續的線條。根付可能引起疼痛，象牙豆莢的末端就像刀子一樣鋒利。我想像這些根付放在床墊裡，一個奇怪的床墊，來自日本的黃楊木和象牙，與奧地利的馬鬃放在一起。

撫摸不只透過手指，也透過整個身體。

對安娜來說，每個根付都是對記憶流失的抗拒。每拿出一個根付，就能對新聞更抗拒一分，故事得以回憶，而未來得以擁有。在這裡，維也納對「舒適」的崇拜——容易對多愁善感的故事流淚，將一切事物裹在糕點與鮮奶油中，因幸福而感到憂鬱——遭遇了極堅硬之物。我想起布洛克豪斯先生及他對粗心僕役的詛咒，他實在錯得離譜。

沒有多愁善感，沒有懷舊鄉愁，有的只是更堅硬、更不可動搖的東西——那就是信任。

我在很久之前聽過安娜的故事，那是我在東京第一次看到根付，它擺在書櫃間的長形玻璃展示櫃，上面打著燈光。伊吉為我調了杯琴酒，他自己則喝威士忌加蘇打，他說：「順道一提，」他壓低音量，「這些根付有個不為人知的故事。」現在想起來，伊吉不是猶豫於是否該講這個故事，而是指，這是一則有關隱藏的故事。

我知道這則故事，但我真正對這則故事有「感觸」，是我三度造訪維也納的時候。我當時站在大院中庭，有名男子從奧地利賭場辦公室走出來，問我是否想看看祕密樓層。

我們沿著歌劇院階梯往上，那人推開左邊的木鑲板，引領我低下頭進入這一整面樓層。這裡一個接著一個房間，沒有對外窗：當你站在環城大道上，可以毫無阻礙看見伊格納斯的一樓樓層。一樓樓層反映了往上各樓層的房間配置，只不過逐層縮小。這個樓層只有小而不透光的方形窗戶，全都面朝中庭，這些窗戶看起來並不重要，似乎不須多費功夫將它們偽裝成牆壁。進出這個樓層的唯一路徑，要不是經由偽裝成大理石板的門，沿著大樓梯下樓，就得經由角落的僕人樓梯通往中庭。這個樓層原是僕人的房間。

安娜睡的地方現在成為公司的員工餐廳。置身在維也納工作日午餐時間的喧鬧中，我如鯁在喉，覺得很不對勁——就像你唸書翻過一頁，雖然讀過去了卻未必真的理解。你必須把書頁翻回去重讀一遍，而這些字在你腦中變得更陌生了，聲音也變得更奇怪。

負責這棟屋子的男子說——他對於大宅似乎充滿了好感——你注意到光線是如何進入這棟建築嗎？你覺得歌劇院階梯的光線從哪裡來？於是我們從螺旋狀的僕人階梯上去，打開一道小門，眼前是鐵架與階梯的屋頂景觀。我們越過女像柱上方的矮牆往下看，原來如此，這裡也有隱藏式光井。他拿起平面配置圖，告訴我這棟屋子與鄰近屋子如何連結，以及通往地窖的地下通道使人可以不經前門，就能將馬匹需要的糧秣與麥運到屋內。

這一整棟堅固的屋子無論鑲嵌還是覆蓋，無論塗以石膏還是油漆，無論大理石還是黃金，都與玩具屋一樣輕巧，在精美的外表下隱藏了一堆空間：波坦金城。這片大理石牆其實是由人造大理石、木板條與灰泥所構成的。

這是一棟適合隱藏孩子玩具的屋子，大宅屋頂矮牆能供人隱蔽，地道與地下室可以玩捉迷藏，櫥櫃的暗屜則藏著艾咪情人寄來的情書。在這棟屋子裡，未被注意到的人在這裡過著無人察覺的生活，食物消失在隱藏的廚房，床單、內衣消失在隱藏的洗衣房。人睡在地板夾層中密不透風的房間。

這是個掩蓋出身的地方，也是個隱藏事物的地方。

我帶著家族信件的文件夾與簡略的地圖開始了這段旅程。一年多過去，我依然不斷發現隱藏的事物，而不只是被遺忘的事物：蓋世太保的清單與日記、日誌、小說、詩與剪報。遺囑與船貨清單、銀行家訪談、在巴黎後屋無意聽見的評論，以及十九、二十世紀之交為維也納親戚訂作衣物的布料、照片與家具。我找到一百年前參加宴會的名單。

對於這個金碧輝煌的家族，我已經知道得太多，而我找不到更多關於安娜的訊息。

她未被文字記載下來，也未折射到故事中。她未從艾咪的遺囑中得到任何金錢，事實上，根本沒有遺囑。而在交易商與製裝師傅的分類帳中，也沒有她的蹤跡。

我不得不繼續尋找。書房裡，我偶然有了突破性的發現，只不過是迂迴的。透過查爾斯沙龍送來的黃地毯的寄達日期，以及伊弗魯西大宅邸天花板畫家的一些事，我看到了一個腳註及附錄裡一個注釋。繞了一大圈之後，我發現路易絲位於巴薩諾街的屋子（在朱爾斯與芳妮的屋子對面，沿著屋前這條街往上就能到達查爾斯的上一棟房子，裡頭全是金色的石頭與花體字），被納粹徵用來做為監禁營。它是德朗西（Drancy）集中營的三個額外擴充地，關在這裡的猶太人必須分類、清潔與修理羅森堡組織偷來的家具與物品。

然後令人不寒而慄的是，在括弧的注釋裡寫著：雷諾瓦為路易絲・卡恩・丹佛的兩個女兒畫的雙人肖像（查爾斯一直努力為雷諾瓦尋找賺錢機會），其中穿藍衣服的女孩被送走，死於奧許維茲。然後，我發現芳妮與特歐多爾・萊納赫的兒子里昂與他妻子碧翠絲・卡蒙多及兩個孩子都被送走。全家於一九四四年死於奧許維茲。

在那座黃金山丘上，過去所有的誹謗、所有針對猶太家庭的惡意抨擊，最終都在巴黎獲得驚人的發展。

這裡，在這棟屋裡，我大吃一驚。根付在安娜的口袋，在她的床墊裡倖免於難，然而這是一種侮辱，我無法忍受這種事成為一種象徵。為什麼根付可以順利躲過戰爭，但這麼多試圖藏匿的人卻未能倖存？我無法將人、地與事順利搭配起來——這些故事讓我變得零零散散。

近三十年前，我第一次在日本見到伊吉，從他口中聽到這些故事，於是開始追尋其中的事物。

安娜周圍存在著空間，就像壁畫人物四周總會留白。她不是猶太人，她從艾咪結婚後就一直為艾咪工作。「她一直在那裡。」伊吉說。

一九四五年，安娜把根付交給伊莉莎白，伊莉莎白把自己六歲時喜愛的柿子、象牙雄鹿、老鼠、捕鼠者與面具，以及其他根付放在小公事包帶回英國。這些根付可以擴展，將巴黎沙龍的巨大展示櫃裝滿，也可以放在維也納的更衣間，但也可以放在誰也看不見的地方。

我甚至不知道安娜的全名，或她發生了什麼事。但是當我有機會問時，我卻沒想過要問——因為她是安娜，就這麼簡單。

29「一切都開放、公開而合法」

伊莉莎白提著裝了一堆根付的小公事包返家。英格蘭現在是她的家，她不可能全家人回維也納定居。伊吉從美國陸軍復員之後開始找工作，他也有相同的想法。幾乎沒有猶太人願意回維也納定居。德奧合併時，奧地利有十八萬五千名猶太人，只有四千五百人回到奧地利，而有六萬五千四百五十九名奧地利猶太人被殺。

沒有人被要求提出解釋。在戰後成立的民主奧地利共和國於一九四八年特赦了九成納粹黨員，並在一九五七年特赦了親衛隊與蓋世太保。

移民的返歸對於留在國內的人來說是一種騷擾。我祖母的小說描述了返歸維也納的歷程，這使我得以了解她的感受。在伊莉莎白的小說中，有個對立的場景特別具有啟發性：猶太教授被問到為什麼要回來，對奧地利有什麼要求：「你決定離開的時間點確實早了點。我的意思是，你在可能被解職之前辭職了，而且離開了這個國家。」這是個關鍵而有力的問題：你回來是為什麼？你回來是想拿走我們的東西嗎？你回來是要指控誰嗎？你回來是要向我們炫耀嗎？而在這些問題最後，有人顫抖地問：你的戰爭比我們的戰爭更悲慘嗎？

對於倖存者來說，歸還財產是困難的。伊莉莎白在小說裡以種種詭異的氣氛表現這種狀況，當收藏家加納基斯（Kanakis）提到，「在他椅子對面的牆上掛著兩幅畫框陰暗沉重的畫作，黯淡的微笑牽動著他的眼皮。」

「你真的認得這些畫嗎？」新主人驚呼。「這些畫確實過去屬於某個紳士所有，他顯然是你們家熟識的人物，尤男爵（You）很可能在他的宅邸裡見過這些畫。不幸的是，尤男爵客死異鄉，我記得是在英格蘭。他的繼承人一一找回這些財產，在拍賣會上全賣掉了。至於這些陳舊過時的畫作，不適合出現在他們的現代住宅。我從拍賣會上購入這些畫，還有，你在屋內看到的絕大多數物品都是從拍賣會上買來的。一切開放、公開而合法，你懂我的意思。在這個時代，不會有什麼人搶著買這些東西。」

「您不需要道歉，醫師先生，」加納基斯回道：「我只是恭喜你生意談成。」

「一切都開放、公開而合法」，這是伊莉莎白反覆聽見的字眼。她發現在一個遭受嚴重打擊的社會，要把財產歸還給財產被扣押的人，這項要求往往在整個清單裡排名最末。許多侵奪猶太人財產的人現在已經是新奧地利共和國受人敬重的公民。奧地利共和國拒絕賠償，因為他們認為奧地利在一九三八年到一九四五年間是被占領的國家：奧地利是「第一個被害者」，而非戰爭的發動者。

身為「第一個被害者」，奧地利必須堅持反對一切可能破壞奧地利的主張。卡爾．倫納博士（Karl Renner）、律師，同時也是戰後奧地利的總統，清楚說明了這點。他在一九四五年四月寫道：

把從猶太人身上偷來的財產還給猶太人……這個做法無法適用在個別的受害者身上，但應該成立集體的歸還基金。這種制度的建立以及隨後可預見的安排是必要的，這麼做旨在防止流亡者突然間大量回流國內……無論從哪方面來看，這種狀況都必須謹慎加以處理……基本上，不能要求所有國民為猶太人的損害負起全責。

一九四六年五月十五日，當奧地利共和國法律宣布，任何交易如果使用歧視性的納粹意識形態，就應該視為無效，似乎為猶太人財產的歸還開啟了大門。奇怪的是，這項法律未能施行。如果你的財產在強制雅利安化政策下被賣出，那麼你可能會被要求買回自己的財產。如果歸還給你的藝術品被認定為奧地利的重要文化遺產，那麼這個藝術品就不許出口。然而，如果你將這類重要藝術品捐給博物館，那麼政府會允許你自由處分其他價值較少的藝術品。

為了決定哪些需要歸還、哪些不用歸還，政府機構會以現有文件記錄做為處理的最高標準。這些文件都是蓋世太保蒐集的，他們向來以做事仔細著稱。

一份關於維克多書籍遭到沒收的檔案提到，維克多的書房被移交給蓋世太保，但「記錄中沒有說裡面放了什麼書。只提到幾件藝術品，另一份確認維克多物品遭取走的文件，有提到兩個大書箱與兩個小書箱中放了哪些書，而旋轉書櫃上的書也有記錄下來。」

於是，一九四八年三月三十一日，奧地利國家圖書館把一百九十一本書還給維克多・伊弗魯西的繼承人。一百九十一本書可以放滿兩個書櫃，不過與原先放滿整個書房的數百本書相比，可就差遠了。

事已至此，我們不禁要問，伊弗魯西先生保存的記錄在哪？直到死後，他一直是有罪之身，維克多一生蒐集的書籍就這麼消失了，只因文件上的首字母無法判讀。

另一份檔案記錄的是沒收的藝術品。其中有一份書信是兩個博物館館長之間的通信，裡面有一份蓋世太保製作的目錄提到，「銀行家伊弗魯西在維也納第一區魯格環城大道十四號住宅裡的畫作下落。這份目錄沒有提到特別貴重的藝術品，倒是提到富有之家牆壁的裝飾，從風格可以看出是依照一八七〇年代的品味安排的。」

沒有收據，而且「唯一未被售出的幾件畫作，都是些絕對無法售出的畫作。」言下之意似乎是說，這些畫都是自由買賣的，沒有太多操控空間。

閱讀這些信件，我只是一股勁兒地生悶氣。我氣的不是這些藝術史家不喜歡「銀行家伊弗魯西」的品味及他的牆壁裝飾，雖然他們的說法與蓋世太保的「猶太人伊弗魯西」沒什麼兩樣。我氣的是，這些檔案將過去隔絕起來：沒有任何收據，我們無法看到交易雙方的簽字。不過才九年時間，這些交易應該都是由你的同事進行的。維也納是座小城市，要搞清楚這件事，應該不用打很多電話。

我父親還記得他在童年時，祖母伊莉莎白不斷寫信要求歸還家族財產，卻不斷希望落空。她寫信有部分原因是基於憤怒，她對於一連串用來讓原告打退堂鼓的偽法律措施感到不滿，畢竟她是個律師。但主要還是因為四個兄弟姊妹都有實際的財務需要，而她是唯一待在歐洲的子女。

只要有一幅畫歸還，就會馬上賣掉，現金供大家均分。高布林花毯於一九四九年歸還，賣掉的錢成了孩子的學費。戰爭結束後五年，伊弗魯西大宅邸還給了伊莉莎。當時並不是賣掉這座遭戰爭損毀的建築物的好時機，維也納依然受到四國占領，因此最後只賣了三萬美元。之後，伊莉莎白放棄了。

史坦豪瑟先生是維克多以前的商業夥伴，他成為奧地利銀行協會的會長。一九五二年他被問起是否知曉關於在他手中進行雅利安化的伊弗魯西銀行的歷史。一般相信，第二年，也就是一九五三年，應該是伊弗魯西銀行在維也納建行的百年紀念。「我一無所知，」他在回函中寫道，「不會有任何慶祝活動。」

伊弗魯西家族的遺產受贈人獲得五萬先令，條件是放棄一切請求權。五萬先令相當於當時的五千美元。

我發現整個歸還過程極為累人。你花了一輩子時間追蹤每件東西的下落，你的精力耗損在所有規則、信件與合法性上。你知道某人壁爐架上鳴響著沙龍的時鐘，底座纏繞著流線型美人魚。你打開商品目錄，赫然看見兩艘在強風中航行的船。突然間，你置身通往樓梯的門口，保姆拿出圍巾圍住你的脖子，好讓你到環城大道上散步。只要一個鼻息的時間，你就能將零碎片段的人生組合起來，讓離散家族的殘磚片瓦結為一體。

這是一個無法恢復原貌的家族。伊莉莎白在頓布里吉威爾斯作為一種核心角色，她寫信並發布訊息，把外甥與外甥女的照片寄給大家。戰後，亨克在倫敦獲得不錯的工作機會，為聯合國救濟協會工作，家庭的經濟狀況因此寬裕不少。吉瑟拉在墨西哥，她有一段相當刻苦的日子，必須靠擔任清潔婦來貼補家用。魯道夫復員後住在維吉尼亞州。至於時尚則「放棄」了伊吉——他是這麼說的——他無法再面對服飾，從維也納到巴黎再到紐約的這條細線，因為一九四四年巴黎的戰爭經驗而斷裂。

伊吉開始在邦吉工作，那是一家國際穀物出口商，無意間他又重拾祖先在奧德薩的事業。他的第一項任務是整年待在比屬剛果的雷歐波德維爾，他痛恨當地的炎熱與殘酷。

一九四七年十月，伊吉利用任務交接的過渡時期來到英格蘭，公司問他想回剛果還是改派日本，這兩個地方伊吉都不感興趣。他到頓布里吉威爾斯探望伊莉莎白與亨克及他的外甥，並且第一次到父親墓前探視。然後，他開始計畫自己的未來。

晚餐後，孩子們做完功課上床睡覺，伊莉莎白打開小公事包，讓他看看根付。

老鼠打架。有著鑲嵌眼睛的狐狸。猴子繞著葫蘆。他那枚有斑紋的狼。他們拿出幾個根付，把它們放在郊區屋子的餐桌上。

我們什麼話也沒說，伊吉告訴我。我們上次看到根付是在三十年前，在母親的更衣間，我們坐在黃色地毯上。

去日本吧，他說。我會帶它們回去。

第四部

東京，一九四七年到二〇〇一年

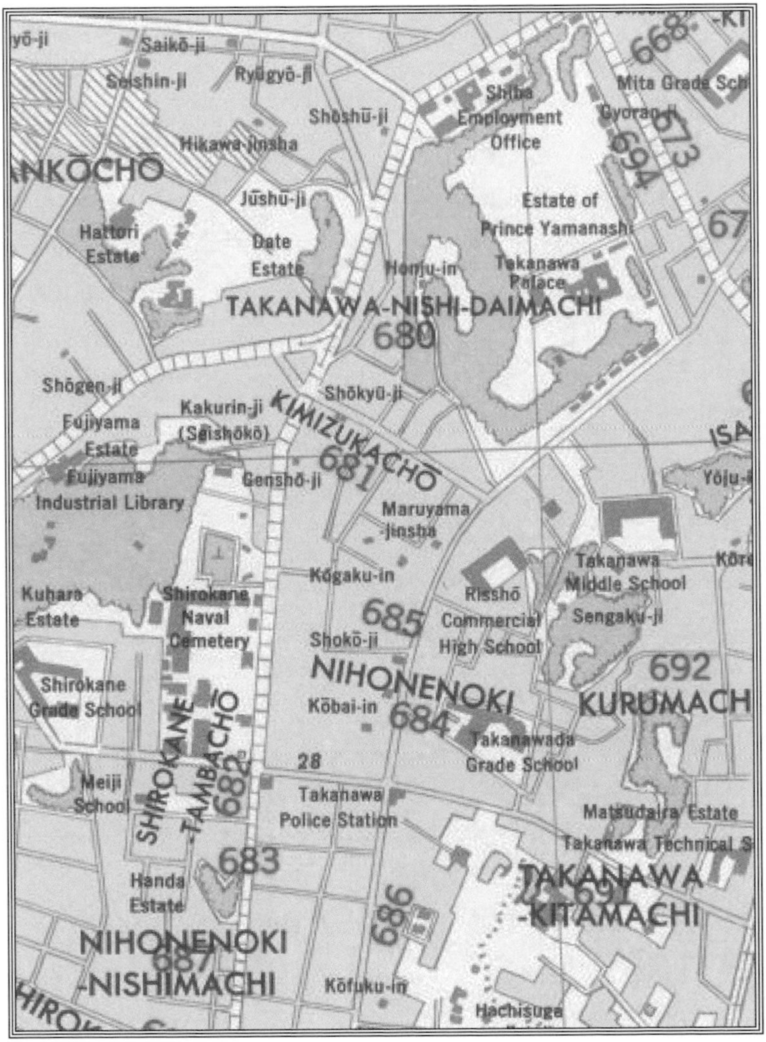

30 竹筍

一九四七年十二月一日，伊吉獲得軍事通行證第四三五一號，得以前往日本東京的駐日盟軍總司令部。六天後，他抵達這座被占領的城市。

出了羽田機場，計程車繞過路上的坑洞，繞過孩子，繞過腳踏車騎士與穿著寬褲裙吃力朝城市走去的婦女。東京有著奇怪的地貌。他一開始注意到的是纏繞成の字形的電話線與電線往四面八方延伸，越過家家戶戶簡陋鏽蝕的紅色屋頂，然後在冬日陽光下，富士山聳立在西南邊。

美國人連續轟炸東京三年，但一九四五年三月十日的空襲是前所未有的。燃燒彈產生的火牆使得「整個天空都是火燄」，十萬人死亡，城市有十六平方英里遭到毀滅。

除了少數建築物，幾乎一切都夷為平地或燒得精光。倖存的如皇居，位於巨石堆成的城壘與寬闊的壕溝後方；還有用石頭或水泥建築的倉庫，那是商人家族保存財寶的地方，以及帝國飯店。飯店是萊特*於一九二三年設計的，在幾座池子旁建起古怪的混凝土寺廟建築，像是匆忙調和下的結果；有點像阿茲特克版的「日本主義」。帝國飯店平安度過一九二三年的地震，在轟炸時受了點損傷，但大部分保持完好。國會大樓安然無恙，此外一些政府部門、美國大使館與皇居對面的丸之內商業區辦公大樓也平安無事。

所有的東西都被占領軍當局徵用。新聞記者詹姆斯・莫里斯，即日後的珍・莫里斯**在一九四七年的旅行見聞錄《鳳凰杯》（*The Phoenix Cup*）中提到這個奇怪的區域：「丸之內是個美國化的獨立小島，周遭圍繞著日本的灰燼、瓦礫與鏽罐之海。走在這些街廓，武裝部隊廣播站傳來的不協調音樂敲打著鼓膜，不用值勤的軍人隨意找一面最近的牆斜倚沉思……也許就像在丹佛一樣……」

就在這裡，在殘留的建築物中最宏偉的一棟，第一生命館，麥克阿瑟將軍把他的總司令部設於此地。這位盟軍最高司令官。這位美國來的大領主。

伊吉抵日的兩年前，日本天皇在廣播中以高音調的假聲宣布日本戰敗，他使用的詞彙與宮廷外大不相同，他警告說，「如若征伐相續，則我生民不存於世……」往後幾個月，東京逐漸習慣占領軍的存在，美國人宣稱他們會體察日本的情況進行統治。

將軍與天皇在美國駐東京使館裡的合照清楚表明了彼此的關係。麥克阿瑟穿著卡其制服，開領襯衫與靴子，把手放在臀部——一名「高大、毫無勳帶的美國士兵」，《生活》雜誌這麼形容他。

---

*法蘭克・洛伊德・萊特（Frank Lloyd Wright，1867-1959）：美國建築師，二十世紀上半葉最有影響力的建築師之一，一生設計了超過一千件作品，著品的作品包括落水山莊（Fallingwater）、古根漢美術館等。一九九一年被美國建築師學會稱之為「最偉大的美國建築師」。

**珍・莫里斯（Jan Morris, 1926- ）：英國作家，於一九七二年變性為女性，著有《威尼斯》、《香港》、《大不列顛和平》三部曲等書。

天皇站在他旁邊顯得瘦小白淨，穿著黑色西裝和翼領襯衫，打著條紋領帶，符合傳統衣著規範。從照片可以看出，體察時勢與禮貌已經逐漸轉變成協商。日本媒體拒絕刊登這張照片，但盟軍最高司令官卻明確要求刊出。拍照後第二天，皇后送了一束從皇居花園摘的花朵給麥克阿瑟夫人，幾天後又送了一個附有皇家羽飾的漆盒。謹慎而焦慮的溝通就從禮物開始。

計程車將伊吉載到皇居對面的帝都飯店。申請文件進入日本是很困難的事，獲准長期停留更是不易；此外，你抵達之後要找個住處也沒那麼簡單，因為帝都是僅存兩家飯店中之一。來日本的非軍事人員非常少，除了外交人員與新聞人員外，只有如伊吉等少數生意人及零星的學者會來日本。伊吉抵達時剛好是東條英機與祕密警察首長田中隆吉等戰犯在遠東國際軍事法庭進行審判的時候，根據西方媒體說法，東條「詭異地沾沾自喜，也許他認為自己做的事符合武士精神。」

盟軍最高司令官持續發布命令，對小至民眾生活細節，大至如何統治日本等事無不關切，而這些命令完全反映了美國對局勢的看法。麥克阿瑟認為，必須將與過去十五年來民族主義興起密切相關的神道教與政府區隔開來，也希望將巨大的工商業集團拆解分割：

天皇是國家的領袖……他必須依照新憲法履行責任與行使權力，並且向人民的基本意志負責……戰爭不再是主權國家的權利……廢除日本的封建制度……今後貴族的特權將不許在國家或市民統治權力中出現。

麥克阿瑟決定女性應該有投票權，這可是日本史上第一次；他也將每日工時從十二小時減為八小時。盟軍最高司令官宣布，民主已降臨日本。地方與外國的新聞媒體都受到言論的審查。

東京的美軍有自己的報紙與雜誌，崗哨裡大聲播放著廣播節目。他們有自己的妓院（消遣娛樂協會）與幾處尋歡取樂的地點（銀座綠洲，這裡的女孩穿著「仿製的午後連衣長裙」，一名美國評論者說）。火車設有占領軍專用的車廂。戲院被徵用，而且成了標示「恩尼・派爾」*字樣的建築，士兵可以在這裡觀賞電影或滑稽劇，可以到圖書館或「幾間大休息室」。此外還有占領軍專用商店、海外供應商店與營區販賣部，這些地方供應美國與歐洲食物、香菸、家中用品與酒類；這些商店只接受美元或軍用支付券。

由於這是個被占領的國家，所有事物都用首字母縮寫表示，無論是戰敗者還是新來者都看得一頭霧水。

在這個詭異的戰敗城市，街道名稱被移除，所以出現了A大道與第十街這類名稱。軍事吉普車與麥克阿瑟將軍的一九四一年黑色凱迪拉克在士官長駕駛下由憲兵吉普車開道，一路淨空直達辦公室。道路兩旁是日本的貨車與卡車，以燃燒著的煤或木頭作為推力並排出大量黑煙，此外還有三輪計程車堵在滿是坑洞的道路上。

*恩尼・派爾（Ernie Pyle, 1900-1945）：著名美國籍戰地記者，被譽為「第二次世界大戰最偉大的戰地記者」，一九四四年普立茲獎得主。一九四五年在琉球群島的伊江島採訪時，遭日軍機槍手殺害。

這個時期的日本極度貧困，東京有六成遭摧毀，意味著大量人口擠在狹窄不堪的破屋，這些屋子全是用手邊材料以雙手搭建。美軍在前十八個月強行徵收了所有建材，也意味著工人必須努力花幾個鐘頭搭上從鄉間開往城市、擠到爆滿的火車。新衣服非常難買到，戰後有數年光景普遍可見退役男子依然穿著軍服，只是拿掉了肩章或軍階標記，而女性則穿著農地工作用的寬褲裙。

燃料不足，每個人都要忍受寒冷。浴場開放第一個小時收的是黑市價，之後熱水就會慢慢冷掉。辦公室稍微有點暖氣，但工人「不急著離開辦公室，反正回家也無事可做。絕大多數辦公室在冬天或多或少有暖氣，待在辦公室還可以維持身體溫暖。」寒冬時，火車職員不鳴汽笛，好省下一點煤。

更重要的是糧食不足，人們得在天亮前擠上火車到鄉村買米。有傳言說，農民家裡的錢堆了一英尺那麼高。或者，在東京火車站附近的藍天黑市，你可以在軍隊監督下公開進行買賣、討價還價。上野車站附近有一條美國巷，可以買到從占領軍交易來的貨物。美軍毛毯是搶手的商品。「就像樹木落葉般，日本人一個接一個脫掉身上的和服，用來交換食物。他們甚至為自己的悲慘處境取了一個諷刺的名稱：竹筍，可以一層層剝下來。」面對艱難的處境，人們最常說的就是「沒辦法」，底下隱含的強烈暗示是「不要抱怨」。

諸如豬肉罐頭、麗滋餅乾與好彩牌香菸等許多美國商品都被私娼帶進黑市，這些「骯髒貪婪的族類……這些與士兵上床換取食物的女孩……白天穿著從營區販賣部買來的廉價時髦服飾到處閒晃，吵鬧地談笑，幾乎總在嚼口香糖，或在火車與巴士上展示她們用不當手段得到的東西，惹惱了饑餓的市民。」

許多人討論這些女孩，思考這些人對日本的意義是什麼。大家畏懼美軍，因此私娼似乎成了一種為保全絕大多數日本婦女貞節而做的犧牲。這也關係到對她們的口紅、衣服及她們在公開場合接吻產生的恐懼——接吻成了占領軍破壞日本傳統規範的象徵。

還有同性戀酒吧——三島由紀夫在小說《禁色》（於一九五〇年初連載）中提到同性戀派對。「同性戀」一詞在羅曼史小說出現，顯示同性戀在當時應該是普遍現象。日比谷公園是當時同性戀者的聚集地，我唯一的嚮導只有不太可靠的三島：「他進入陰暗濕冷的廁所，看到大家所謂的『辦公室』。（當時東京大概有四五個這類地點）在這個辦公室裡，沉默的程序是靠眨眼而非文件，靠細微的動作而非印出的文字，靠密碼暗號而非以電話來進行。」

想活下去一定要有進取心，年輕一代被賦予通俗的稱號「Apure」，也就是「戰後世代」。Apure 指「經常流連舞廳，找槍手代考，從事非正統賺錢活動的學生」。這個世代的特徵在於他們採取非正統的謀生方式，而且渴望過上美式生活。他們努力打破工作成規，也許上班遲到、考試作弊；也許靠詐術賺錢，被稱為騙子。所謂的詐術是指穿著印有阿囉哈字樣的襯衫、別上尼龍腰帶，或穿著橡膠鞋底鞋，這三樣東西又稱「三大神器」（三大神器原指與天皇有關的三種神聖象徵）。戰後不過數年，市面上開始出現許多新雜誌，主要讀者是年輕男性，刊登的內容通常是〈如何存到一百萬〉或〈如何白手起家成為百萬富翁〉這類文章。

一九四八年夏天，東京流行一首歌〈Tokyo boogie-woogie〉，不僅街上的擴音器時常播放，就連夜總會也幫它宣傳。「Tokyo boogie-woogie/Rhythm ookie-ookie/Kokoro zookie-zookie/Waku-waku」。新聞輿論認為這是糟粕文化*的濫觴：庸俗無禮，一味享樂，毫無節制，這種劣等文化將淹沒全日本。

店鋪溢出到街上，穿著白色衣服的退伍軍人在街上行乞，他們把身上的義肢拆下來放在面前作為飽受戰火摧殘的證明。許多戰爭中遺留下來的孤兒，故事如出一轍，他們的父母因斑疹傷寒死於滿洲，他們乞討、偷竊、充滿野性。學校的孩子成天喊著巧克力或香菸，還有其他從《日英對話手冊》第一頁學到的字彙：

Thank you!
Thank you, awfully!
How do you do?

或者，他們會用日文發音來唸：San kyu! San kyu ofuri! Hau dei dou?

柏青哥店裡數千顆小鋼珠在機臺裡來回撞擊發出不協調的聲響。你可以花一先令買二十五顆小鋼珠，如果技術純熟，就可以在機臺前玩上幾個鐘頭，不斷從條狀照明燈下餵入小鋼珠。獎品有香菸、刮鬍刀片、肥皂和罐頭食品，你可以賣給店家換成小鋼珠，然後忘情地再玩上個把鐘頭。

街頭生活是這樣的，喝醉的上班族穿著黑色薄西裝，襯衫打著細領帶，東倒西歪躺在酒館外的人行道。街上可見隨處便溺和吐痰、路人評論你的身高或髮色。每天都有小孩追在你身後「gai-jin，gai-jin」（外國人，外國人）地叫著。此外，東京還有另一種街頭生活：眼盲的女按摩師、榻榻米師傅、賣醬菜的小販、跛腳的老婦人、僧侶。然後是賣烤肉串的，上面叉著豬肉與辣椒、賣紅茶的、賣肥美栗子甜點的、賣鹹魚與海苔零嘴的，還有炭火盆上烤魚的味道。街頭生活意味著有鞋子擦得發亮的男孩過來與你攀談、賣花的人向你兜售、巡迴藝人表演、酒吧拉客，充斥著各種味道與噪音。

如果你是外國人，那麼你不許與人親善，你不許進入日本人家裡或上日本館子。但在街上，你成為這個嘈雜而擁擠生活中的一環。

伊吉的公事包裝滿了象牙僧侶、工匠與乞丐，但他對這個國家一無所知。

＊「糟粕」原意為酒糟、米糟等渣滓，日文的カストリ則為次等酒渣之意。二戰後，日本流行的通俗雜誌，被稱做カストリ雜誌，內容多以色情、性為主題。

31 柯達克羅姆膠捲*

伊吉告訴我，抵達日本之前，他讀過與日本相關的書只有一本，就是《菊與劍》，而且是前往日本途中在檀香山買的。這本書是民族誌學者潘乃德（Ruth Benedict）在美國戰爭資訊辦公室的邀請下，結合研究剪報、翻譯文獻與對監禁者的訪談寫成的作品。這本書之所以清楚客觀，或許是因為潘乃德沒有直接的日本經驗。書中有淺顯易懂的簡單對比：一個是自我負責的武士刀，一個是深具美感（唯日本人特有的根性才能培養出來的審美觀）的菊花。潘乃德的著名論點是，日本人有恥的文化而沒有罪的文化，此觀點深深影響了在東京市中心負責規畫日本教育、法律與政治生活的美國官員。她的書在一九四八年被譯為日文，大受歡迎。想當然耳是如此，有什麼比知道美國人怎麼看待日本更能引起日本人的興趣？而且還是個女人。

在我寫作本書時，伊吉擁有的潘乃德作品就在我案前。他一絲不苟的鉛筆註記——絕大多數是驚嘆號——停留在結束前七十頁的位置，以及最後談自律與兒童的幾個章節。或許是因為飛機在此時降落了。

伊吉最初的辦公室位於丸之內商業區，旁邊是單調而寬敞的街道。這裡的夏天無比燠熱，但伊吉的回憶卻是從最初的一九四七年寒冷的冬天開始。每間辦公室都有放著木炭的小火盆透出微溫的熱度，火盆能提供一點溫暖，卻無法真正暖和身子，你需要把火盆放在大衣底下，才能達到取暖的效果。

屋外已經入夜，辦公室仍燈火通明。低頭盯著打字機，白襯衫的袖子捲了兩摺，這些年輕人忙著創造日本奇蹟。香菸與算盤參雜在文件中，他們有旋轉座椅。伊吉半個身子都被遮住了，他拿著一綑文件站著，辦公室安裝了毛玻璃，裡面設有（罕見的）電話。

已經是一天末尾，伊吉在快到五點前就消失在走廊上。刮鬍子需要熱水，所以必須用辦公室的火盆加熱水壺，而伊吉得在離開前刮好鬍子。

伊吉不喜歡住飯店，東京區看起來就像丹佛一樣，不到幾星期，他就搬到他的第一棟房。這棟房位於東京東南方的洗足，就在洗足池旁。應該說，它像是個池塘，伊吉對我說——他急著想講清楚——而且是大型的梭羅池塘，不是小型的英國池塘。他在冬天搬進去，得知園裡與池塘邊種的都是櫻桃樹，此時的他仍不清楚春天這些櫻桃樹是什麼景象。再過幾星期，精采好戲上場了，他說，到處綻放的櫻花讓他以為自己的視網膜完全充塞著白雲，彷彿在一瞬間瞎了。你找不到前後景或距離感，整個人像飄浮起來。

＊柯達克羅姆膠捲（kodakchrome）為美國伊士曼柯達公司（Eastman Kodak）發行的一款彩色幻燈片（俗稱正片）品牌，一九三五年發行、生產至二〇〇九年停產，為世界上使用時間最長的一款彩色幻燈片。曾獲許多專業攝影師選用，拍下不少經典照片，包括美國前總統甘迺迪於六三年遇刺、八五年《國家地理雜誌》的阿富汗碧眼少女。

多年來伊吉隨身只有一到兩個公事包，這是伊吉的第一棟房子。他四十二歲，住過維也納、法蘭克福、巴黎、紐約和好萊塢，隨著陸軍前往法國與德國，然後到了利奧波德城，但他從來未能關上自己房子的大門，直到在日本首次迎來這個解放而令人振奮的春天。

這棟房子興建於一九二〇年代，具備八角形餐廳與可以俯瞰洗足池的陽臺，是飲酒宴客的完美地點。出客廳踏上一塊平坦的大圓石，走進庭園的石砌平臺，那裡種滿了看似隨機生長、實則用心修剪過的松樹與杜鵑花，並且布滿苔蘚。年輕的日本外交官河崎一郎這麼描述這種房子：「在戰前，大學教授或陸軍上校有能力負擔得起這種房子，他可以安穩住在裡面。今日，屋主發現要維持這樣的房子相當昂貴，他們要不是得賣掉房

東京洗足的夏季派對，一九五一年

子，就是把房子租給外國人。」

我看著這一疊用柯達克羅姆膠捲洗出來的照片，小而圓角，拍攝地點是伊吉在東京的第一棟房。「日本的城市計畫者很少考慮分區的問題，經常可見一整片勞動者住的破房子旁緊挨著百萬富翁的宮殿式宅邸。」伊吉的房子也是如此，雖然左方的破房子已經重建，右方也改建為鋼筋混凝土、而非木頭與紙糊的爛房。整個地區正在復甦，包括寺廟與神龕、地方市場、修腳踏車的師傅與道路末端聚集的店鋪（與其說是道路，不如說是小徑），你可以在這裡買到一整排又粗又白的蘿蔔、甘藍菜與其他蔬菜。

我們跟著伊吉從前方門階進入，他的手插在口袋，綠色絲質領帶別著閃閃發亮的領帶夾。他的體格寬闊，外套口袋總放著手帕。跟他同辦公室的年輕人也開始有樣學樣，開始重視口袋手帕與領帶的協調感。今天他穿著雕花皮鞋，帶著一點鄉紳氣質，若非身邊有修剪過的松樹，以及屋頂上的綠色屋瓦，任誰都會以為他身在科茨沃爾德（按：Cotswolds，英格蘭城鎮）。我們在屋內穿過一道長廊左拐，廚師羽田先生穿得一身白，因為閃光燈而閉上眼睛。他的身子往新餐具微傾，廚師帽時髦地戴在腦後。一瓶 Heinz 牌番茄醬是眼前唯一的食物，柯達克羅姆膠捲的緋紅色與晶亮一塵不染的瓷器形成強烈的對比。

回到走廊，穿過敞開的大門，從懸掛的能劇面具下進入客廳。天花板用板條木鋪成，所有燈都開著，物品陳列在空出來的線條簡潔的舒適低矮沙發，旁邊是韓國與中國家具、臨時的桌子與燈，菸灰缸與菸盒。座落在高麗櫃上的京都木雕佛像舉起一隻手，那是祝福的意思。

竹架上放著數量驚人的酒，沒有一瓶是我認識的。這是一間適合宴會的屋子。小孩跪坐，穿和服的女性，還有禮物。身著深色西裝的男性圍坐小桌旁，一邊喝威士忌一邊熱切聊天。新年時，剪下一段松枝懸掛，或者在櫻花樹下賞景，甚至還有一次看到螢火蟲到處飛舞，一派詩意。

這裡也拉近了眾人的關係：穿著制服的女僕金子太太端上壽司與啤酒，日本、美國與歐洲朋友把酒言歡——就像當初的自由廳。

這也是一間輝煌的屋子，沒有童年記憶中的大宅那麼雜亂，屋內有金屏風與卷軸，有畫作與中國壺罐，這裡是根付的新家。

在房子正中央擺放著根付，這裡也是伊吉生活的中心。伊吉特別為根付設計了一個玻璃櫃，櫃子後方的牆貼著淺藍色菊花圖案的壁紙。這兩百六十四枚根付不僅回到日本，也回到了沙龍。伊吉把它們放在三個長型玻璃架上，櫃內有隱藏的燈光，黃昏時分會映照出鮮奶油、骨頭與象牙的明暗深淺。夜裡，櫃燈可以照亮整個房間。

在這裡，根付又成為日本的一部分。

它們不再是異國之物，而是精確反映出你所吃的食物：蛤蜊、章魚、桃子、柿子、竹筍。放在廚房門邊的引火物，捆綁的樣子像極了藻晃雕刻的根付。寺院的池塘邊緣，烏龜攀爬到彼此身上，看似緩慢卻又強而有力，跟你的友一根付一個樣*。到丸之內上班的路上，你也許不會看到僧侶與漁夫，更甭說老虎了，但在火車站旁的麵攤，你會看到有人擺出跟捕鼠者一樣的怒容。

根付創造出來的意象與房裡日本卷軸與金屏風一樣，為這間房創造了可供談論的話題，不同於查爾斯的莫羅與雷諾瓦，也不同於艾咪梳妝臺上的銀香水瓶與玻璃香水瓶，它們一直是被把玩鑑賞的東西——現在成為另一個世界的一部分，這個世界裡出現的物品全是西方人眼中把玩鑑賞的東西。它們不只製作原料相近（象牙與黃楊木是每天都會使用的東西，如筷子），形狀也如出一轍。有一種類型的根付叫饅頭根付，這個名字源自一種小而圓的豆餡甜點，日本人經常搭配茶來品嘗，或當成伴手禮送人。饅頭吃起來稠密厚重，拿在手上卻相當輕便，當你拿起饅頭根付，你的拇指想必也會有類似的感覺。

伊吉有許多日本朋友從未見過根付，更別說賞玩了。次郎還記得自己的祖父（一名企業家）穿著深灰色和服參加婚禮與葬禮。他的領口、袖口與袖子都要繡上家紋，腳上穿著分趾襪與木屐，腰上繫著寬腰帶，並打上硬梆梆的結。至於根付——也許是動物？老鼠？則用細繩綁著掛在腰帶上。但根付早在明治初期前八十年就在日常生活中消失了，主因是穿和服的男性越來越少了。在伊吉的派對上，隨著桌上擺起威士忌與毛豆，展示根付的玻璃櫃也開啟了。根付再度被拿出來展示，大家先是驚呼不已，緊接著便傳遞欣賞了起來。朋友開始向你解釋。一九五一年正值兔年，你拿起所有收藏中用最白淨的象牙雕成的根付，友人解釋這是一隻月兔，乘風破浪，在競賽中脫穎而出，月光下這枚根付閃閃發亮。

＊藻晃是日本十九世紀著名的根付師。友一也是日本著名的根付師。

根付上一次在社交場合被拿出來賞玩是在巴黎，在查爾斯・伊弗魯西充滿當代品味的沙龍，艾德蒙・德・龔固爾、竇加與雷諾瓦曾將它們放在掌中，聊著情色話題與新藝術。

現在，這些根付回到日本家鄉，與書法、詩或三味線一起成為老一輩日本人的回憶。對伊吉的日本客人來說，根付屬於已經失落的過往，這種感受因戰後生活的艱困而更為苦澀。根付是過往富裕歲月的見證。

根付也成了新版日本主義的一部分。伊吉的房子在一九五〇年代有了互別苗頭的對象，國際設計雜誌強調將多層次的日本風格引進當代住宅。而談到日本，通常會聯想到各種佛教特徵、屏風與新民俗技術趨勢下創作的鄉村風味瓶罐。《建築文摘》（*Architectural Digest*）刊登的美國住宅就擺放了這些物品，而且通常搭配裝飾著金葉的門廳、鏡牆、貼著生絲的牆、巨大的厚玻璃板窗戶及抽象畫。

原是奧地利、如今歸化為美國人的伊吉，他擁有的這間東京房舍裡有壁龕。對於傳統日式房舍來說，壁龕是相當重要的地方，這個空間必須以未加工處理的木柱與其他房間區隔開來。在卷軸與日本碗的旁邊必須放置插花作品。牆上掛著受歡迎的年輕畫家福井的當代畫作，內容是面容蒼白的日本人物與馬匹。伊吉廣泛收藏日本藝術相關書籍，普魯斯特的作品上方堆著美國幽默作家詹姆斯・瑟伯（James Thurber），此外，成堆的美國犯罪書籍也擺滿了書架。

不過在這裡，在成堆的日本藝術品中夾雜了一些維也納伊弗魯西大宅邸的畫作，它們是伊吉祖父在一八七〇年代家族事業欣欣向榮時購入的。有幅作品畫著阿拉伯男孩，伊格納斯在中東旅行時曾贊助這幅畫的作者。兩幅奧地利風景畫。一幅小的荷蘭畫，畫的是幾頭愜意的乳牛，就掛在後方的走廊。在餐廳的餐具櫃上方掛了一幅憂鬱的畫，手持滑膛槍的士兵站在樹蔭下，這幅畫原本在走廊盡頭的父親更衣室，與巨幅〈蕾妲與天鵝〉及威瑟爾先生半身像放在一起。

有些畫是伊莉莎白向維也納當局爭取歸還的，伊吉把它們跟日本卷軸放在一起。這也算是一種親善：日本的環城大道風格。

有些照片的內容生動得散發出一種幸福感。伊吉是個很好相處的人，無論走到哪都是如此——他甚至有大戰期間跟同袍的合照，以及在摧毀的地堡中與幼犬嬉戲的照片。在日本，自己的家裡，他在這個融合東西的環境中廣邀日本人與西方人彼此寒暄認識。

當他搬到更方便的麻布地區，搬進更美麗的房子與花園，他的幸福感又提升了。雖然他討厭這個地區的概念——全都住著一些外交人員的「外國人」殖民地，但他的房子居高臨下，有一連串相通的房間，屋前還有一個種滿山茶花的花園。

這塊地大到足以再蓋一棟獨立公寓給他的年輕朋友杉山次郎。他們於一九五二年七月結識。「我跟一個老同學在丸之內大樓巧遇，他介紹我給他的上司里奧．伊弗魯西認識……兩星期後我接到里奧的電話，我總是叫他里奧，他邀我一起共進晚餐。我們在東京會館的屋頂花園享用奶油焗龍蝦……而且透過他，我在舊三井住友公司得到一份工作。」他們在一起四十一年。

次郎二十六歲，瘦小而英俊，他的英語流利，是胖子華勒（Fats Waller）與布拉姆斯的樂迷。他們認識的時候，次郎才剛結束在美國的三年大學學業返國，在這期間他申請到獎學金。他的護照是由盟軍最高司令部發放，編號第十九號。次郎回憶當初很擔心到美國會受到什麼樣的對待，以及報紙如何報導：「一名年輕的日本男孩，穿著灰色法蘭絨西裝與白色牛津襯衫前往美國。」

次郎出生商人世家，家裡有五名子女，他排行中間。他的家族在靜岡製作木屐，並為之塗漆，靜岡這座城市位於東京與名古屋之間：「我的家族製作上好的木屐，並且為木屐上漆。我的祖父德次郎因製作木屐而致富……我們有一間傳統的大房子，十個人在店鋪工作，店裡有房間給他們住。」次郎的家族繁盛且善於經營，一九四四年，十八歲的次郎進入東京早稻田大學預科就讀，然後順利進入早稻田大學。由於年紀太小而不用參加戰爭，因此親眼見到了東京的毀滅。

次郎可以說是我的日本舅舅，由於伊吉的

伊吉與次郎乘船遊瀨戶內海，一九五四年

關係，他也成為我生命中重要的部分。我們一起坐在他東京公寓的工作室，聽他聊著他們早年的生活。他們會在每週五晚上離開東京，「我們在東京附近度過週末，如箱根、伊勢、京都、日光，我們待在溫泉旅館享受美食。他有一輛黃色的DeSoto可摺篷敞篷車，車頂是黑色的，我們把行李放在旅館後，里奧的第一件事就是去古董店——中國瓷器、日本瓷器、家具……」而在平時上班日，他們在下班後見面。「他會說，『我們在資生堂餐廳見面，吃咖哩牛肉或蟹肉可樂餅。』或者，我們在帝國飯店的酒吧碰頭。家裡也常舉辦派對。客人離開之後，我們一邊喝威士忌，一邊聽留聲機的歌劇直到深夜。」

他們的生活就像柯達克羅姆膠捲——我可以看見那輛黃黑色的車像大黃蜂似地奔馳在日本阿爾卑斯山的塵土路，可樂餅的粉紅外皮包住了白色內餡。

他們一起探索日本，在週末到一家專門料理河鱒的旅店住下；到靠海的城鎮參加秋日祭典，觀賞熱鬧的花車遊行；到上野公園博物館參觀日本藝術展，還參觀了歐洲博物館首次舉辦的印象派巡迴展，排隊民眾從入口排到公園門口。他們看過畢沙羅之後離開展場，那時的東京看起來就像雨中的巴黎。

但最能連繫兩人內心的莫過於音樂。貝多芬《第九號交響曲》在戰時極受歡迎，成為年終必定演奏的曲目，伴隨著龐大合唱團高唱〈快樂頌〉。盟軍占領期間，東京交響樂團有部分的經費由盟軍贊助，因此曲目的選擇必須配合軍方的需求。現在到了一九五〇年代初，日本各地組織了地區性的交響樂團，揹著書包的小學生開始提著小提琴盒，國外的交響樂團開始訪問日本。次郎與伊吉聽了一場又一場音樂會：羅西尼、華格納與布拉姆斯。他們一起觀賞《弄臣》，而伊吉回想起他人生看的第一齣歌劇就是《弄臣》，那是一次大戰期間與母親在維也納歌劇院的包廂欣賞的。最後幕簾拉上時，他母親淚流不止。

所以，這裡是根付第四個歇息之地。這是戰後東京某公寓客廳的展示櫃，從客廳望出去是一片修剪過的山茶花圃。深夜，根付沐浴在古諾《浮士德》的悠揚樂曲中。

32 你從哪得到這些東西的？

美國人的抵達意味著日本再度成為遭到掠奪的國家，到處都是充滿吸引力的物品，如薩摩花瓶、和服、漆器、鍍金刀劍、畫著芍藥的屏風、裝著青銅把手的櫃子。日本的東西又多又便宜。一九四五年九月二十四日，《新聞週刊》（*Newsweek*）首次報導盟軍占領下的日本，頭條是「美國人開始大肆收購和服，知道藝妓不？」這段既坦白又隱藏部分內容的頭條，如果能加上紀念品和女孩，就是盟軍占領日本的實態。同年稍晚《紐約時報》報導：「一名船員持續購物狂歡：如果你是美國大兵，你會買的大概就是香菸、啤酒與女孩。」

戰後，有人成功在橫濱碼頭開了一家小型的金錢兌換亭，專門幫首次來日本的美國士兵兌換日幣，同時也買進與轉賣美國香菸。但是，這裡的第三個功能才是最重要的，那就是販賣便宜的日本古董，如青銅佛像。這個人從遭到轟炸的地區搶救出黃銅燭臺與香爐，在美國人眼裡這些古董相當新奇，因此非常好賣。

你怎麼知道要買什麼？拉瑟達（John LaCerda）在一九四六年出版的《征服者與茶道：麥克阿瑟統治下的日本》中有過尖酸的評論，所有士兵「必須花一小時來搞清楚插花、焚香、婚姻、服飾、茶道與用鸕鷀捕魚。」另外有嚴肅一點的日本藝術與工藝指南印在灰色的紙張上，但紙薄得跟棉紙一樣。日本旅行局出版了指南，「給對日本有興趣的觀光客與外國人的基本知識，讓他們知道簡單的日本文化分期。」指南中提到各種日本文化主題，包括花道、浮世繪、和服、茶道與盆栽。當然，還有日本的微型藝術——根付。

從橫濱碼頭的古董商到寺廟外頭賣漆器的小販，日本到處都可見從事古董小生意的人。每件東西都很古老，或者標榜很古老，你可以買到印有藝妓、富士山與紫藤圖像的菸灰缸、打火機或茶巾。日本於是成了一系列的照片或明信片，呈現錦緞的色彩，大量綻放的櫻花如同粉紅色的棉花糖。蝴蝶夫人與平克頓的故事，老掉牙故事一個接一個出現，但你確實可以輕易買到大名時代的遺物。《時代》週刊在〈收購日本藝術品〉一文提到，霍吉兄弟（Hauge brothers）收購了大量日本藝術品：

> 美軍駐紮日本期間，每個人或多或少都會買點紀念品返鄉，但只有極少數的人了解自己身處於收藏家天堂……霍吉兄弟利用日本通貨膨脹——從一美元兌換十五日圓，一路飆升到一美元兌換三百六十日圓，急速開展他們的藝術品收藏事業。日圓慘跌讓許多日本家庭因為無法負擔戰後稅捐，生活陷入困頓，只能逐步賣出家傳珍寶以解決生計問題，霍吉兄弟便趁機收購這些古董珍玩。

洋蔥紙與竹筍象徵著脆弱、柔軟與淚水，也象徵著脫去衣物。它類似於巴黎的菲利普．西榭爾與龔固爾兄弟在日本主義第一次熱潮時不斷生動講述的故事，如何買到日本的東西，如何買到任何一種日本的東西。

伊吉也許是移居國外之人，但他身上流著伊弗魯西家族的血，因此他又開始進行收藏。他與次郎旅行時買了中國陶器——一對唐三彩馬，上有弓形馬鞍；青綠瓷盤，彩繪了遨游的魚類；十五世紀的青花瓷。他買了日式金屏風，上面繪有緋紅色的芍藥；霧中山水的畫卷；早期佛教雕像。「你可以買一個明朝的碗，用來放好彩牌香菸，」伊吉對我說，語氣中帶點罪惡感。他確實讓我看了放菸的碗。「這個碗，你輕敲它，它會發出高音的響聲。它以藍為底，上繪芍藥，並上了乳白色的釉。」

就在盟軍占領期間，根付成了「可收藏之物」。《日本旅行局指南》提到根付，這本一九五一年的出版品提到美國橫須賀海軍基地前指揮官海軍少將戴克（Beton W. Dekker）給予的重要援助，也提到「他是一名極為投入的根付鑑賞家」。這本指南印行三十年，對根付做了相當清楚的說明：

日本人天生手指靈巧。這種靈巧或許可以歸因於他們對微小事物有一種特殊的癖好，而這可能與他們生活在狹小的島國有關，如果他們生活在大陸上或許不會如此。他們在飲食上有使用筷子的習慣，而且從小就學習如何靈巧地使用這種食器，這大概也是他們手指靈巧的原因之一。這種特質不僅決定了日本藝術的優點，也構成它的缺點。日本人對於製造大規模事物興趣缺缺，對於具有深度或實質內容的事物也無熱情，但他們總能以精巧的技術與細心的製作來完成每件作品。

人們談論日本作品的方式，從查爾斯首次在巴黎買進根付以來，歷經八十年都沒變過，人們欣賞根付，是因為它具有早熟孩子的正面特質，有完成事物的能力，而且小心謹慎。

被比擬成孩子，並不是件值得高興的事。當麥克阿瑟將軍公開做出這類表示時，更令人感到苦澀。麥克阿瑟在韓戰時由於不聽從上級指示而遭杜魯門總統撤換，一九五一年四月十六日，將軍離開東京前往羽田機場：「在憲兵機車連的護送下……美軍、日本警察與民眾夾道歡送。學校放假一天讓孩子到路旁致意；連郵局、醫院或官署員工也參加了這場盛典。東京警方估計有二十三萬人目睹麥克阿瑟離開。這是一群安靜的群眾，」《紐約時報》寫道，「他們鮮少將情感表露於外……」在他返國參加的參議院聽證會上，麥克阿瑟將日本人比喻成十二歲的男孩，將盎格魯撒克遜人比擬成四十五歲成人：「你可以在日本灌輸基本的概念。他們是一張白紙，相當具有可塑性，容易接受各種新概念。」

對於一個經過七年占領時期終獲自由的國家來說，這是公然在全球面前羞辱他們。戰爭結束以來，日本實際上已經重建，部分透過美國補助，但實質上是透過日本自身的企業技術而達成。舉例來說，一九四五年索尼在日本橋一家被炸掉的百貨公司舊址成立收音機修理店，他們雇用年輕科學家，從黑市購買原料，製造出一件又一件新產品──一九四六年生產了電暖軟墊，次年生產出日本第一部錄音機。

如果你在一九五一年夏天走過銀座（東京的購物大街），你會看到一家家堆滿商品的商店：日本正逐漸邁向現代世界。經過巧匠的店鋪，你會看到長而窄小的屋裡在架上堆放各種深色的杯碗瓢盆，以及一匹匹傳統織工織成的布匹。一九五〇年，日本政府引進人間國寶制度，凡在漆器、染織或陶器方面擁有高超技藝者（通常是老人），都可入選為人間國寶，獲得養老金與名聲。

品味的標準總是圍繞著某種手勢、直覺與不可言傳之物，只要是在偏遠村落完成的物品，就理所當然成為「傳統」的東西，在市場上就被宣傳成道地的日本貨。這段時期也是日本觀光業起飛的年代，日本鐵道部印製的小冊子《紀念品指南》提到，「旅行中少帶了紀念品回家，會給人意猶未盡的感受。」回國的時候，你應該帶點紀念品或禮物，它可以是某村落自製的蜜餞、餅乾或水果餡點心，一罐茶葉或醃漬的魚，也可以是工藝品：一疊和紙、某村落燒製的茶碗、一件刺繡。然而，不管你帶了什麼紀念品，在紙與繩重重包裹及書法標籤下，一定要蘊含當地的風土人情，它反映了日本，是日本獨特地理環境生產的物品。某方面來說，不帶紀念品回家，等同冒犯了旅行這個概念。

根付屬於明治時代與日本開國時期產物，從知識的階序來說，根付在現在看起來似乎「過於雕琢」，帶有一股陳舊腐壞的日本主義氣息，一種試圖將日本推銷販售給西方的傾向。它們過於矯揉造作。

無論展示多少書法，例如僧侶雄渾豪邁的字跡將數十年功力完全凝聚在簡單的一筆劃，其中顯示的還是小巧事物與象牙，「清姬與纏繞著廟鐘的龍，鐘內困住了僧侶安珍」，每個人看了都感到

伊吉住宅裡的根付展示櫃，東京麻布，一九六一年

驚異。他們驚異的不是概念，也不是構思，而是如何能在這麼小的事物上展現豐富的主題。田中岷江如何透過這麼微小的洞在鐘內雕出這名僧侶？根付實在太受美國人的歡迎。

伊吉以日文在《日本經濟新聞》（相當於美國的《華爾街日報》）發表一篇有關根付的文章，描述了對根付的記憶。他從小時候在維也納把玩根付，直到逃離大宅邸，這些根付在女僕口袋僥倖逃過納粹的魔掌。然後他提到根付回到日本的事。在歐洲待了三代之後，好運引領著它們回到日本。

伊吉說，他曾要求上野東京國立博物館的岡田謙先生（他曾寫過一些關於根付的書籍）到他家裡看看他的收藏。我想，可憐的岡田先生大概每晚都到不同外國人的家裡看古董，而這些物品價值不一，他也只能對這些人微笑。「他來見我似乎有點勉為其難，我不知道為什麼，他瞧著桌上近三百枚根付的樣子，似乎相當厭倦……岡田先生拿起一枚根付一看，然後拿放大鏡檢視第二枚根付。最後，在他花了很長一段時間檢視第三枚根付之後，他突然起身問我是從哪裡得到這些根付……」

這些是日本藝術的好例子。它們也許現在褪了流行——在上野公園的東京國立日本藝術博物館的岡田博物館中，參觀者發現在滿室的水墨畫中，只有一個根付展示櫃——但在伊吉家裡，根付是存在於掌中的真實雕刻。

在這些根付離開橫濱的九十年後，有人拿起一枚，而且知道是誰製作了這枚根付。

33 真實的日本

到了一九六〇年代初，伊吉已經是「東京的長期住民」。那些歐洲與美國的朋友來這裡工作三年就打道回府，而伊吉眼看著盟軍占領時期結束，之後仍然繼續待在東京。

他請了一名日本人教他日文，現在他能說得一口漂亮日語，不僅流利，連細微處也能照顧到。外國人只要能用日文說一點道歉的語句，哪怕吞吞吐吐，也會被稱讚講得好。**Jozu desu ne**：你日文說得真好！我的日文極其笨拙，不僅冗長怪異，而且聲調經常突然上揚，但我還是經常被誇讚日文講得好。我聽過伊吉跟日本人深談，我知道他確實熟諳日語。

伊吉喜愛東京。他喜歡東京天際線改變的過程，鏽紅色的東京鐵塔是一九五〇年代興建的，主要模仿艾菲爾鐵塔；新的公寓街廓緊挨著冒煙的燒烤攤。他親眼目睹東京改頭換面的過程。城市很少能有這種徹頭徹尾改造的機會，偶然遭遇可說是天賜良機。伊吉說，一九一九年的維也納與一九四七年的東京有一種詭異的相關性，如果你未曾處於滿目瘡痍的狀態，你不可能知道你能建造出什麼，也不可能衡量自己建造了多少。你會以為所有建設都是別人做的。

你怎能忍受得了繼續待在這種地方？伊吉不止一次被旅外的人這麼問。你不覺得一直幹同樣的事很無聊嗎？

伊吉告訴我旅居國外者在東京的生活是什麼樣子，從早餐時刻向女僕與廚子交代事情開始，直到五點半喝下第一杯雞尾酒，中間有八個小時，你只能在眾人冷淡的目光下工作。如果你是日本上班族，你會有自己的辦公室，而且能跟人熱絡交談。有時談生意會到有藝妓作陪的地方，時間冗長而無趣，伊吉曾因此咒罵自己為什麼離開利奧波德城。每天晚上他把鬍子刮得乾乾淨淨，陪客戶喝酒應酬。第一個酒吧在帝國飯店，深色的桃花心木與天鵝絨、威士忌酸酒、鋼琴演奏者。在美國俱樂部、新聞俱樂部、國際文化會館喝酒。然後，或許換一家酒吧。來日訪問的英國詩人英萊特（D. J. Enright）列出他喜歡的地方：雷諾酒吧、朗波酒吧、玫瑰人生酒館、東京屋頂下酒館，以及他最喜愛的瘟疫酒館。

如果你沒有工作，那麼你必須想辦法打發這八個鐘頭。你能做什麼？你可以到銀座的紀伊國屋書店找找新的西方小說與雜誌，或者，你可以到丸善書店看看有沒有戰前的教士生平傳記，這些書很可能放在架上達三十年之久。或者，你可以到百貨公司頂樓喝咖啡。

你有訪客，但你要帶他們看幾次鎌倉大佛或日光東照宮？在山中的柳杉林觀賞著紅色漆器與金色裝飾，在京都的寺院、日光的東照宮或鎌倉大佛外圍總是布滿販賣紀念品的亭子與小販。在紅傘下，商人表示可以幫你拍張照，你可以倚靠在漆橋或金亭旁拍照，也可以跟穿著假服飾、滿臉塗白粉、頭上插著閃亮梳子的女孩合照。

你可以撐著看多久的歌舞伎？或者更糟的，你受得了三個小時的能劇嗎？你多久泡一次溫泉？在深及胸口的熱池子裡，不也是一種恐怖的體驗？

你可以到英國文化協會聆聽訪日詩人的演講，或者到百貨公司觀看陶瓷展，或者可以學習插花——花道。如果是旅居國外的女子，想必會更明顯感受到自己地位的脆弱，妳會被鼓勵學習英萊特筆下那個「『簡單地』讓人感到受辱的藝術儀式」，例如剛剛在日本復興的茶道。

由於我來日本的目的就是如此：認識真實的日本，「我必須看到這個國家真實的一面，完整的原汁原味。」一九五五年一名旅人在東京待了一個月之後絕望地寫道。想看到完整原汁原味的日本，你必須離開東京，遠離城市喧囂，你才能看到真正的日本。理想上，這表示你要到西方人從未造訪過的地方，而這也使得尋求真實經驗帶有一種競爭性質。你要證明你比其他人更具文化敏感度。你寫俳句嗎？你是否用傳統畫筆作畫，親手燒製陶器？你是否打坐冥想，是否懂得品嚐上等綠茶？

想認識真實的日本必須取決於你的行程。如果你有兩個星期，那麼你可以到京都，花一天時間去看看利用鸕鶿捕魚的漁夫，或許可以花一天時間到陶器村體驗，或者學習冗長乏味的茶道。如果你有一個月，你可以到日本南方的九州一遊。如果你有一整年，你可以寫一本書；有數十人這麼做了。日本，我的天啊，它真是個古怪的國家！一個轉變中的國家。有些傳統逐漸消失，有些傳統依然存續。核心的真實。四季分明。日本人目光短淺。喜愛細節。手很靈巧。自給自足。幼稚。無法理解。

伊莉莎白·格雷·范寧（Elizabeth Gray Vining）曾經是明仁天皇在皇太子時期的家庭教師。她擔任了四年教師，寫下《皇太子之窗》（*Windows for the Crown Prince*），但這本書不過是「眾多傾心於昔日仇敵的美國人所寫下的諸多作品」之一。

不讓美國人專美於前，英國人也留下了許多旅行見聞：威廉．安普森（William Empson）、薩徹夫瑞爾．席特維爾（Sacheverell Sitwell）、貝爾納德．里奇（Bernard Leach）、威廉．普洛默（William Plomer）。《你最好把鞋子脫掉》——卡通裡說的是真的，日本的生活就是如此、《日本人就是那樣》、《日本入門》、《灼熱的大地》、《日本陶藝家》、《日本四君子》。大量的書籍蜂擁而出，書名大同小異，如《哈日族背後》、《幕後》、《面具之後》、《錦帶之橋》。阿諾爾．崔西（Honor Tracy）的《掛物》（*Kakemono*），當中提到對「年輕人上了厚重髮油，女孩畫了濃妝到處閒晃，臉上神情滿是愚蠢」的厭惡。英萊特在《露水世界》（*The World of Dew*）尖刻地寫道，他原本想努力融入那一小撮菁英分子，但那些人住在日本卻連一本描述日本的書也沒留下。

寫下在日本的見聞，意味著你必須發自內心對（西方）口紅胡亂在美麗的（東方）臉龐上塗鴉表示厭惡，你必須顯示現代化正逐漸破壞這個國家的傳統之美。或者，你可以試著以趣味的方式描寫，例如《生活》雜誌一九六四年九月十一日的特刊，封面是一名穿戴正式的藝妓打保齡球的樣子。這個美利堅化的新國度嚐起來就像日本在十九世紀開始製作的柔軟白麵包一樣平淡無味，又像某種加工過的乳酪，帶有無法形容的肥皂味，顏色比金盞花還要黃。你可以拿這些東西與日本的醃漬物、蘿蔔及壽司裡的山葵的味道相比，這麼做可以反映出八十年前旅行者的觀點。你們會產生跟小泉八雲哀嘆的詩文相同的情感。

而這是伊吉與眾不同的地方。他可能在午餐時打開黑色漆器便當盒，裡面有米飯與醃漬的梅子，魚整齊地擺放在朱紅色盒子裡。晚上他會跟次郎及他的日本朋友一起到霓虹燈閃爍的銀座享用夏多布里昂牛排，只見燈光閃爍著各種字樣：東芝、索尼與本田。飯後他們去看敕使河原宏的電影，然後回家，一邊喝威士忌，一邊看著展示櫃裡的根付，一邊聆聽留聲機傳來的史坦・蓋茲（Stan Getz）的音樂。伊吉與次郎的生活也是真實的日本。

伊吉幾經波折，輾轉待過巴黎、紐約、好萊塢與軍隊，現在他在日本已經待了二十年，比起在維也納生活的時間還要久，他對這裡已經產生歸屬感。他在這裡擁有成功的事業，成為有成就的人，他賺取的財富足以支應自己與朋友所需，他甚至有餘力幫助他的手足與姪甥。

一九六〇年代中期，魯道夫已經結婚，育有五名子女。吉瑟拉在墨西哥事業有成。在頓布里吉威爾斯的伊莉莎白，每週日早晨九點半準時上教堂做禮拜，她穿著得體的外套，像個道地的英國人。亨克退休了，每天帶著期望的心情閱讀《金融時報》，他們兩個兒子都過著不錯的生活。我父親成為英格蘭教會牧師，娶了牧師的女兒、一名歷史學家為妻，並成為諾丁罕大學附屬牧師。他們生下四個兒子——包括我在內。我的叔叔康斯坦特・亨德里克（亨利）是倫敦一名成功的出庭律師，他加入國會法律辦公室，婚後育有二子。維克多・德瓦爾牧師與他的弟弟亨利是擁有專業的英國人，他們在家說英語，而且只有在發R這個音時才會稍微洩漏他們的歐陸背景。

伊吉成了生意人，他尖刻地說他已經變成他父親所認可的那種人。也許因為我不懂金錢，我覺得伊吉其實與他父親維克多相當類似，這位企業強人總是躲在書桌後方，將詩集藏在分類帳下，渴望有一天能從這些俗務中解脫。事實上，伊吉不像他父親遭逢一連串的重大挫折，他反而充分展現出對金錢的運用自如。「我這麼說好了，」一九六四年，他在給蘇黎世瑞士銀行集團總經理的一封私人與機密信件裡寫道（他把這封信的複本當成書籤夾在《我們的人在哈瓦那》一書裡），「我在日本白手起家，經過數年努力，現在公司年營業額已經超過一億日圓。我們在日本設有兩個辦公室，一個在東京，一個在大阪，我們雇用了四十五名員工，我是副總裁兼日本總經理……」一億日圓是很大的一筆數目。

在伊吉的祖父伊格納斯於維也納蘇格蘭街開設銀行之後的一百年，伊吉終於也成了銀行家。他成為瑞士銀行的駐東京代表，這是銀行業的頂點，他向我解釋。他獲得一間大辦公室，他有個秘書坐在接待處書桌後方，有一座松樹搭配蝴蝶蘭的盆栽。從七樓窗戶望出去，西邊到處是正在施工的大樓起重機與天線，東邊則是皇居的松樹林，往下可以看到大手町川流不息的黃色計程車龍。而伊吉也活出了自己：一九六四年，伊吉五十八歲，深灰色襯衫緊緊打上領帶，一隻手插在口袋裡，看起來就像他在維也納的畢業照。伊吉的髮線後退，但他有自知之明，絕不梳那種遮禿的髮型。

次郎三十八歲，英俊瀟灑的他在哥倫比亞廣播公司開創新事業，負責將美國電視節目引進日本。「而且，」次郎說，「我負責為日本放送協會將維也納新年音樂會帶進日本。大家都很驚訝，反應非常熱烈！你知道日本人對維也納音樂有多崇拜嗎，如約翰．史特勞斯？他們在計程車裡問伊吉，『你打哪來的？』他回答，『奧地利維也納。』他們便開始哼起〈藍色多瑙河〉圓舞曲。」

一九七〇年，這對伴侶在東京南方七十英里處的伊豆半島買了一塊地，面積足以蓋一棟房子。

照片中，屋子有陽臺可以讓他們晚間在那兒喝酒。他們眼前是一片竹林，而後陸地消失，取而代之無垠的海洋。

他們在廟裡買了塊墳地，他們最要好的幾個朋友和家族都葬在這裡，伊吉已打算死後長眠於此。

一九七二年，伊吉與次郎搬到高輪，在一處絕佳地點買下新公寓。「東銀座，新橋，大門，三田」，地鐵廣播依次報起站名。下一站是「泉岳寺」，你在這一站下車，沿著上坡路走回自己的家，這條安靜的街道剛好就位於高松宮宣仁親王宅邸的牆外。東京也有非常安靜的地方，我曾坐在他們家對面的綠色矮欄杆等著他們回家，整整一個小時裡，只看見兩名老婦人及一輛尋覓客人的計程車經過。

他們住的公寓不大，不過非常方便——他們早已預想好了。前門各自獨立但屋子相鄰，他們將彼此的更衣間打通。伊吉在走廊的一面牆上裝設了整面鏡子，另一面則貼上一片片正方形的金箔。有張凳子，你可以脫了鞋坐在上面，那裡有一尊守護的佛像，那是在已經遺忘的遙遠過去從京都蒐羅來的。有些維也納畫作移到次郎屋內，有些次郎的日本陶器放在伊吉的架上。小神龕上，艾咪的照片與次郎母親的照片並排在一起。從伊吉掛著許多外套的更衣間往外望，可以看見親王的花園。從放著展示櫃的更衣間，可以一眼看盡東京灣的景色。

伊吉與次郎一起度假。威尼斯、佛羅倫斯、巴黎、倫敦、檀香山。一九七三年他們前往維也納，這是一九三六年以來伊吉首次回到這座城市。

伊吉帶著次郎站在他出生的大宅邸前。他們到城堡劇院，到沙河咖啡館，到他父親去的老咖啡館。當他們返回日本，伊吉做了兩個決定。他們決定建立關係。首先是收養次郎為養子。次郎成為次郎・伊弗魯西・杉山；其次是放棄美國公民身分。我問他回維也納以及恢復奧國國籍的事，我想到伊莉莎白從車站繞行環城大道，直到她看到幼時家門前折斷的椴樹。「我受不了尼克森！」這就是他的說法，他望了望次郎的眼睛，隨即改變話題，盡可能將談話引向別處。

他的決定讓我思索歸屬感的意義。查爾斯以俄國人的身分死於巴黎。維克多說這樣是錯的，但他自己在維也納當了五十年俄國人，然後成為奧國人，然後成為第三帝國的公民，最後成為無國籍的人。伊莉莎白以荷蘭公民的身分在英國生活了五十年。伊吉是奧國人，然後成為美國人，然後以奧國人的身分在日本生活。

你同化了，但你還是需要別的地方供你遁逃。你手裡拿著護照。你保留著一處私密的領域。

34
磨光

大約在一九七〇年代，伊吉開始為根付標上小小的號碼。他列了一張清單描述這些根付，進行估價。它們的價值高得令人吃驚，其中以老虎為最。

終於，根付的雕刻者重新取得自己的姓名，成了有家室的人，成了特定地貌裡的工匠。故事圍繞著他們展開：

十九世紀初，岐阜住著一名雕刻者，名叫友一，他擅長雕刻動物形象的根付。某日他穿著輕便的衣服離家，看起來要到錢湯似的，但一連三、四天都沒他的消息。家人與鄰居擔心他是不是出事了，而就在此時，他回到了家裡。他解釋自己消失的理由，原來他為了雕刻鹿的根付而到了深山裡，聚精會神地看著鹿群生活覓食，這段時間他完全沒吃東西。據說他成功完成了作品，完全根據他在山裡的觀察……製作一件根付，耗時一個月乃至於兩個月，並非罕見之事……

我走到櫃子前，看到四隻小烏龜一個疊一個站在對方背上。我比對伊吉清單上的號碼，原來這是友一的作品。它的材料是黃楊木，顏色有如瑪琪雅朵咖啡。它非常小，當你將它握在手心裡滾動，你會感覺滑溜的烏龜爭相爬到彼此背上，如此反覆。當我拿著這只根付，我知道這個人確實看過烏龜。

伊吉記錄了前來看他收藏的學者與交易商提出的問題。為什麼人們認為在一件東西上簽名，會簡化這件東西？簽名是一連串複雜問題的開端。簽名的筆觸是果斷還是猶豫不決？一個字有多少筆劃？簽名外圍是否刻上邊框？如果有，這環繞名字的邊框呈現什麼形狀？其他人對這些字的解讀是什麼？以及，我最喜歡的問題，它具有學者的深度：大雕刻家與糟糕的簽名之間有什麼關係？

我無法回應這個問題，於是我看著根付的外層，然後做了研讀：

對西方人來說，表面是否磨光只是習慣與應用的差異問題。事實上，磨光是雕刻精細根付一個非常重要的過程。它包含一連串的煮沸、乾燥，以及以各種不同質料的物質予以打磨，至於這些質料則是不傳之祕。精細的磨光需要三到四天的勞動與耐心，同時必須聚精會神加以照顧。友一年輕時完成的濃厚、豐富、褐色的磨光成品雖然細緻，卻少了一點光影之美。

我拿起丹波派的年輕友一製作的鑲著黃角眼睛的老虎。雕刻者使用細緻而緊密的黃楊木，他以善於雕刻動作敏捷的生物著稱。我的老虎有一條帶著斑紋的尾巴，像鞭子一樣甩在虎背上。我將它拿出來一兩天，然後愚蠢地在外出喝咖啡時，將它留在倫敦圖書館六樓書庫（傳記類K到S）和我的筆記本上。但當我回來時，它還在原地，這只磨光發亮的老虎閃爍著雙眼，用皺眉憤怒的臉孔迎接我。

老虎只是虛張聲勢，試圖用威嚇的眼神驅趕其他的讀者。

尾聲

東京、奧德薩、倫敦，二〇〇一年到二〇〇九年

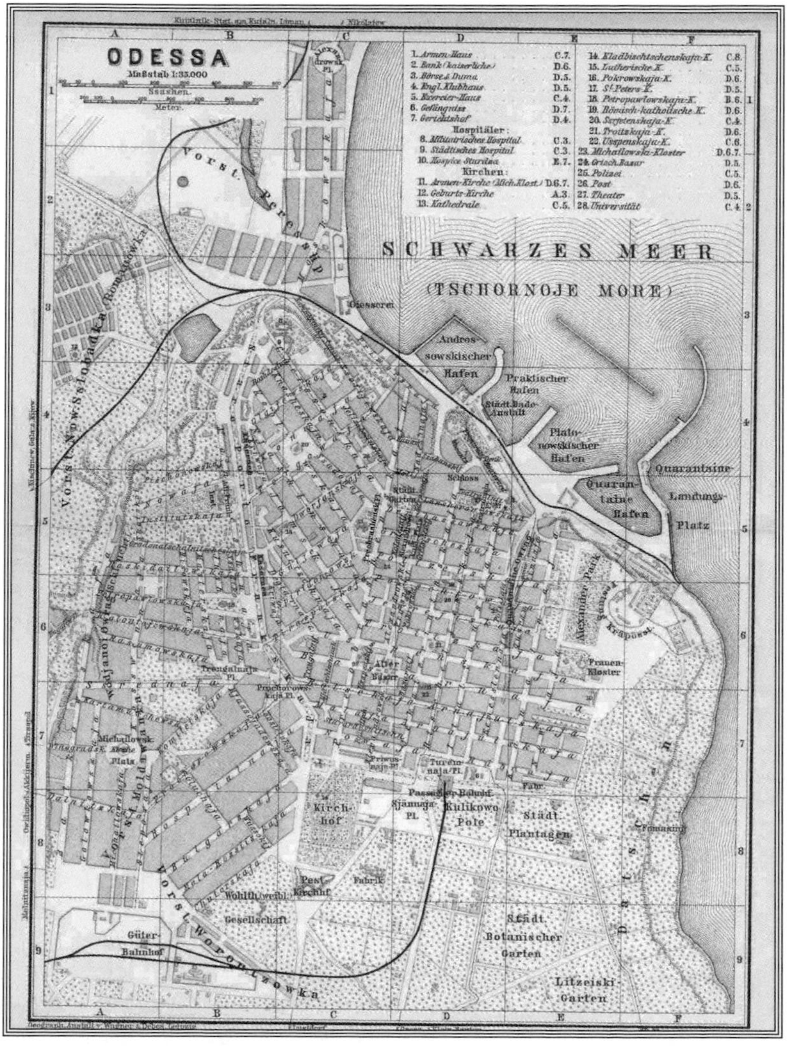

35 次郎

我回到東京，走出地鐵站，經過等滲透飲料自動販賣機。時值九月，我已經有數年沒來此地，販賣機已經換新。即使在東京，仍有一些事物改變得很慢。那幾間參差錯落的木屋依然在那兒，外面曬著洗淨的衣物，旁邊就是銀色的公寓。在壽司店工作的X太太正在打掃階梯。

跟過去一樣，我住在次郎家。八十幾歲的他依舊忙碌。他會到歌劇院，當然，也會到劇場。他已經學習陶藝有數年的時間，他會製作茶碗與盛醬油的小碟子。次郎讓伊吉的公寓保持在十五年前伊吉去世時的原貌，筆還插在架上，吸墨紙依然擺在書桌正中央。這裡就是我停留暫住的地方。

我帶了一台錄音機來，我們研究半天還是無法讓它運轉，只好放棄。我們看著新聞，一邊喝點小酒，搭配土司與麵包。我在這裡待了三天，我問次郎更多關於他與伊吉的生活，並確認自己沒有記錯根付的故事。我想確定自己真的弄清伊吉與次郎第一次見面的過程，以及他們第一次同居的那間房子在哪條街上。這是談話必需的過程，但我擔心自己是不是搞得太正式了。

我有時差的問題，凌晨三點半就起床了。我自己煮了咖啡，然後摸索著伊吉的書架，上面有維也納時期的舊童書，完整的蘭·迪頓（Len Deighton）系列小說，旁邊放的是普魯斯特，我想從裡面找點東西來讀。我拿了幾本陳舊的《建築文摘》下來，我喜歡這些雜誌裡美麗的廣告文宣，例如克萊斯勒與起瓦士威士忌。我在一九六六年六月與七月這兩期的雜誌中發現一個信封，裡面裝著非常古老的文件，看來像是官方文書，是用俄文寫的。我來回踱步，不確定是否有辦法處理新的驚人發現。

我看著從大宅邸拿回來的畫作，這些畫原本掛在維克多位於走廊末尾的工作室，我看著金屏風上的鳶尾，這是伊吉一九五〇年代在京都買的。我拿起一只中國古碗，上面刻著凹凸有致的花瓣，表面上了一層綠色釉彩。這件東西我三十年前就看過了，現在撫摸起來還是非常滑順。

這間房間陪伴我很長一段時間，已經成了我人生的一部分，我無法注視它，無法超脫自己來觀察它。我無法像清點存貨一樣一件件歷數它們，就像我清點位於蒙梭街與耶拿大道的查爾斯房間，或者是位於維也納的艾咪更衣間。

一直到了黎明，我才沉沉睡去。

次郎準備了豐盛的早點。我們有上好的咖啡、巴婆果與在銀座麵包店買的迷你巧克力夾心麵包。然後，我們深呼吸一口氣，次郎第一次告訴我戰爭結束那天的事：在一九四五年八月十五日那天，他如何從輕微的肋膜炎中恢復，以及如何對一切感到厭倦。當時他到東京拜訪一個朋友，他們搭乘下午的火車回到伊豆的家。「當時要買到車票不是容易的事，我們在火車上聊天，看到婦女穿著鮮豔的衣服。我們簡直不敢相信，我們已經有好幾年沒看到有顏色的東西。然後我們才知道，就在幾個小時前，日本宣布投降。」

我們談起我這趟追溯根付歷史的旅程，就像流浪與漂泊。我們看著我在巴黎與維也納拍的照片，我還拿出上星期的剪報：一枚粉紅與金色的法貝熱彩蛋*，打開裡面有一隻鑽石嵌飾的小公雞——這是伊吉的姑婆碧翠絲委託製作的，成為拍賣史上最昂貴的俄國珠寶。由於我們就在伊吉的舊公寓，次郎於是再次打開展示櫃，拿起一枚根付。

他提議我們今晚外出。他聽說新開了一家不錯的餐廳，我們還可以去看場電影。

*法貝熱彩蛋（Fabergé egg）：俄國著名珠寶首飾工匠彼得．卡爾．法貝熱（Peter Carl Fabergé, 1846-1920）所製作的蛋形作品，這些蛋雕是由珍貴的金屬或是堅硬的石頭混合琺瑯與寶石來裝飾。他與助手在一八八五年至一九一七年間總共為沙皇與私人收藏家製作了六十九顆。「法貝熱彩蛋」後來也成為奢侈品的代名詞，並且被認為是珠寶藝術的經典之作。

36 星盤，平板儀，地球儀

十一月，我必須到奧德薩一趟。我展開這段旅程已近兩年，幾乎走遍伊弗魯西家族涉足之處，唯獨他們的起源地尚未探訪。我想看看黑海，我想像著海港邊存放穀物的倉庫。如果我站在查爾斯與我外曾祖父維克多誕生的那間屋子，或許會獲得一點領悟。但我不確定自己能領悟到什麼。他們為什麼離開？對他們來說，離開意味著什麼？我想，我尋找的是起點。

我與湯瑪斯見面，他是我最小的弟弟，個子卻是最高的，他從摩爾多瓦搭計程車來。湯瑪斯對高加索地區的衝突頗有研究。他一共花了五個鐘頭才抵達這裡。湯姆斯多年來一直研究奧德薩的伊弗魯西家族歷史，他會說俄語，對於邊境的一切感到厭倦。他被人攔了下來，他說他總是苦惱著該不該賄賂海關人員。我們已經有二十五年沒有一起旅行，上次一起出遊是在學生時期，我們遊歷了希臘的島嶼。摩達多瓦的計程車司機安德烈載著我們出發。

我們沿著無人的公寓街廓與荒廢的工廠外圍顛簸前進，黑色四輪傳動、窗戶髒汙的車輛及舊型飛雅特超越了我們，我們就這麼一路開著抵達奧德薩舊城寬廣的大街。我無來由地感到不悅，我對湯瑪斯說，沒人告訴我這裡這麼美，人行道旁遍植梓樹，從建築物開啟的大門、平緩的橡木階梯往裡面瞧，可以看見庭院，還有陽臺。奧德薩有部分已經恢復舊觀，重新粉刷上灰泥，但還有些建築物看起來像骯髒的皮拉內西蝕刻畫，來回纏繞的電線、下陷的屋頂、脫落的門板，柱子上的柱頭已不見蹤影。

我們在蘭登斯卡雅飯店前停了車，這間美好年代的鍍金大理石建築物就位於普里摩斯基大道上，名媛淑女在門廳輕聲談笑。普里摩斯基大道是一條適合遊憩散步的大道，兩旁是黃色與淺藍色的古典建築，它往波坦金階梯兩旁延伸，這個階梯因艾森斯坦（Eisenstein）的電影《波坦金戰艦》（*The Battleship Potemkin*）而為人所知。波坦金階梯有一百九十二階，中間有十個平臺，設計成往下看時只能看到平臺，往上看只能看到階梯。

緩慢爬上這些階梯。當你抵達最頂端，你要避開戴著蘇聯海軍帽緊迫盯人的小販、脖子上掛著詩集的乞討水手，以及喬裝成彼得大帝的男子，他會要你出錢買下你跟他的合照。前方是一座利希留公爵（Richelieu）雕像，這名十九世紀初穿著托加的奧德薩總督為這座城市引進了法國風格。走過公爵雕像，穿過兩座宛如完美的圓括號的弧形金色建築，會看到被寵臣圍繞的凱薩琳大帝雕像。有五十年的時間，這裡一直擺放著蘇聯人的雕像，但現在由於當地寡頭統治者的安排，凱薩琳又回到她原來的位置，腳邊鋪著花岡石。

在階梯頂端右轉，步道位於兩條種滿栗樹與淺灰花圃的林蔭道之間，一直延伸到著名的宴會場所總督官邸的邊角。這棟建築物看起來很樸素，屬於多利亞柱式建築。

每個景觀都經過測定和校準。一路上我們走過不少地標：普希金的雕像，紀念他曾在此停留；一尊克里米亞戰爭時期擄獲的英軍大炮。這裡是民眾傍晚散步的地方，「黃昏時可以看到人們自在地閒逛、聊八卦，有些人甚至……當著大家的面談情說愛。」更往上走是仿造維也納建造的歌劇院，猶太人與希臘人各有支持的義大利歌手，分門立派——如「蒙特切里派」與「卡拉里斯提派」，彼此爭吵打鬥。這不是一座以主教座堂或堡壘為中心建成的城市，這是一座商人與詩人建造的希臘化城市，而此處是資產階級聚集的廣場。

商店街的舊貨店裡，我為孩子買下幾面蘇聯時代的獎章，還有幾張十九世紀的明信片。其中一張圖片大約是在十九世紀末的某個仲夏，或許是七月，栗樹的樹蔭縮在腳下，想必是正午時分。林蔭步道「即使在仲夏正午也涼爽怡人」，一名奧德薩詩人說。你可以看見纜索鐵路的圓形車頂來回載運乘客到港口。更遠處可以看見港口樹立著一根根船隻的桅杆。

階梯頂端左轉，一眼望去就能看見證券交

明信片，印製著一八八〇年奧德薩散步遊憩的大道。
銀行與伊弗魯西的宅邸位於左列建築物的第二棟與第三棟。

易所，這棟科林斯柱式建築是從事商業的地方，現在已經成了市政廳，掛著歡迎比利時代表團前來訪問的旗幟。此時是十一月初，但氣候溫和，我們只穿著襯衫在街上行走。我們經過幾間大宅，然後是市政廳，往下三棟建築物是伊弗魯西銀行，伊弗魯西家的住宅就位在銀行旁。這裡就是朱爾斯、伊格納斯與查爾斯出生的地方，也是維克多出生的地方。我們繞到後面去看。

結果一團糟。大片灰泥脫落，陽臺傾頹，裝飾的邱比特鬆脫了好幾具。再仔細一看，我發現房屋後方已經整修過了，而且重新塗上灰泥，而那些顯然不是原有的窗戶。但屋頂有個陽臺，上面掛著伊弗魯西的雙E標誌。

我感到猶豫。擅長此道的湯瑪斯毫無懼意地穿過拱門下的破損門板，進入伊弗魯西宅邸後方的庭院。建築物看起來四平八穩，地板鋪設著深色石塊，這些是壓艙石，湯瑪斯回頭對我說，是經由穀物船從西西里運來的火山岩——運出穀物。搬進火山岩。十幾個人正喝著茶，他們突然安靜下來，一輛雪鐵龍2CV停在庭院裡。一隻鏈著的亞爾薩斯狗吠叫著，庭院裡到處是沙土。有三輛裝滿木頭、灰泥與碎石的廢料車。他找到的工頭穿著一身閃亮的皮夾克。可以，你們可以進去——你們運氣不錯，這房子才剛整修，一切都是新的，整理得漂漂亮亮，工程相當成功，品質不錯。地下室是實驗室，防火門與灑水設備也弄好了。接下來是辦公室。我們已經把舊屋子都拆了，那些完全都不能用了。你們應該早一點來，一個月之前來看！

我該早點來的，我來得太晚，現在能從這座拆得精光的空殼子觸摸到什麼呢？它沒有天花板，只有鋼樑與電路管線。它沒有地板，只有灌好的水泥砂漿。牆壁才剛塗上灰泥，窗戶也才剛安上玻璃。有些鐵架立起來當成隔板。他們已經將屋裡所有的門都拆卸下來，只剩一扇橡木門，準備明天送上廢料車。唯一留下的是這些房間的空間，約有十六英尺高。

什麼都沒有留下。

湯瑪斯與那名穿著閃亮夾克的男子快速走在前頭，用俄語聊著。「這間屋子從革命之後一直是汽船公司的總部。在那之前？天知道！現在？現在是海上衛生檢查局的大樓，所以我們才需要蓋好幾間實驗室。」他們走得很快。我必須趕緊跟上。

我們幾乎要走出門口，踏進我折返兩次到處都是沙土的庭院。不過我搞錯了，我又走回樓梯，把手放在鑄鐵的扶手上，每根欄杆頂端都有一個象徵伊弗魯西家族的深色麥穗，他們就是靠著烏克蘭黑土糧倉出產的小麥致富。當我弟弟叫我時，我站在窗邊，越過步道與兩條栗樹林蔭大道，蒙塵的小徑與長椅，望向黑海。

伊弗魯西家的男孩還在這裡。

有些痕跡已經難以捉摸。伊弗魯西家族活在巴貝爾（Isaac Babel）的故事裡，這名猶太小說家記錄了鬧區生活與貧民窟的幫派。一名伊弗魯西家族成員靠著賄賂擊敗了優秀但家中貧困的學生，進入文科中學就讀。他們出現在阿勒赫姆（Sholem Aleichem）的意第緒故事中。一名來自猶太區的窮人辛苦跋涉來到奧德薩，懇求銀行家伊弗魯西能幫助他。有句意第緒俗話是這麼說的，「在奧德薩過得像上帝」，而伊弗魯西家族在錫安街過著像諸神一樣。在兩旁遍植梓樹的街上住著被剝奪繼承權的史蒂芬，他被趕出維也納，資財逐漸耗盡的他，與他的新婚妻子——也就是他父親的情婦——一起生活。

有些痕跡較為具體。在集體屠殺之後，伊弗魯西兄弟建立了孤兒院。這所供猶太兒童就讀的伊弗魯西學校，是伊格納斯為了紀念身為大家長的父親而設立的，往後三十多年間查爾斯、朱爾斯與維克多持續投入資金。這所學校仍位於一座滿是塵土的公園旁，野狗橫行，長椅破損不堪，兩間低矮的建築物位於路面電車的路線旁。一八九二年，學校報告提到伊弗魯西兄弟捐贈了一千兩百盧布，校方於是從聖彼得堡購入星盤、平板儀與地球儀，一把用來切割玻璃的鋼刀，一副人體骨骼，以及可拆卸的眼睛模型。在奧德薩的書店，他們花了五百三十三盧布與六十四戈比（按：kopeks，一盧布等於一百戈比），買了兩百八十本比徹·斯托（Beecher Stowe）、斯威夫特（Swift）、托爾斯泰、古柏（Cowper）、薩克萊（Thackeray）與司各特（Scott）的作品。餘下的錢則為二十五名貧窮的猶太男孩添購外套、上衣與褲子，這樣他們才不會一邊顫抖著，一邊閱讀《劫後英雄傳》（*Ivanhoe*）或《浮華世界》（*Vanity Fair*）。

巴黎蒙梭街上的塵土，以及維也納興建環城大道時的塵土，都比不上奧德薩的塵土。「塵土宛如厚達二到三英寸的遮蔽物，覆蓋在整座城市。」布里克斯（Shirley Brooks）在一八五四年的《南方俄國人》（*The Russians of the South*）中寫道，「最輕微的和風都能吹起塵土，使其如雲霧般籠罩整座城市，最輕巧的腳步都能揚起塵土，堆積成厚實的土堆。當我告訴你數百輛高速行駛的馬車……不斷疾馳，而海風也跟馬車一樣不斷吹襲街道，那麼奧德薩處於雲霧之中的說法誠非虛語。」奧德薩是個正在成形的城市：「街道上熙來攘往，店鋪裡摩肩擦踵，行人步履快速；屋子與一切事物的外觀既新穎又熟悉，是的，還有四處飛揚令人窒息的塵土……」馬克吐溫說。突然間，這一切令我感到合理，伊弗魯西家的孩子是在飛揚的塵土中長大的。

湯瑪斯與我安排好與薩夏見面，這名短小精悍的學者已經七十幾歲了。在轉角處，薩夏遇見一個老友，一名比較文學教授，於是我們一起散步走向學校。湯瑪斯與薩夏說俄語，教授和我用英語交談，我們聊起國際莎士比亞學會。走到學校後，教授與大家分道揚鑣，我們三人坐在公園的咖啡亭喝甜咖啡，遠方酒吧裡有三個妓女一直盯著我們，每隔一段時間就利用自動點唱機向我們示好。我告訴薩夏我們來這裡的目的，我說我正在寫一本書——我結結巴巴，最後只能停下來。我已經搞不清楚這本書是否與我的家族或記憶或與我自己有關，或者，它只是一本談論日本小東西的書。

他客氣地告訴我，作家高爾基（Gorky）也蒐集根付。我們喝了更多的咖啡。我帶了一包文件，那是我在伊吉東京寓所過期的《建築文摘》中找到的。薩夏對於我帶了原本而非影本前來感到訝異不已，他就像一名鋼琴家那樣不斷翻動這些文件。

這些是令人望之生畏的伊格納斯留下的記錄，他是大宅邸的起造人，是瑞典與挪威國王派駐奧德薩的領事，沙皇親頒指令允許他佩戴比薩拉比亞勳章，此外還擁有猶太法學博士學位證書。這是老文件，薩夏說，一八七〇年做了改動；這是戳記，這是費用。這裡是總督的簽名，總是如此醒目——看，它幾乎透過紙面了！看這份文件的地址，看這個X與Y的轉折！非常奧德薩的風格。這是書記製作的文件，字跡頗難辨識。

當薩夏拿起這些已變得枯燥乏味的記錄，這些文件搖晃著彷彿重獲生機，我首次看著文件信封，上面的住址是維克多的字跡，是一九三八年九月從科維徹什寄給伊莉莎白的。這綑文件對維克多來說意義重大，對伊吉來說也是如此。它是家族檔案。我小心翼翼將它們放回信封。

返回飯店途中，我們屈身進入一座猶太會堂。據說奧德薩的猶太人已相當世俗，他們會在牆上摁熄菸蒂。有一塊地方是專門給這些人使用的。會堂此刻看起來相當忙碌，一所由特拉維夫年輕人開設的學校正在上課。他們正在修復一部分的建築物，一名學生過來用英語跟我們打招呼。我們不想打擾，往裡望去，左前方有一張黃色扶手椅，那是一張逾越節*家宴使用的椅子，只有選定之人才能坐，那是一張不同於其他椅子的特別座椅。

乍看下，查爾斯的黃色扶手椅似乎是隱形的。當他的椅子放置在竇加與莫羅的畫作，以及巴黎沙龍的根付櫃子之間時，似乎因為太明顯而讓人視而不見。這是個雙關語，是個猶太笑話。

當我站在博物館的那尊角力的拉奧孔雕像前，也就是查爾斯為維克多畫的那座雕像前，我才領悟自己錯得離譜。我以為他們離開奧德薩到維也納與巴黎受教育，我以為查爾斯離家遠遊是為了擴展眼界，擺脫偏鄉，學習古典學問。然而，整個奧德薩就是個立於港口之上、時刻保持均衡的古典世界。在這裡，距離伊弗魯西家大道旁的宅邸約百碼之處有一座博物館，裡頭有許多房間收藏了大量古物。隨著城鎮擴大為城市，各種希臘工藝品也被挖掘出來，每過十年，規模就增加一倍。當然，奧德薩不乏學者與收藏家。只因為奧德薩是一座塵土飛揚的城市，有碼頭裝卸工人與船員、鍋爐工人、漁夫、走私者、冒險家、騙子及他們的祖父約阿希姆——這名大宅邸裡的大投機者——不表示奧德薩沒有作家與藝術家。

伊弗魯西家族的進取精神是否始於這座海濱城市？或許這種精神正是奧德薩特有的；連帶他們對舊書、杜勒、探險或下一宗大筆穀物生意的渴望也是如此。奧德薩確實是一個適合對外運輸的好地方，你可以往東，也可以往西，它是愁眉苦臉的、熱切的，並且精通數種語言的。

奧德薩是個改名換姓的好地方。「猶太人的姓名聽起來很刺耳」：他們的祖母芭兒碧娜在奧德薩改名為貝兒，祖父夏伊姆改名為約阿希姆，也就是查爾斯・約阿希姆。艾札克改名為伊格納斯，而萊布改名為里昂。伊夫魯西改名為伊弗魯西。貝爾迪切夫（Berdichev）——位於波蘭邊境的北烏克蘭猶太小城，夏伊姆的出生地——的記憶，從此封存在伊弗魯西家族位於林蔭步道旁大宅院的淡黃色灰泥之下。他們從此成為奧德薩的伊弗魯西家族。

這是個把東西放進口袋，然後展開一趟旅程的好地方。我想看看貝爾迪切夫的天空是什麼樣子，但已到了返家時刻。我在屋外的栗樹尋找果實，然後放進口袋。我走了兩趟步道，但連這個我也晚了一個月：果實已經沒了。我希望有孩子拾起這些果實。

＊逾越節（Passover）是猶太教三大節慶之一，紀念上帝拯救猶太人出埃及。舊約聖經記載，上帝決定殺死埃及一切頭胎生物，帶領猶太人離開埃及的摩西吩咐，只要將羊羔的血塗在門框上即可倖免於難。最終猶太人避過一劫，更得法老王批准離開。逾越節家宴（Seder，有「次序」之意），節期第一天在家中舉行，席間會多預備一個座位，稱為「以利亞之座」，桌前擺一杯酒，稱為「以利亞之杯」，代表期盼先知以利亞來臨。

37 黃色／金色／紅色

當我從奧德薩飛抵家中，我感受到這一年下來累積的疲累。我糾正自己，不是一年，而是近兩年時間。我看著書緣的潦草字跡、用來充當書籤的信件、十九世紀遠親的照片、奧德薩時期的各項專利，還有抽屜後方信封裡的電報。這兩年來我追溯伊弗魯西家族的腳步，穿梭於各個城市，手裡握著的舊地圖不知在什麼時候遺失了。

我的手指仍反覆翻動著舊文件與塵土，我的父親仍持續找東西出來。在位於退休教士庭院的小住處裡，他怎麼有辦法不斷尋找？他只找到一本日記，從一八七〇年代開始寫起，用的是難以閱讀的德文，我需要翻譯這些文字。一星期過去了，在檔案館裡，我只擁有一張清單，上面列著無法閱讀的報紙，一張紙條上寫著某個聯絡方式，一個與柏林有關的問號。我的工作室堆滿小說及與日本主義相關的書籍，我想念孩子，而且我已經有好幾個月沒有製作陶瓷。當我終於能坐在堆放了黏土的輪車前，我開始焦慮接下來該做什麼。

在奧德薩待了幾天後，我產生更多的疑問。高爾基在哪裡買到根付？一八七〇年代的奧德薩圖書館是什麼樣子？貝爾迪切夫毀於戰爭，但或許我也該去那裡實際看看當地的狀況。康拉德（Conrad）來自貝爾迪切夫：或許我該閱讀康拉德的作品。他寫過有關塵土的小說嗎？

我的老虎根付來自丹波，那是個京都西部的山村。我還記得三十年前那趟無止盡的巴士旅程，為了拜訪一名老陶匠，我在蜿蜒多塵的山路上晃盪了許久。或許我該追尋老虎根付的家鄉，肯定可以寫出一部塵土的文化史。

我的筆記本是由清單的清單所構成。黃色／金色／紅色／黃色扶手椅／黃色封面的《美術報》／黃色大宅／金色漆盒／提香的路易絲金髮／雷諾瓦〈波希米亞女人〉／維梅爾〈德夫特遠眺〉。

布拉格機場，在等候轉機的三小時裡，我坐著，旁邊放著筆記本。我手裡拿著一瓶啤酒，然後又喝了一瓶，心裡想著貝爾迪切夫。我想起查爾斯，那位優雅的舞者，被他哥哥伊格納斯與普魯斯特的好朋友花花公子羅伯．德．蒙德斯鳩稱為「波蘭人」。而普魯斯特早期的傳記作家潘特在這裡大做文章，認為查爾斯粗魯而沒有教養。我想他完全搞錯了。或許，我一邊喝啤酒一邊想，他說的是你出身的地方：波蘭，而非俄羅斯。我領悟到，當我滿懷期待前往奧德薩，我可能誤將奧德薩當成一個集體屠殺的城市，一個你想離開的地方。

而我開始對於別人的生平感到卻步，我不想在未經允許下窺伺他人的人生。算了吧，就讓它繼續塵封，不要再看，也不要再拿起一一檢視，我的心裡一直迴盪著這樣的聲音。回家吧，別再理會這些故事。

但就此罷手實在太難。我記得我與年邁的伊吉談話時的猶豫；猶豫令我焦慮的一句話也說不出口，而沉默正標誌著遺忘與佚失。我記得臨終的查爾斯、斯萬的死，他的心就像展示櫃般開啟，記憶就像物品一件件掏了出來。「就算人已不再依戀事物，但事物仍依附著他們；箇中原因恐怕不是他人所能參透……」你的記憶裡總是保留著一個專屬自己的位置，不願與人分享。一九六〇年代，我祖母伊莉莎白勤於寫信，而且也鼓勵別人寫信（「繼續寫，寫得充分一點」），但她卻將她熱愛寫詩的外祖母艾芙琳娜寄給她的數百封信與短箋付之一炬。

理由不在於「誰會有興趣？」而是「別碰這些信，這是私人的東西。」

到了她晚年，祖母不再談起自己的母親。她會談論政治與法國的詩。她從未提起艾咪，直到有張照片從祈禱書裡掉了出來，讓她感到驚訝。父親撿起了照片，而祖母若無其事告訴他，那是她母親外遇的對象之一。她開始談起這些事情讓她多難受，她不止一次在心中做出種種妥協。然後她不再提及此事。祖母燒掉所有書信的這件事讓我思索良久，也讓我暫停一連串的追尋：一切都該揭露，都該攤在陽光底下嗎？為什麼要留下東西，要知道別人的私密？為什麼不讓三十年彼此的對話化做一陣輕煙，消失在頓布里吉威爾斯的空氣中。你擁有一件東西，不表示你非得將它傳於後世不可。捨去一些東西，或許能讓你獲得更多的生活空間。我不想念維也納，伊莉莎白說，而且她是用開朗的聲調回答著。維也納令人感到幽閉恐懼，維也納太晦暗。

她九十幾歲時曾提到幼年受過拉比的訓示：「我向父親要求許可。他感到吃驚。」她平淡地說著，彷彿我已經知道這件事。

兩年後她過世時，英格蘭教會的教士，生於阿姆斯特丹、幼年已遊遍歐洲的父親，穿上本篤會的黑衣、拉比的黑袍，在養老院附近的教區教堂為他母親誦唸卡底什經文。

問題是，我身處的世紀似乎無法讓我輕易燒掉一切。我的世代似乎無法別過頭去，不再繼續詳查。我想到仔細分類裝成數箱的書房；我想到其他人刻意燒掉物品，有系統地抹除故事；我想到人與物品、人與家族、家族與鄰里的分離；我想到人與國家的撕裂。

我想到有人核對著名單，確認哪些人還活著，哪些人還住在維也納，然後他們會在這些人的出生記錄蓋上「撒拉」或「以色列」戳記。當然，我想到公開的家族清單，上面全是準備驅逐出境的人選。

如果別人對於重要事物如此留意，那麼對於這些物品與故事，我更要格外謹慎。我必須了解這些事物，回去，再次檢視，再次帶著這些東西出門。

「你難道不認為這些根付應該留在日本嗎？」我在倫敦的鄰居一臉認真對我說。我發現我在回答時，心裡也開始動搖。因為這真的很重要。

我告訴她，這個世界上還存在著許多根付，它們放在龐德街或麥迪遜大道、皇帝運河或銀座的交易商櫥櫃的天鵝絨托盤上。然後我顧左右而言他地說起絲路，又提到亞歷山大大帝的錢幣仍在十九世紀的興都庫什山區流通。我告訴她，我跟我的夥伴蘇在衣索比亞的事，我們在當地市集看見覆滿塵土的中國古瓶，並思索著這東西何以來到此地。

不，我回答她，物品總是被攜帶、販售、交換、偷竊、尋回與遺失。人總是送禮。重點是你如何訴說一則故事。

我經常被問起另一個相仿的問題：「你難道不會討厭物品從你的工作室被拿走嗎？」嗯，不會，我不討厭。我就是靠著將物品賣出去謀生的。如果你從事跟我一樣的工作，你只會希望這些物品可以流通到世界各地，而且傳之久遠。

不只物品有故事，故事本身也是一種物品。故事與物品有個共通點：它們的表面都結了一層綠鏽。我想我過去說得很清楚，兩年前我開始從事這項工作前就已經體認到這一點，但現在的我無法確定是否真是如此。或許綠鏽代表著一種過程，你必須磨光它才能回歸本質，就像表面帶著紋路的石頭在河中翻滾打磨到無法再減損的程度，又如狐狸根付只不過讓你回想起鼻子與尾巴。然而，這種過程似乎也是附加的，就如橡木家具在經過多年使用後變得光亮，而枸杞葉也變得閃閃發光。

你從口袋裡拿起一件東西，把它放在面前，然後由你開始。由你開始說一則故事。

當我拿著它們的時候，我發現自己尋找著磨損的部分，在象牙上出現的細微裂痕。我不只想著這些相撲選手（象牙刻出的肢體緊緊纏繞在一起）的裂痕，可能來自於在世紀末極度興奮的時刻，某個名人（一名詩人，一名畫家，普魯斯特）不小心讓它掉落在查爾斯的金色地毯上；我也想到歇息在胡桃木上的蟬翼，上面積滿灰塵，很可能是它被隱藏在維也納女人床墊下的緣故。或許不是。

這批收藏最新安放的地點是倫敦。維多利亞與艾伯特博物館正出清一批舊展示櫃，好挪出空位做新的展示。我買了一個櫃子。

身為陶藝家，我的工作總被認為呈現了簡潔至上的路線——好幾排青綠藍灰的瓷器，大家都以為我妻子與我們的三個子女住在像寺院一樣簡樸的地方，地板是混凝土，有一面玻璃牆，屋裡擺著丹麥家具。然而事實並非如此。我們住在一棟愛德華時代的屋子，座落在一條怡人的倫敦街上，屋前有法國梧桐，今天早上走廊上擺著大提琴與法國號、威靈頓靴子、男孩已經長大鑽不進去的木頭堡壘正準備捐給慈善團體，不過擺在那裡已經三個月了。還有一堆外套與鞋子，還有艾拉，我們疼愛的老獵犬——過了走廊，整個房子是一團亂。我希望我的三個小孩有機會了解根付，就像一百年前那幾個孩子一樣。

於是，我費了一番工夫把博物館出清的展示櫃搬進來。我們出動了四個人，滿頭大汗完成這項工作。櫃子高七英尺，基座是桃花心木，主體是青銅。櫃子裡有三個玻璃架。我把櫃子固定到牆上之後，突然想起自己小時候的收藏。我蒐集骨頭、老鼠皮、貝殼、老虎的爪子、蛇蛻下的鱗皮、黏土菸斗與牡蠣殼，以及從考古挖掘地找到的維多利亞時代錢幣，那是四十年前某個夏天我與哥哥約翰在林肯郡發現的，我記得挖掘地點用繩子交錯成方格狀，而我們一下子就感到厭倦了。

我的父親當時是主教座堂的高級教士，我們住的地方剛好正對著教堂抄寫室哥德式建築東邊的窗戶，那棟中古時代的房子有著螺旋狀階梯，在長廊末端是一間小禮拜堂。教堂副主教拿出他的化石收藏，那是在愛德華時代，也就是他童年的時候在諾福克挖掘到的，有些仍標記著何時何地發現。

我七歲時，教堂圖書館出清了一批桃花心木箱，結果我的房間有一半被展示櫃給占據了——這是我人生第一個展示櫃，我在裡面排列各種東西，我經常在旁人要求下轉動鑰匙，開啟展示櫃。這是我的「驚奇屋」，我的物品世界，我祕密的觸摸史。

我認為我剛買的這個展示櫃很適合用來存放根付。櫃子放在鋼琴旁，我沒有上鎖，孩子們隨時能打開櫃門。

我把一些根付拿出來展示——狼、枸杞、琥珀眼睛的兔子，大約十餘枚，當我再次看著這些根付，發現它們的位置被移動了。蜷曲入睡的老鼠被移到最前頭。我打開玻璃門，把老鼠拿起來，將它放進口袋，然後把狗放在最前頭，接著出門工作去了。我還有陶器等著燒製。

根付再度獲得了新的生命。

致謝

本書花了很長的時間構思。我首次講這個故事是在二〇〇五年，我要感謝三個人：Michael Goldfarb、Joe Earle與Christopher Benfey，他們要我別只是用嘴巴說，要試著把故事寫下來才行。

首先，我要謝謝弟弟湯瑪斯，他給予我實質的幫助，也陪伴我一起旅行。我叔叔康斯坦特與嬸嬸茱麗亞，從頭到尾鼎力相助。感謝那些協助我進行研究與翻譯的夥伴，特別是Georgina Wilson、Hannah James、Tom Otter、Susannah Otter、Chantal Riekel與Aurogeeta Das。東英吉利亞大學Jo Catling博士提供她在里爾克／伊弗魯西文件上的無價研究，而佳士得拍賣公司的Mark Hinton也協助我判讀根付上的簽名。我的工作室經理Carys Davies協助我擺脫雜務，讓我能心無旁鶩地工作，他是我每日重要的談話對象。

我要感謝Gisele de Bogarde Scantlebury、已故的Marie-Louise von Motesiczky、Francis Spufford、Jenny Turner、Madeleine Bessborough、Anthony Sinclair、Brian Dillon、James Harding、Lydia Syson、Mark Jones、A.S. Byatt、Charles Saumerez-Smith、Ruth Saunders、Amanda Renshaw、Tim Barringer、Jorunn Veiteberg、Rosie Thomas、Vikram Seth與Joram ten Brink。此外，我尤其感謝Martina Margetts、Philip Watson與Fiona MacCarthy一直對本書抱持信心。

感謝倫敦圖書館、維多利亞與艾伯特博物館之國立藝術圖書館、大英圖書館、劍橋大學圖書館、柯爾托德藝術學院、歌德學院、奧塞美術館、羅浮宮、法國國家圖書館、國立東京圖書館、以色列文化協會、維也納阿德勒學會。在維也納，我要感謝 Sophie Lillie 在戰後物品歸還上的先驅研究，感謝以色列文化協會的 Anna Staudacher 與 Wolf-Erich Eckstein，感謝 Georg Gaugusch 與 Christopher Wentworth-Stanley 協助我了解家譜，感謝奧地利賭場的 Martin Drschka 讓我進到昔日的伊弗魯西大宅邸一探究竟。

Felicity Bryan 是最棒的經紀人，她始終為我加油打氣。在此我要向她及她在 Felicity Bryan Agency 的同事致上謝意。我要感謝 Zoe Pagnamenta 與所有 Andrew Nurnberg Associates 的工作人員，以及 Chatto 的 Juliet Brooke、Stephen Parker 與 Kate Bland。還有 Farrar, Straus and Giroux 的 Jonathan Galassi 從一開始就支持本書。

我的兩個編輯的關心、投入與想像力令我佩服不已。Chatto 的 Clara Farmer 經常寫信詢問這本書是否已經完成，她與 FSG 的 Courtney Hodell 合力催生了本書，我要向她們致上最深的謝意。

最重要的，我要向已經過世的祖母伊莉莎白與舅公伊吉，表達敬愛與感激。我要感謝母親艾絲特・德瓦爾與父親維克多・德瓦爾，以及杉山次郎。

如果不是我太太蘇・錢德勒的支持，我不可能完成此書。我要將本書獻給我的孩子班、馬修與安娜。

琥珀眼睛的兔子

The Hare with Amber Eyes: A Hidden Inheritance

作　　者：艾德蒙・德瓦爾（Edmund de Waal）
譯　　者：黃煜文
社　　長：陳蕙慧
責任編輯：李嘉琪
協力校對：江麗綿
封面設計：莊謹銘
內頁排版：陳佩君
行銷企劃：尹子麟、陳雅雯、姚立儷

讀書共和國集團社長：郭重興
發行人兼出版總監：曾大福
出　　版：木馬文化事業股份有限公司
發　　行：遠足文化事業股份有限公司
地　　址：231新北市新店區民權路108-2號9樓
電　　話：(02) 2218-1417
傳　　真：(02) 2218-1009
Email：service@bookrep.com.tw
郵撥帳號：19588272木馬文化事業股份有限公司
客服專線：0800221029
法律顧問：華洋國際專利商標事務所 蘇文生律師
印　　刷：呈靖彩藝有限公司
二　　版：2020年3月
定　　價：420元
ISBN：978-986-359-758-2
木馬臉書粉絲團：http://www.facebook.com/ecusbook
木馬部落格：http://blog.roodo.com/ecus2005

國家圖書館出版品預行編目

琥珀眼睛的兔子 / 艾德蒙．德瓦爾 (Edmund de Waal)
著 ; 黃煜文譯 . -- 二版 . -- 新北市 : 木馬文化出版 : 遠足
文化發行 , 2020.02
面； 公分
譯自 : The hare with amber eyes : a hidden inheritance
ISBN 978-986-359-758-2(平裝)

1. 傳記文學 2. 家族史 3. 歐洲藝術史

784.17 108022778